1978 verliebten Piero, mein Ehemann, und ich uns in ein altes, verlassenes Landgut: es war der Beginn eines schönen Abenteuers. Heute ist es ein großer biologisch-biodynamischer Bauernhof, die Fattoria[1] La Vialla.
Mit der gleichen Liebe kümmern sich heute unsere drei Söhnen darum... das Abenteuer geht weiter!

Le Ricette di Giuliana

([1] Fattoria = Weingut und Bauernhof)

Erste Ausgabe: Oktober 2011
ISBN 978-88-905875-0-4

Alla mia nonna e alla mia mamma
per tutto quello che mi hanno dato,
ai miei nipoti per quello che vorrei dare loro

Giuliana Lo Franco

(= An meine Großmutter und meine Mutter,
für all das, was sie mir gegeben haben,
an meine Enkel, für das was ich ihnen gerne geben möchte.)

"Zu Beginn..."

...bitte denken Sie nicht sofort ... "oh nein, noch ein Kochbuch!?!?" Ich weiß es auch: heutzutage (wo man immer weniger Zeit und "Lust" zum Kochen hat) werden sie von Autoren und Verlagen ununterbrochen herausgebracht. In den Zeitungskiosken sind Zeitschriften und mehrteilige Hefte im Überfluss vorhanden, die Wochenzeitungen führen einen Wettkampf aus, um Rezepte und kulinarische Rubriken zu veröffentlichen, Fernsehen und Internet verwandeln jeden in einen Koch. Man muss deshalb mutig sein (und ich war dies nie besonders), um das x-te Kochbuch herauszugeben ... doch es gibt ein aber: die Unterstützung und der "Ansporn" (derjenige, der einen dazu bringt, sich auf eine Tätigkeit zu stürzen) meines Mannes, meiner Söhne und der ganzen Fattoria. So habe ich es "gewagt" und habe in einem Buch (welches sogleich von allen bei La Vialla das "Librone", großes Buch, genannt wurde) Jahre des Kochens, von Gerichten und Rezepten vereint. Zu allererst habe ich nochmals alles kontrolliert, gewogen, gemessen und am Herd "hantiert".
In der Tat war, und ist, meine Küche eine nach "Augenmaß", von jemanden der eine gewisse Vertrautheit mit den Töpfen und dem Herd hat, jemand, der mit einem Schnuppern riecht, ob die Soße fad ist. Ich bin nicht wirklich begabt, aber kochen hat mir immer gefallen und ich bin versessen und neugierig auf neue Rezepte und kulinarische Experimente.
Ich habe seit vielen Jahren den Kochlöffel in der Hand... und außerdem bin ich noch Ehefrau, Mutter, Schwiegermutter, Großmutter einer kleinen Sippschaft, jener der Lo Francos: mit 16 Personen! Die Gelegenheiten, um zu kochen fehlen nicht. Ich bin weder Köchin, noch Schriftstellerin, aber diese beiden Angelegenheiten sehe ich als sehr angenehm an.
Im Buch sind Rezepte enthalten, die ich für meine Familie, für Freunde, oder für beide zusammen zubereite (wir haben viele gemeinsame Freunde). Es sind einfache und schlichte,

Ca'dell' Oro, 25. Mai 2010: Giuliana und ihre acht Enkelkinder "bei der Arbeit".

häusliche Rezepte, welche in alten Heften aufbewahrt werden, "geraubt", sozusagen von meiner Großmutter, meiner Mutter, Freundinnen, Freunden und Bekannten. Einige wurden von mir erfunden, mit beholfenen Zutaten, für ein improvisiertes Abendessen oder für die einfache Lust am Ausprobieren. Ich hoffe, dass sie ein wenig anders als die üblichen sind. Ich bemühe mich, alle Details anzugeben, die kleinen Geheimnisse, welche man nicht immer in den Büchern findet. Viele Rezepte sind aus unserer Gegend und aus der Toskana im Allgemeinen. Es ist eine Küche, in der Pasta, Brot, Tomaten, Olivenöl extravergine "die Hausherren spielen". Wenn ich an diese typischen Rezepte aus dem Herzen der Toskana denke, ist das erste Bild, was mir in den Sinn kommt, und das noch immer in meinen Kindheitserinnerungen (1) lebendig ist, die rauchige Küche der Bauernhäuser mit der Hausfrau, die Stütze des Hauses und der armen, bäuerlichen Wirtschaft von dazumal, ein wenig Köchin, ein wenig Bäuerin. Sie "kaufte" auf den Feldern, im Gemüsegarten und im Stall ein. Mit dem Weidenkorb, dem dunklen Kleid, der Schürze, dem umgebundenen Kopftuch, ging sie mehrmals täglich hinunter in den Hof (die "bewohnten" Räume befanden sich oben, die Ställe mit den Tieren unten), immer beschäftigt. Sie sammelte die Eier ein,

Das mittelalterliche Rathaus von Buonconvento mit seinem Glockenturm

(1) Als ich klein war, begleitete ich sehr gerne meinen Vater, der damals Kreisarzt in Buonconvento war (ein Dorf von altertümlichem Geschmack, wenige Kilometer von Siena entfernt, zu Füßen des weitaus bekannteren Montalcino), zu den Patientenbesuchen auf den Gutshöfen, welche auf dem wunderschönen Land um die kleine Ortschaft herum verstreut waren.

melkte die Schafe und die Kuh (wenn sie eine hatte), pflückte das Gemüse, das Obst, all das, was der Gemüsegarten an "Fertigem", Reifem anbot. Auf den Feldern fand sie Salate, Radicchio, Heilpflanzen und Kräuter zum Kochen, zum Rohessen oder um Abkochungen und Heiltees zuzubereiten. Sie entfernte Unkräuter, fütterte die Tiere: sie blieb nicht einen Moment stehen, und bewachte all ihre "Güter". Und dies waren edle Güter (viel mehr noch als Juwelen!): Hühner, Kaninchen, ein Schwein, eine Kuh, einige Schafe, dann das Gemüse im Nutzgarten, die Früchte der Bäume (im Laufe des Jahres, zur richtigen Jahreszeit, schenkte jeder "das Seine", je nach Art). Alles wurde sparsam verwendet, nur das eben Notwendige und es wurde nichts verschwendet.
Auf diese Weise, aus der Not eine Tugend machend, aus der Improvisierung und eines lebendigen Verstandes heraus, wurden die appetitlichsten Rezepte der toskanischen Küche geboren: der Tomatenbrei, die "hausgemachten" Nudeln, die Ribollita, das Acqua Cotta, das falsche Ragù, der Brotsalat, die Bohnen "all'uccelletto", die Hackfleischsoße, die Crostini "neri" mit Leberpaté, und..... Rezepte, die durch das Kochen mit einfachen (aber würzigen und unverfälschten)

Dolfina "unsere" Hausfrau bei La Vialla, während der Zubereitung der "Pappa al Pomodoro" (= Tomatenbrei) auf dem Weinberg.

Zutaten entstanden, außergewöhnliche Rezepte, die "erfunden" wurden, um nichts wegzuwerfen, um Reste wiederzuverwenden, und um Überreste "wieder zum Leben zu erwekken". Die Köchin war auch eine kleine Zauberin, Hüterin der Geheimnisse, die mündlich von Mutter zu Tochter weitergegeben wurden, von Generation zu Generation.
Diesen Damen aus einer anderen Welt, einer anderen Zeit, gelang es, köstliche Spezialitäten zu kreieren, welche noch heute die Eckpfeiler der toskanischen Küche sind, und die nicht nur hier bei uns geschätzt werden. In einer jüngsten Ausgabe einer Kochzeitschrift wird von berühmten New Yorker Köchen erzählt, die kleine Gärten mit schwarzem Kohl, toskanischen "Zwiebelchen", Morellini-Artischocken, Cannellini-Bohnen angelegt haben, um die toskanischen Gerichte mit den echten Zutaten neu zu erschaffen.
Das Buch, besser gesagt das "Librone" (= großes Buch), beginnt mit einigen "hausgemachten" Aperitifen, einem Teil, der den mehr oder weniger klassischen Soßen gewidmet ist, vier Seiten sind für das toskanische Brot und die darauf folgende Pizza. Diese drei "Kapitel" gehen den Rezepten voraus, die der Reihenfolge nach einem typischen Sonntags-Mittagessen unserer Gegend angeordnet sind (oder zumindest eines, wie es noch vor einigen Jahren üblich war und noch immer in den traditionelleren Familien ist): Vorspeise, erster und zweiter Gang, Nachspeise. Ein winzig kleines Kapitel, eben gerade um "abzuschließen", beinhaltet vier mehr oder weniger "flüssige" und leckere Rezepte, für den Abschluss des Mittagessens (oder auch Abendessen).
Inmitten unter die Speisen "gemischt", befinden sich einige Seiten, die den drei toskanischen Persönlichkeiten schlechthin gewidmet sind, und die sich ständig in der Küche und auf dem Tisch befinden: Öl, Wein und Pecorino.

23. Juni 2008, La Signana: Giuliana mit ihrer gesamten "kleinen Sippschaft".

Landhaus La Vialla: ein "Erproben" von Traubensaft und "Perlen" auf der Fattoria mit Gianni, Antonio, und Bandino Lo Franco und ihren Gästen.

Gli Aperitivi
(= Die Aperitife)

«Sangiovese e Fragole» (= Sangiovese und Erdbeeren)

Zutaten für 4 Personen:

1/2 l	Sangiovese (oder ein anderer Rotwein mit kräftigem Alkoholgehalt)
200 g	gesunde und gut reife Erdbeeren
3 EL	Rohrzucker (um ihn mit den Erdbeeren zu vermischen, sollten diese nicht gut reif sein)

Erdbeeren waschen und behutsam abtrocknen, nur danach schneiden Sie die Blätter und den Stiel ab. Im Allesschneider mixen (zusammen mit dem Zucker, sollten die Früchte ein wenig zu sauer sein) und das erhaltene Püree mit dem Rotwein vermischen. Für eine halbe Stunde in den Kühlschrank stellen (im Winter, wenn es nicht so warm ist, auch bei Zimmertemperatur servieren: der Geschmack des Weines wird dadurch begünstigt). Bevor Sie den Aperitif servieren, dekorieren Sie den Rand des Glases (Rotweinkelche oder typische, zylinderförmige Whiskygläser mit niedrigem Rand) mit einer ganzen - noch mit Blatt und Stiel bestückten - Erdbeere, dessen untere Hälfte Sie eingeschnitten haben. Er ist ausgezeichnet begleitet von Pecorino- oder Parmesanspänen, welche mit Balsamessig - "Sirup" beträufelt sind. Dazu brauchen Sie ungefähr 80 Gramm gealterten Pecorino oder Parmesan, einen Deziliter Balsamessig und einen Esslöffel Rohrzucker. Bereiten Sie so Ihre "Appetithäppchen" vor: den Balsamessig zusammen mit dem Zucker in ein Töpfchen geben, zum Kochen bringen und drei bis vier Minuten mit dem "Kochen" fortfahren, bis Sie eine sirupartige Konsistenz erhalten. Schneiden Sie den Käse in große Späne und würzen Sie ihn mit einigen Tropfen des vorbereiteten Sirups, bevor Sie servieren, und nun ..... Cin Cin!

<<Vino Bianco alle Pesche>>
(= Weißwein an Pfirsichen)

Zutaten für 4 Personen:

1 Flasche trockener Weißwein
2 Pfirsiche mit gelbem Fruchtfleisch, duftend, reif, aber fest

Gießen Sie die Flasche Wein in eine Karaffe. Geben Sie die gewaschenen, abgetrockneten, entsteinten und in Schnitze geschnittenen Pfirsiche dazu. Die Karaffe mit einem Stück Frischhaltefolie verschließen und den Wein mindestens vier Stunden im Kühlschrank ruhen lassen, bevor Sie diesen duftenden, sommerlichen Aperitif servieren.

<<So Champagner fizz>>

Zutaten für 4 Personen:

1 Flasche spritzigen Weißwein oder Sekt
4 Kugeln Zitronensorbet

Die vier Sorbetkugeln auf die vier "flûtes" verteilen, welche Sie im Eisfach haben "gefrieren" lassen, mit dem spritzigen Wein auffüllen und sofort servieren!
Cin, cin!!

Anmerkung: Auf diesen beiden Seiten: zwei ungewöhnliche Aperitife, zwei "mangia e bevi" (= "iss und trink"), zu servieren mit salzigen Knabbereien sowie mit in Würfel und Stäbchen geschnittenem bunten Obst und Gemüse.

«Il Vino rosé e lamponi»
(= Der Roséwein und Himbeeren)

Zutaten für 4 Personen:

1/2	Flasche trockener Roséwein
150 g	frische und reife Himbeeren
4 TL	Rohrzuckersirup

Geben Sie den Wein und die Himbeeren in eine Karaffe und den Rohrzuckersirup untermischen (sollten Sie ihn nicht bereits fertig finden, für drei bis vier Minuten 4 TL Rohrzucker in 4 TL Wasser kochen und vor Verwendung alles abkühlen lassen).
Vermischen, die Karaffe mit Klarsichtfolie abdecken und für mindestens einen halben Tag in den Kühlschrank stellen. Servieren Sie den gut gekühlten Wein in "kelchähnlichen" Gläsern (oder besser noch in Martinigläsern, sollten Sie welche besitzen) mit Spießen aus Himbeeren, abwechselnd mit dünnen Limescheiben, welche zur Hälfte im Wein "ertrinken" (bewahren Sie auch die Spieße bis zum Augenblick, in dem Sie den Aperitif servieren im Kühlschrank auf).

«Il Bellini ①»
(= Der Bellini)

Zutaten für 4 Personen:

4 kleine weiße Pfirsiche, fest, reif und sehr duftend
1/2 Flasche (circa 370 ml) Sekt oder einen anderen spritzigen Weißwein von Qualität

Für jedes Glas: schneiden Sie einen Pfirsich, komplett mit Schale, in kleine Stücke und pürieren Sie ihn lange und gut. Geben Sie den gewonnenen, je nach persönlichem Geschmack mehr oder weniger oder gar nicht gefilterten Saft in eine "flûte" und füllen Sie das Glas mit dem gut gekühlten Sekt auf.
Zwei kleine Tipps: - sollten die Pfirsiche nicht geschmackvoll und reif genug sein, geben Sie pro Frucht 1 oder 2 Teelöffel Zucker mit in den Mixer; - wenn Sie den pürierten Pfirsich nicht filtrieren, wird die Menge an erhaltenem Mus je Frucht für mindestens zwei Gläser reichen.

① Dieser Aperitif wurde in den ausgehenden 50er Jahren in Venedig in der mythischen Harry's Bar geboren, zu Ehren einer Ausstellung von Giovanni Bellini im Dogenpalast.

<<Il Fragolino (1) di Giuliana>>

(= Der "Fragolino" von Giuliana)

Zutaten für 6 Personen:

300 g	reife, aber feste Erdbeeren, plus 6 große Erdbeeren für die Gläser
2 EL	Zucker
1 TL	Zitronensaft
1	Flasche trockener Sekt

Die Erdbeeren vorsichtig waschen, ohne die Stiele zu entfernen (ansonsten nehmen sie Wasser auf und sind weniger geschmacksintensiv). Sobald Sie den Stiel entfernt haben, die Erdbeeren in eine kleine Schüssel schneiden und den Zucker

(1) Fragolino = Verkleinerungsform von fragola (= Erdbeere), also "Erdbeerchen"

sowie den Teelöffel Zitronensaft hinzufügen und gut umrühren. Zudecken und mindestens für eine Stunde in den Kühlschrank stellen. Nach dieser Zeit durch die Passiermühle geben und dieses Püree (welches auf La Vialla "La Fragolina" = Die Fragolina getauft wurde) bis zum Servieren im Kühlschrank aufbewahren. In einer großen Karaffe geben Sie die gut gekühlte Fragolina auf den Boden und fügen schrittweise den Sekt hinzu (auch dieser gut gekühlt) (2) während Sie die Karaffe dabei schräg halten. Mit einem langen Rührlöffel umrühren ohne die Mischung zu sehr aufzuwühlen, denn ansonsten verliert der Wein seine Perlage, und sofort in "flûtes" servieren, welche Sie jeweils mit einer großen, in der Mitte ein wenig eingeschnittenen und mit Stiel belassenen Erdbeere dekoriert haben. Dieser deliziöse Aperitif wird Ihnen viele Komplimente von Ihren Freunden bescheren.

(2) Dieser etwas lästige Vorgang ist auf die Tatsache zurückzuführen, dass der Sekt im Kontakt mit dem Püree reichlich Schaum erzeugt, und deshalb braucht man Ruhe und Geduld (Vorsicht, dass der Aperitif nicht zu warm wird!).

<<Il Puccini>>
(= Der Puccini)

Es handelt sich um einen Aperitif, basierend auf frischem Obst und Sekt.
Für jede Sektflöte benötigt man 1/3 Mandarinensaft (reif, duftend, von der Saison) und 1/3 Sekt (trocken, von Qualität).

Zutaten für 4 Personen:

1/2 Flasche Sekt
4 Mandarinen

Die Mandarinen pressen und den Saft durch ein kleines Sieb geben. Gießen Sie ihn dann in die Sektflöten und vervollständigen Sie mit dem gut gekühlten Sekt. Ein aristokratischer Cocktail, wenig bekannt und von eleganten Damen und Fräulein bevorzugt, vereint er die duftende und zitrusfruchtige Süße mit den trockenen und stichigen Perlen des Sekts. Es gibt Personen, die sich über die Gleichgültigkeit in Bezug auf den feinen Schaum und die zarten und komplexen Aromen des Sektes empören, aber ..... man sollte ihn probieren: Adel verpflichtet!

<<La "Spremuta" di Uva e Bollicine>> (= Der Traubensaft und Perlen)

Ein Aperitif (mit großem Erfolg auf der Fattoria während und nach der Weinlese) ist der Traubensaft, möglichst hausgemacht (1), welcher den verschiedenen "Perlen" beigemischt wird: 2/3 Sekt, 1/3 Traubensaft, alles gut eisgekühlt und in "flûtes" serviert, welche mit einer einzelnen Weinbeere oder einer kleinen Weintraube dekoriert wurden.

(1) Sie können ihn auch zuhause mit gut reifen und biologischen roten Trauben zubereiten, welche mit einer handbetriebenen Passiermühle gemahlen werden (..... also ein "Saft" aus Trauben).

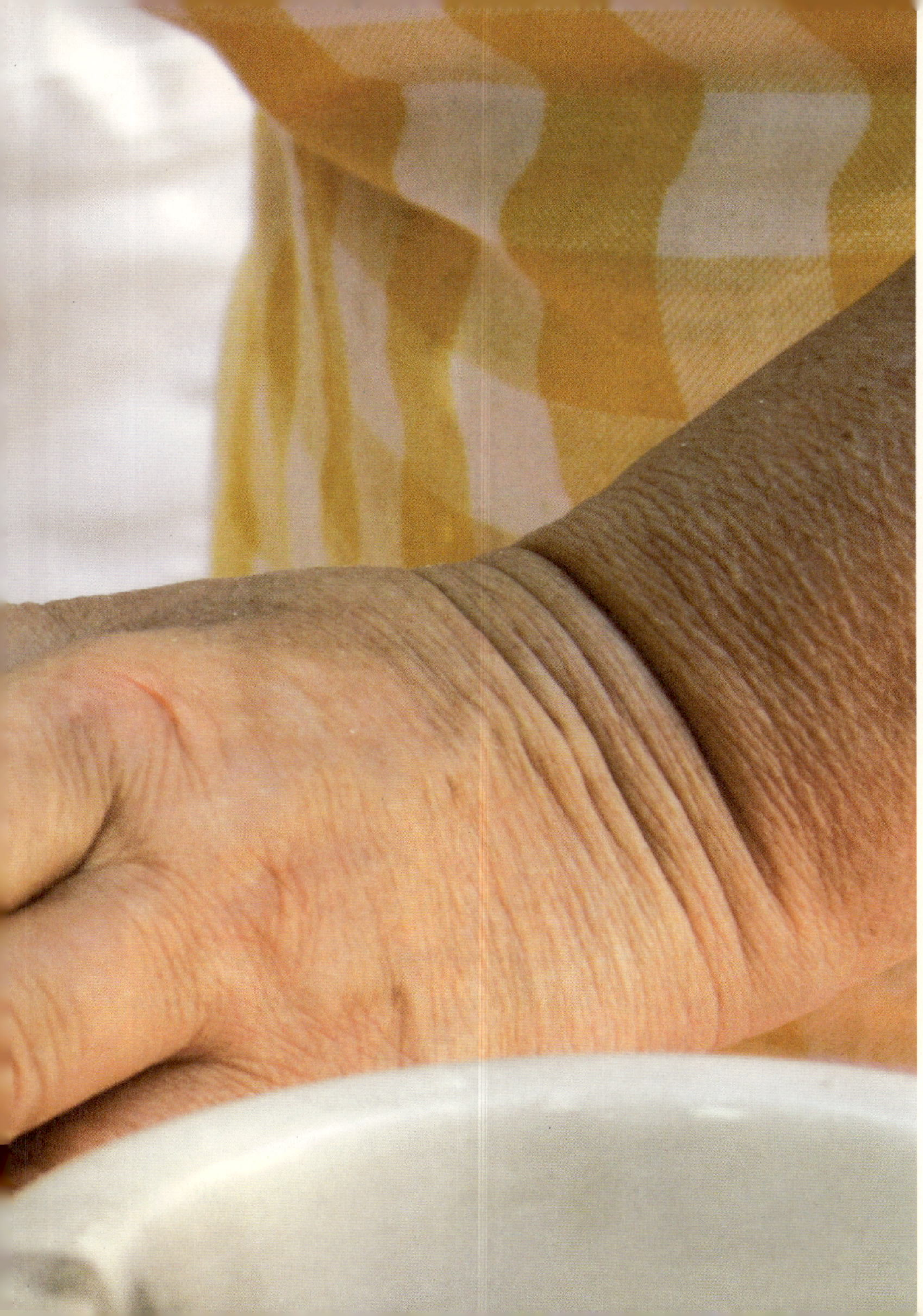

Le salse
(= Die Soßen)

<<Il Pesto>>
(= Die Pesto Soße)

Zutaten für 4 Personen:

ca. 50	frische Blätter von jungem Basilikum
30 g	Parmesankäse
30 g	guten gealterten Pecorino
1	große Knoblauchzehe (oder zwei kleine)
12 EL	Olivenöl extravergine
15 g	Pinienkerne
5 g	Walnusskerne
1/2 TL	grobes Salz

Zupfen Sie die Stiele von den Basilikumblättern, daraufhin waschen und gut mit Küchenpapier abtrocknen. Schneiden Sie den Parmesan, den Pecorino, die Knoblauchzehe in Stücke und geben Sie sie zusammen mit den Pinienkernen, den Walnusskernen, dem Salz und den Basilikumblättern in den Mixer. Alles sorgfältig zerkleinern (1) und die erhaltene Soße in eine Schüssel geben, welche auch die gekochten Nudeln aufnehmen kann. Fügen Sie nun das Olivenöl nach und nach hinzu und vermengen Sie es ganz langsam und gut. Mit dieser Soße können Sie Linguine, Tagliatelle, Spaghetti, aber auch alle kurzen Nudelsorten anrichten, und sie ist auch vorzüglich zu Eiernudeln (Pappardelle, Tagliolini, Ravioli). Grundlegend ist, die Nudeln nicht zu stark abzugießen und einige Esslöffel Kochwasser beiseite zu lassen, um es in der Schüssel noch dazuzugeben, falls die Nudeln sich als trocken und somit wenig cremig erweisen. Ein Esslöffel Pesto macht Gemüsesuppen oder Gemüsepürees zu exklusiven Gerichten. Sie ist ein ausgezeichnetes "Gewürz", welches zu vielen Soßen hinzugefügt werden kann (besonders jenen auf Tomatenbasis), um Nudeln anzumachen, sie hebt den Geschmack hervor und bereichert ihn. Weiterhin verwandelt sie kleine Scheiben von gegrilltem Brot in "andersartige" und leckere Bruschette (allein oder mit frischem Käse, oder Tomatenstückchen, oder .....)

(1) Heutzutage greifen Hausfrauen und Köchinnen häufig auf den elektrischen Allesschneider oder den Mixer zurück, doch der wahre Pesto ist jener, welchen man mit dem Stößel im Mörser aus Marmor oder aus Holz verarbeitet. Hier also das minuziöse, besondere Verfahren: man beginnt mit dem "Zerstoßen" von Basilikumblättern und Knoblauch. Man zerstößt und zerquetscht sie bis beide Zutaten zu Brei geworden sind. Man fügt dann Pinienkerne und Salz hinzu und fährt fort, indem man nach und nach Öl dazugießt und es mit dem Rest vermischt. Vervollständigt wird die Soße mit dem Käse (Sie können ihn schon gerieben hinzugeben). Die Regel möchte zur Hälfte Pecorino und zur Hälfte Parmesan, aber manch einer verwendet nur ersteren und ein anderer wiederum verändert die Menge nach eigenem Geschmack.

<<Il Pesto rosso alla Maniera de La Vialla>>
(= Der Rote Pesto nach La Vialla Art)

Zutaten zum Anrichten von Nudeln für 4 - 5 Personen:

120 g	getrocknete Tomaten
20 g	Pinienkerne
20 g	Pecorino
2	Knoblauchzehen
3	Basilikumblätter
1	Prise Chilipulver (peperoncino)
5-6 EL	Olivenöl extravergine

Die Zutaten grob zermahlen und die erhaltene Mischung mit Öl und Chili vermengen. Zum Anrichten der Nudeln mit diesem Pesto, vermischen Sie ihn in einer Schüssel mit 4-5 EL beiseite gelassenem Nudelkochwasser, um die Soße etwas weicher zu machen und ein oder zwei Teelöffeln geriebenen Pecorino pro Person.

Der Pesto rosso, über die Verwendung als Soße an Nudeln hinausgehend, ist gut und schmackhaft für die Zubereitung von Crostini aus geröstetem Brot, als Begleiter von rohem oder gekochtem Gemüse, für kalte Salate (auch aus Nudeln und Reis) und um gekochtes oder gegrilltes Fleisch zu Würzen.

<<Il Ragù o Sugo di Carne alla Toscana>>

(= Das Ragù oder Hackfleischsoße nach toskanischer Art)

Zutaten für 5 oder 6 Personen (mit denen man 400 g Eierbandnudeln anrichten kann):

200 g	gehacktes Kalbsfleisch
50 g	gehacktes Schweinefleisch (oder 2 toskanische Würste)
1	Hühnerleber (wichtig, aber wahlfrei für jenen, der ihren Geschmack nicht mag)
1 EL	Tomatenkonzentrat
150 g	geschälte Tomaten
1/2	Zwiebel
1	Knoblauchzehe
1/2	Möhre

1 Stückchen Staudensellerie
1 Basilikumblatt
2 Petersilienstängel
1/2 Glas Rotwein
5 EL Olivenöl extravergine
Salz und Pfeffer

Hacken Sie die Zwiebel, die Möhre, den Staudensellerie, die Petersilie und die Knoblauchzehe sehr fein, zerzupfen Sie das Basilikumblatt mit den Fingern und dünsten Sie alles in einem Topf im gut warmen Öl an. Sobald die Zutaten eine goldige Farbe angenommen haben (Vorsicht: golden, nicht verbrannt!), das gehackte Kalbs- und Schweinefleisch und die gründlich gesäuberte in kleine Stücke geschnittene Hühnerleber hinzugeben. Das Fleisch sollte gut mit dem angedünsteten Gemüse vermischt und öfters umgerührt werden: es ist fertig, sobald es anfängt an der Oberfläche eine Art Schaum zu bilden. An dieser Stelle fügen Sie Salz, Pfeffer und den Wein hinzu. Lassen Sie den Wein komplett verdampfen und geben Sie die abgetropften und zerkleinerten geschälten Tomaten, zusammen mit dem Konzentrat, welches vorher in 1/2 Schöpfkelle lauwarmem Wasser aufgelöst wurde, in den Topf. Lassen Sie das Ganze bei schwacher Hitze mindestens 1 Stunde kochen und rühren Sie ab und zu um. Sollte die Soße zu trocken und fest werden, eine Schöpfkelle Brühe (ruhig die vom Würfel) hinzugeben; sollte sie wiederum zu flüssig sein lassen Sie sie noch ein wenig kochen. Nach Geschmack mit Salz und Pfeffer abschmecken und vom Herd nehmen (es ist eine Soße, welche

häufig umgerührt werden sollte, um zu vermeiden, dass sie sich am Boden absetzt und anbrennt). Berechnen Sie für jede Nudelportion 1 oder 2 gehäufte Esslöffel geriebenen Pecorino oder Parmesan pro Person.

Diese reiche und appetitliche Soße, aufgrund ihrer warmen Aromen sehr für die winterliche Jahreszeit geeignet, ist vielleicht die typischste der toskanischen Küche. Zusammen mit der Pomarola ist das Ragù, so wie es viele nennen, eine der meist verwendeten Soßen in der Toskana, um alle Nudelsorten in jeder Familie, Restaurant und Trattoria anzumachen. Die gewohnheitsmäßige Verwendung ist über den Eierbandnudeln. Aber besonders ist sie auch mit kurzen Nudelsorten, mit den "üblichen" Spaghetti, den Linguine und, weiterhin, mit den dicklichen Pici (sie scheinen einer für den anderen geboren zu sein), kurzum mit allem und über alles.

<<Olio al Peperoncino>>
(= Pikantes Öl mit Chili)

Es ist sehr einfach zuzubereiten und unterstreicht in kleinen Mengen alle Soßen, die Chilischoten (peperoncino) vorsehen. Es passt gut zu Pizza mit pikanter Salami, und gibt Bruschette, Crostini und sogar Gemüse (roh, gekocht, in der Pfanne "geschwenkt") einen kräftigeren Geschmack.

Zutaten:

250 ml	Olivenöl extravergine
10 g	frische, zerkleinerte Chilischote (peperoncino) oder
5 g	getrocknete, zerkleinerte Chilischote

Geben Sie die zerkleinerten Chilischoten zusammen mit dem Öl in ein Glas (oder eine Flasche mit breitem Hals) von ca. 300 ml Fassungsvermögen. Gut verschließen und für drei Tage "ruhen" lassen, wobei man die Umsicht haben sollte, den Inhalt zwei Mal am Tag zu schütteln.
Anmerkung: wenn Sie den Geschmack mögen, können Sie diesem Öl 2 oder 3 geschälte Knoblauchzehen zufügen.

<<La Peperotta>>
(= Die Pesto Soße aus Paprikaschoten)

Zutaten für ungefähr 2 Gläser à 250 g "Peperotta":

800 - 900 g	rote Paprikaschoten (ca. 3 Paprikaschoten)
10 g	Knoblauch (2 Zehen)
1	kleine Zwiebelscheibe
20	frische Basilikumblätter
30 g	Pinienkerne
30 g	Pecorino
40 g	Parmesankäse
4 EL	Olivenöl extravergine
1	Prise Salz

Geben Sie die Paprikaschoten für 15 Minuten in den auf 180° C vorgeheizten Ofen bis die Haut beginnt, sich abzulösen. Legen Sie sie nun für einige Minuten in einen Plastikbeutel für Lebensmittel: sie lassen sich so sehr leicht häuten. Befreien Sie sie von allen Kernen und den weißen Sehnen und schneiden Sie sie in Stückchen. Sie können wie bei dem klassischem Pesto weiterverfahren, indem Sie alle Zutaten mit Geduld in einem Mörser aus Holz oder Marmor zerdrücken und vermengen. Und dies wäre auch das Höchste für den Geschmack der Soße. Zur Vereinfachung und Beschleunigung der Zubereitungszeit kann man natürlich, wie immer, den Mixer verwenden, in welchen Sie die Paprikaschoten und all die anderen Zutaten geben und durchmixen. Ein Tipp: wässern Sie den Knoblauch für eine halbe Stunde und entfernen Sie den grünen Keim im Inneren, bevor Sie ihn zum Rest geben; er wird weniger scharf sein - in der Soße und ..... im Mund.
Dieses ist das Rezept des Hauses für eine Soße der Fattoria mit weicher Konsistenz und dem natürlichen Geschmack der einfachen Zutaten, welcher durch die geringe Menge Salz und das Fehlen von Chili (peperoncino) oder Pfeffer betont wird.
Mit diesem Pesto aus Paprikaschoten (geeignet auch für Kinder und denjenigen, der kein Salz oder Chili mag bzw. verträgt) können Sie alle Nudelsorten und Reis anrichten, appetitliche Bruschette zubereiten, rohes und gekochtes Gemüse oder Fleisch würzen. Wer den schärferen Geschmack liebt, wird sich einzig die Mühe machen müssen, Chilipulver (peperoncino) und/oder Salz hinzuzufügen.

«La Poverella»

(= Die Ärmliche; Soße aus rohen, frischen Tomaten)

Zutaten für 5 Scheiben Bruschette:

5 Scheiben Weißbrot
(möglichst ohne Salz)
4 große, reife Tomaten
1 Knoblauchzehe
15 Blättchen Basilikum
Olivenöl extravergine
Eine Prise Oregano
Salz

Sie ist eine in unserer Gegend sehr "umworbene" Bruschetta, welche so aufgrund ihrer Einfachheit und Unverfälschtheit benannt wurde; eine "Armut", welche Geschmack- und Aromafülle versteckt!

Für fünf Scheiben hausgemachtes, geröstetes Brot vermischen Sie in einer Schüssel 4 große in Stücke geschnittene und gut abgetropfte Tomaten (fest und gut reif) mit einer fein zerkleinerten Knoblauchzehe, ca. zehn frischen mit den Fingern zerzupften Basilikumblättern, einer Prise Salz und einer von Oregano. Lassen Sie alles für ca. dreißig Minuten ruhen. Sobald diese Zeit abgelaufen ist, schütten Sie den Saft ab, welchen die Tomaten abgegeben haben. Würzen Sie mit reichlich Olivenöl extravergine, mindestens 2 Esslöffel pro Scheibe, und noch einer Prise Salz (sicherheitshalber vorher probieren). Mit einem Löffel verteilen Sie den Inhalt der Schüssel auf die Brotscheiben, verzieren jeweils mit einem ganzen Basilikumblatt und servieren zu Tisch.
"La Poverella" ist nicht nur eine Vorspeise und nicht nur eine Soße, aber beides zusammen und kann auf mannigfaltige Art und Weise verwendet werden. Außer Bruschetta und Nudeln jeder Art (Gerichten, denen sie selbst für die Kleinsten einen angenehmen Geschmack verleiht), können Sie mit ihr Pizzas belegen, Fladenbrote und Brötchen füllen (sie ersetzt ausgezeichnet die passierten oder geschälten Tomaten) und sie für einen üppigen Salat mit rohem Gemüse und Mozzarella (oder anderen Käsen) sowie mit Thunfisch und kaltem Fleisch mischen. Sie ist auch zusammen mit gekochtem Gemüse schmackhaft und schenkt Gemüsesuppen und -pürees Geschmack. Wir verwenden sie, um Nudeln anzumachen, auch gemeinsam mit anderen Soßen: einer im Besonderen, dem Pesto. Zu Nudeln ist, zumindest für diejenige, die schreibt, aber je nach Geschmack, ein abschließendes Reiben von Parmigiano oder Pecorino (oder beidem) Pflicht. Für die Chili/peperoncino - (oder Pfeffer -) Fans gibt es weder Grenzen noch Gegenanzeigen: es ist eine angemessene "Retuschierung"!

<<La Pomarola>>

(= Die Pomarola Soße)

Zutaten für 400 g Nudeln, für ca. 4–5 Personen:

500 g	frische, gut reife oder geschälte Tomaten
1/2	Möhre (gesäubert ca. 25 g)
1/2	kleine Zwiebel (gesäubert ca. 20 g)
1	kleines Stück Staudensellerie (gesäubert ca. 10 g)
einige	Petersilienblätter (ca. 5 g)
2	Knoblauchzehen (ca. 10 g)
2 - 3	Blätter Basilikum
4 EL	Olivenöl extravergine
1 TL	Salz
1 TL	Zucker (nimmt den Tomaten die Säure, vor allem wenn sie nicht gut reif sind)

Um die Nudeln anzumachen:

3 EL	Olivenöl extravergine

1 oder 2 TL geriebener Pecorino pro Person

Geben Sie in einen mittelgroßen Topf 4 Esslöffel Öl, die Tomaten und das in kleine Stückchen geschnittene Gemüse, außer der Petersilie und dem Basilikum, welche Sie grob mit den Fingern zerzupfen, sowie das Salz und den Zucker. Vermischen Sie die Zutaten gut, setzen sie den Deckel auf den Topf und lassen Sie alles bei sehr niedriger Hitze für 30 Minuten kochen, wobei Sie ab und zu umrühren. Nehmen Sie den Topf vom Herd, lassen Sie die Soße abkühlen und passieren Sie sie dann, wobei Sie das Passierte gut bis zum Schluss auffangen sollten. Probieren Sie an dieser Stelle, schmecken Sie sie, wenn nötig, mit Salz und Zucker ab, und sollte Ihnen die Soße zu flüssig erscheinen, lassen Sie sie noch weitere 10, 15 Minuten kochen (für einen pikanten Geschmack können Sie Pfeffer oder Chilipulver hinzufügen). Sobald Sie die Nudeln abgegossen haben richten Sie sie in einer Schüssel mit der Pomarola, 2 bis 3 Esslöffeln purem Olivenöl und reichlich Pecorino oder Parmesan (1 oder 2 Teelöffel pro Person) an. Sie können, sollten Sie es vorziehen, anstelle des puren Öls auch ein kleines Stück Butter (30, 40 g) beigeben, welches Sie gut unter die sehr warmen Nudeln mischen: sie gibt dem Gesamten einen weicheren Geschmack!
Die Pomarola ist, in der Toskana, eine Königin unter den Soßen zum Anrichten der Nudeln. Deshalb wird sie, wenn zuhause zubereitet, immer im Überfluss gemacht, um einen Teil in Gläsern pasteurisiert oder eingefroren aufzubewahren, und sie so zu jeder Gelegenheit bereit zu haben. Mit ihr kann man alle Pastasorten und Reis anrichten, aber sie ist auch für appetitliche Crostini ausgezeichnet, allein oder mit anderen Zutaten, je nach Geschmack und Phantasie.
Man kann weiterhin köstliche Kalbsfleischscheiben sowie auch kleine Eierkuchen nur aus in Streifen geschnittenen Eiern zubereiten, gewürzt mit Pomarola und Parmesan. Und, um im Ei-Thema zu bleiben, ist das klassische "Spiegelei" hervorragend, wenn es anstatt nur in Öl in zwei, drei Esslöffel vorher gut erwärmter Pomarola gekocht wird.

<<L'Asparagina>> (= Die Soße aus grünem Spargel)

Zutaten für 2 Gläser à 200 g Soße:

1 kg	Grüner Spargel
100 g	Pinienkerne
1	Glas Olivenöl extravergine
20	Basilikumblätter
1/2 EL	grobes Salz
1 TL	feines Salz
1/2 TL	Weinessig

Schneiden Sie das faserige Endstück des Spargels mit Hilfe eines scharfen Messers ab. Waschen Sie ihn sorgfältig unter fließendem Wasser, ohne ihn zu lange im Wasser zu belassen. Um sicher zu gehen, dass Erde und andere Unreinheiten entfernt worden sind, schaben Sie den Stiel mit einem kleinen Messer ab und spülen Sie den Spargel erneut ab. Lassen Sie ihn abtropfen und binden Sie ihn mit Küchengarn in nicht zu große Bündel zusammen. Ordnen Sie die Stangen aufrecht in einem hohen, schlanken Topf (besser wäre der dafür vorgesehene Spargelkochtopf mit dem dazugehörigen Abtropfsieb) in 4 - 5 fingerbreit hohem, kochendem Wasser an, welchem Sie einen halben Esslöffel grobes Salz zugegeben haben. Kochen Sie sie zugedeckt für ungefähr 20 Minuten, bis sie beginnen "den Kopf" zu neigen. Für diese Zubereitung muss der Spargel gut gegart sein. Nehmen Sie ihn aus dem Topf und lassen Sie ihn abtropfen, wobei Sie sich mit einer Zange behelfen können. Entfernen Sie das Endstück, falls es noch immer faserig sein sollte, und geben Sie den Spargel mit den anderen Zutaten - Pinienkernen, Öl, Basilikum, Essig und Salz - in den Mixer. Sie werden so ein weiches und wohlriechendes Spargelpüree erhalten, welches "zu allem" bereit ist.

Das obige, ist das Rezept um zu Hause die delikate, leckere Soße zuzubereiten, welche eine der jüngsten ist, die auf La Vialla Verwendung findet. Der unverwechselbare Duft dieses Pürees aus Spargel beschert einer Unendlichkeit von Gerichten einen besonderen Hauch. Ein besonders gelungener Bund ist jener zwischen "Asparagina" und Eiern, zubereitet auf jegliche Art. Auf exzellente Weise richtet sie Reis und Nudeln (1) jeder Sorte an (besonders köstlich zu Pasta aus Eiern). Sie ist exquisit für Vorspeisen und Aperitife, auf kleinen gerösteten Weißbrothäppchen (vom Typ Baguette), begleitet von Schnitzen aus hart gekochten Eiern, von Würfelchen aus gealtertem Käse oder gestrichen auf dicke, in Vierecke geschnittene Omelettes.

(1) Dies gilt für alle, oder fast alle Soßen: um den Geschmack eines ersten Ganges auf das Höchste zu erheben, fügen Sie geriebenen Parmesan - und/oder Pecorinokäse, 1 oder 2 Esslöffel pures Olivenöl und ein wenig Nudelkochwasser hinzu.

<<La Carciofina>>
(= Die Soße aus Artischocken)

Zutaten für 4 Personen:

3	mittelgroße Artischocken
2	Knoblauchzehen
1 EL	vom Salz oder Essig befreite Kapern
4-5 EL	Olivenöl
1/2 TL	Oregano
1	Messerspitze Chili (peperoncino)
1	Zitrone
Salz	

Die Artischocken von den härteren Blättern befreien. Spitze und Stängel bis auf ungefähr 3 - 4 cm abschneiden. Den äußeren härteren Teil vom Stängel entfernen und jede Artischocke in 4 Schnitze schneiden. Diese Schnitze für 10 Minuten in mit Zitronensaft gesäuertes Wasser legen, um zu vermeiden, dass sie schwarz werden. In einer Pfanne den Knoblauch andünsten und, bevor er Farbe annimmt, die Artischocken hinzugeben, salzen, Oregano, Chili (peperoncino) und wenig warmes Wasser (circa 1/2 Glas) zufügen. Eine halbe Stunde köcheln lassen und, falls nötig, noch (warmes) Wasser angießen, bis die Artischocken zart werden. Sobald sie lauwarm abgekühlt sind, geben Sie sie zusammen mit den Kapern in den Mixer oder besser durch eine handbetriebene Passiermühle. Wenn Sie ein noch kräftiger angemachtes Püree mögen, fügen Sie noch zwei Esslöffel pures Öl hinzu, und vermischen Sie alles gut miteinander.

Der besondere Geschmack der Artischocken bereichert jedes Gericht, an welches dieses Püree sich nähert: zur Stunde des Aperitifs oder zusammen mit einer Vorspeise, auf Crackern gestrichen oder auf dünnen gegrillten Brotscheiben, mit Häppchen von Käse, Salami oder Spießen mit rohem Gemüse. Die Carciofina ist auch geeignet um jede Nudelsorte oder sogar Reis mit Unterstützung von geriebenem Parmigiano oder Pecorino (und 2, 3 Esslöffeln Nudelkochwasser) anzumachen. Es kann Ihnen helfen ein Kalbscarpaccio, ein Roastbeef, Suppenfleisch und mehr zu würzen.

<<Sa Cipollina>>
(= Die Zwiebelsoße)

Zutaten für ein 500 g Glas:

1 Kg	Zwiebeln (dem Koch gebührt die Ehre der Auswahl, je nach Geschmack und dem "Tagesangebot")
200 ml	Olivenöl extravergine
100 g	Karotten
70 g	Stangensellerie
1 TL	Petersilienblätter
150 g	Rohrzucker
50 g	Vollkornmehl
2 TL	gemahlener, schwarzer Pfeffer

Salz nach Geschmack (ein Ratschlag: geben Sie zunächst wenig hinzu, probieren Sie und geben eventuell noch weiteres nach: es ist schwierig von "zu salzig" umzukehren!)

Befreien Sie die Zwiebeln von den Schalen und der ersten "Haut" und teilen Sie sie in zwei Teile. Lassen Sie sie für eine halbe Stunde im kalten Wasserbad (Sie werden weniger weinen, wenn Sie sie schneiden und sie werden "hinterher" milder in Mund und Magen sein). Hacken Sie die Karotte, den Sellerie und die Petersilie fein (geputzt, gewaschen und gut abgetropft). Geben Sie die gehackte Mischung zusammen mit dem Öl bei mäßiger Hitze in eine Pfanne oder einen flachen Kochtopf mit dickem Boden und eventuell einer Antihaftbeschichtung. Erwärmen Sie alles leicht und geben Sie die in sehr kleine Stücke geschnittenen Zwiebeln hinzu. Erhitzen Sie alles soeben und fügen Sie den Zucker, den Pfeffer, das Vollkornmehl und das Salz hinzu. Alles gut vermengen und bei geringer Hitze für 25 bis 30 Minuten weiterköcheln lassen, wobei Sie einen halben Schöpflöffel warmen Wassers hinzugeben, sobald die Zwiebeln beginnen, Farbe anzunehmen. Weiterhin des Öfteren umrühren, bis sie weich gekocht, also halb durchsichtig und ein wenig cremig sind. "La cipollina" ist eine Soße und etwas mehr als dieses: ein kleiner Joker in der Küche. Auf gerösteten Brotscheiben, Crostini, Grissini, gegrilltem oder rohem Gemüse gestrichen, begleitet sie tadellos die Aperitife und die Vorspeisen. Alleine, oder mit gehackten und geschmorten Gewürzkräutern (je nach Rezept), verwandelt sie sich in die Grundlage für Soßen aus Tomaten, Fleisch oder Gemüse. Eine köstliche Zwiebelsuppe? ..... unter Zugabe von Brot und Brühe, oder je nach Geschmack und Rezept, wird sie so schnell und "ohne Tränen" auf dem Tisch sein. Sie ist eine schmackhafte Beilage zu Kalbs- und Schweinefleisch und gegrillten Würsten, eine exzellente Füllung für Crêpes und Rühreier (alleine oder mit anderen Zutaten vermischt). Vergessen wir nicht, dass man sie so wie sie ist, zu anderen Soßen hinzufügen kann, um den Geschmack zu "kräftigen".

<<La Salsa di Melanzane>>
(= Die Auberginensoße)

Zutaten für 4 Personen:

2	große Auberginen, ca. 1 kg
150 g	cremiger Vollmilchnaturjoghurt (ideal ist jener griechische)
8 EL	Olivenöl extravergine
4	Knoblauchzehen
1/2 TL	gehackte Chilischote (peperoncino)

Saft von einer Viertelzitrone (1-2 TL)
Salz nach Geschmack

Schälen Sie als erstes die Knoblauchzehen und lassen Sie sie eine Stunde in demselben Schälchen, in welchem Sie die Soße zubereiten werden, in Öl ziehen (1). Die Auberginen waschen, den Teil mit dem Stiel abschneiden und sie auf jeder Seite mit einer Gabel einstechen. Den Backofen auf 200°C vorheizen und die Auberginen ganz auf den Grillrost legen (um den Ofen vor eventuellem Austropfen zu "retten", bedecken Sie den Boden mit einem Stück Aluminiumfolie). Die Auberginen auf diese Art ungefähr eine halbe Stunde so backen oder solange, bis man beim Einstechen mit der Gabel merkt, dass das Fruchtfleisch schön weich geworden ist. Wenn die Auberginen einmal aus dem Ofen genommen und abgekühlt sind, ziehen Sie ihre "Haut" mit Hilfe eines Messers ab. Sollte ein Teil vom Fruchtfleisch an der Schale haften bleiben, rasieren Sie es mit der Messerklinge ab. Das Fruchtfleisch durch Zerdrücken mit einer Gabel gut von seiner Flüssigkeit abtropfen lassen; dann durch eine handbetriebene Passiermaschine mit großen Maschen streichen: es soll grob zerkleinert sein. Das so kleingemachte Fruchtfleisch in das Schälchen, aus dem Sie Öl und Knoblauchzehen entfernt haben, geben. Fügen Sie den Joghurt, den Zitronensaft, das Salz (nach Geschmack), den Chili und esslöffelweise das Öl (ohne Knoblauch) dazu und vermischen Sie alles gut miteinander. Es entsteht eine gleichzeitig delikate und pikante Soße, die beim Aperitif oder einer ungewöhnlichen Vorspeise lecker mit Crackern, Grissini (auch mit Crostini, also kleinen getoasteten Brotscheiben) oder gewaschenem und in Stäbchen geschnittenen Gemüse (Möhren, Fenchel, Sellerie, Endivie) serviert werden kann.
Je nach Ihrem Geschmack können Sie einige gut abgetropfte und klein geschnittene Kapern oder in Essig eingelegte Gurken hinzugeben sowie auch Stücke von reifen, entkernten und abgetrockneten Tomaten, indem Sie sie sorgfältig unter die Soße mischen.

(1) So werden Sie das Knoblaucharoma zwar in der Soße, aber den "Geruch" nicht im Mund haben. Wenn Sie Knoblauch immer und trotzdem mögen, hacken Sie eine Zehe davon fein, um sie in die fertige Soße zu geben.

<<La Maionese "di Casa">>

(= Die Hausgemachte Mayonnaise)

Zutaten für 4 Personen:

2	Eigelb (sorgfältig vom Eiweiß gesäubert)
1/2	Zitrone
250 ml	Olivenöl extravergine
1 TL	Wasser
1 TL	gesiebtes Mehl
Salz	

(Für ein gutes Gelingen sollte man darauf achten, dass alle Zutaten die gleiche Temperatur haben.)

Geben Sie das Eigelb in eine Schüssel, fügen Sie das Wasser und das Mehl hinzu und vermischen Sie alles gleichmäßig mit einem Holzlöffel. Beginnen Sie dann, nach und nach das Öl Tropfen für Tropfen unter ständigem Rühren hinzuzugeben (mit einer Hand die Tropfen hineingießen – und es sollten wirklich auch Tropfen sein – mit der anderen unermüdlich weiterrühren). Die Eier werden nach und nach fester und die Masse nimmt ihr schönes und endgültiges Aussehen an. Sobald Sie das gesamte Öl verbraucht und auch den letzten Tropfen gut vermischt haben, geben Sie, noch immer unter ständigem Rühren, eine Prise Salz und einen Teelöffel Zitronensaft hinzu (ich empfehle immer, erst zu kosten und daraufhin, nach und nach und je nach Geschmack, weiteres Salz und weitere Zitrone hinzuzufügen: es ist besser am Anfang wenig zu verwenden und nur bei Bedarf nachzuwürzen). Wenn Sie mögen, können Sie die fertige Mayonnaise auch mit einer Prise Pfeffer bestreuen. Sie ist sehr gut zu Fisch, Sandwich (z. B. Thunfisch, Tomaten und Kapern, gekochtem Hühnerfleisch, Salat und in Essig eingelegten Mixed-Pickles), vermischt mit Ketchup ist sie bereit für einen Shrimps - Cocktail, und so weiter. Man kann sie auf tausende Arten und Weisen verwenden. Wenn die Mayonnaise einige Stunden vor ihrer Verwendung zubereitet wird, sollte am Ende ein Esslöffel mit lauwarmem, gesalzenem Wasser sorgfältig untergerührt werden.

<<La Salsa piccante di Peperoni>>
(= Die pikante Paprikaschotensoße)

Zutaten für eine Tasse Soße:

2	große rote Paprikaschoten (1)
1	Knoblauchzehe
1/2	Teelöffel scharfe gehackte Chilischote (peperoncino)
ein großer EL	Weißbrotkrume
1 EL	Balsamessig
1/2	Weinglas Olivenöl extravergine
Salz nach Belieben	

(1) Um die Paprikaschoten "zu rösten und zu pellen", ziehen Sie das Rezept auf Seite 90 zu Rate.

Hacken Sie die vorbereiteten Paprikaschoten zusammen mit der Knoblauchzehe und der im Balsamessig eingeweichten und gut ausgedrückten Brotkrume. Fügen Sie die Chilischote, das Salz nach Belieben (immer kosten) und nach und nach etwas Öl hinzu, dabei alles gut vermengen: die Soße ist fertig. Sie ist vorzüglich mit gebratenem und gegrilltem Fleisch, aber auch mit gegrilltem Fisch. Sie können mit dieser Paprikaschotensoße auch kurze Nudelsorten (Tubettini, Fusilli, Penne) anmachen, indem sie zuvor leicht im Wasserbad erwärmt und dann mit frischer, gehackter Petersilie und geriebenem Pecorino (1 EL pro Kopf) bestreut wurde.

<<La "Salsa Nera" per i Crostini toscani>>

(= Die "Schwarze Soße" für die toskanischen Hühnerleber-Crostini)

Zutaten für 6 Personen:

350 g	Hühnerleber
150 g	gehacktes Kalbfleisch
1 EL	Kapern
4	Sardellen
1/2	kleine Zwiebel
1	Stückchen Selleriestange
1/2	Karotte
1	kleines Büschel Petersilie (nur die Blättchen)
1	Apfelschnitz
5 EL	Olivenöl extravergine
1 EL	Butter
1 "gottino" (1/2 Weinglas) Vin Santo	
1 EL	eingekochte Pomarola
1/2 Glas Fleischbrühe	
Salz und Pfeffer	

Hacken Sie Zwiebel, den Sellerie, die Karotte, die Petersilie mit dem Apfelschnitz klein (gut gesäubert, gewaschen und mit Küchenpapier abgetrocknet) und dünsten Sie diese in einem flachen Stahlkochtopf mit dickem Boden im Öl und in der Butter an (erst das Öl erhitzen und danach die Butter dazugeben, damit sie nicht anbrennt). Sobald die Gewürzkräuter Farbe angenommen haben, zunächst das Hackfleisch anrösten und dann die kleinen, gesäuberten, gehäuteten und mit einer Schere in grobe Stückchen geschnittenen Hühnerlebern hinzugeben. Braten Sie alles unter ständigem Rühren an, damit nichts anbrennt. Hat alles Farbe angenommen, vom Herd nehmen und die Zubereitung auf dem Küchen Brett fein hacken, wobei man sie dann wieder zurück in den Topf gibt, auf den Herd stellt und noch einen Esslöffel Olivenöl hinzufügt. Salzen, mit Pfeffer bestreuen (wenn Sie mögen), ebenfalls den Esslöffel Pomarola (gut gekocht) dazugeben und gut verrühren. An diesem Punkt angelangt, gießt man den "gottino" (= typisches toskanisches Glas, entspricht einem halben Weinglas) Vin Santo hinein, welchen man langsam unter ständigem Rühren verdunsten lässt. Sobald der Wein verdunstet ist, streckt man die Masse mit der Brühe, gibt die gesäuberten und zerkleinerten Sardellen hinzu und lässt alles weitere 10 bis 15 Minuten kochen. Geben Sie ganz zuletzt die gehackten Kapern hinzu, nochmals gut umrühren und die Soße sofort vom Herd nehmen. Am Ende sollte es eine grob, gut eingedickte Creme sein. Streichen Sie die Mischung auf dünne, geröstete Scheiben von hausgemachtem Brot (die toskanische, ungesalzene Art), welche Sie zuvor, wenn Sie der Tradition folgen möchten, schnell und nur von einer Seite in die Brühe (besser noch mit Vin Santo vermischt) tunken. Diese Crostini werden in allen Gegenden der Toskana zubereitet, aber es ist äußerst selten, zwei mit demselben Geschmack zu kosten: jede Köchin, jede Trattoria hat ein eigenes Rezept dafür!

Eine Extra-Idee: probieren sie, die Hühnerlebermasse auf dünne Streifen frittierter, warmer und knuspriger Polenta (Maisbrei) zu streichen.

<<La Peperonata dolce>>
(= Die süße Konfitüre aus Paprikaschoten)

Zutaten für circa 3 Gläser à 250 g Konfitüre:

1 kg	an roten und gelben "süßen" Paprikaschoten
400 g	Rohrzucker
1	Chilischote/peperoncino (oder 2 für mutige Gaumen)
Salz	

Waschen Sie die Paprikaschoten, entfernen Sie alle Kerne und die inneren weißen Sehnen: schneiden Sie sie in Stücke und bei schwacher Hitze in einer geschlossenen antihaftbeschichteten Pfanne oder Topf mit einer kleinen Prise Salz, der

Chilischote und 6 Esslöffeln Wasser andünsten. Sobald die Schoten schön weich sind, nehmen Sie sie vom Herd, passieren sie mit der Passiermühle und bringen sie danach wieder mit dem Zucker zum Kochen, wobei Sie des Öfteren umrühren bis sie eingedickt sind.
Diese Konfitüre begleitet und rühmt in perfekter Weise gealterte Käse (Pecorino, Parmigiano Reggiano, gealterter Caciocavallo, ein birnenförmiger Hartkäse aus Kuhmilch) oder die Frischeren, aber jene mit entschiedenem Geschmack wie Mozzarella aus Büffelmilch oder Scamorza, ein birnenförmiger fester Frischkäse. Sie ist auch ausgezeichnet, begleitet von getoastetem und mit gesalzener Butter bestrichenem Brot.
Zwei schmackhafte Tipps für die Paprikakonfitüre:
1°) für einen besonderen Aperitif oder ein besonderes Dessert bereiten Sie eine rustikale Platte vor, besser noch ein Holzbrett, mit Stücken von gealtertem Pecorino, Würfeln von Parmesan und anderen Käsen nach Geschmack, welche Sie mit Weintrauben, Birnenschnitzen, frischen Feigenscheiben verzieren und mit Honig oder Marmellade gefüllten Schälchen (darunter, unabkömmlich, die Paprikaschotenkonfitüre!!!) servieren;
2°) für ein herzhaftes Frühstück, für eine etwas andere Bruschetta, toasten Sie einige Scheiben Brot, der Sorte Stangenbrot, und servieren Sie diese warm mit dünnen Pecorinostückchen (in diesem Fall besser wenn frisch), Mozzarella oder Scamorza oder auch mit gesalzener Butter bestrichen und, auf dem von der Wärme erweichten käse, noch 2 - 3 Esslöffel Paprikaschotenkonfitüre.

<<Il Paté di Olive>>

(= Das Oliven Pâté)

Zutaten für 140 - 150 Gramm Oliven Pâté:

120 g	schwarze, entsteinte Oliven
5 g	Petersilienblätter
3 EL	Olivenöl extravergine
2 TL	Balsamessig
Salz	

Bereiten Sie das Oliven Pâté zu, indem Sie die schwarzen, entsteinten Oliven und die Petersilie im Mixer zerkleinern. Vermengen Sie die erhaltene Masse mit dem Öl und dem Balsamessig. Sollten Sie der Meinung sein, dass es dem Pâté an Würze mangelt, geben Sie eine Prise Salz hinzu und rühren Sie erneut um.

Ein sehr einfaches Rezept mit wenigen Zutaten: im Grunde genommen sind es nur soeben angemachte Oliven. Genau dieses ist das Geheimnis seines Wohlgeschmacks: der leicht herbe Geschmack der kleinen Frucht verführt bereits bei der ersten Kostprobe. Sie ist in Ligurien, in der Toskana und im Süden Italiens, den Regionen des Ölbaums und des Öls, besonders geschätzt. Unentbehrlich ist dieses Pâté zur Zeit des Aperitifs auf dünnen, gerösteten (oder im Backofen gebräunten) Brotscheiben, Crackern, oder Knäckebrot. Es ist exquisit auf hart gekochten Eierschnitzen oder an gekochtem oder gegrilltem Gemüse (ein Schlemmertipp: auf gegrillten Paprikas und Auberginen oder auf halbierten Bombolini Tomaten).

<<Sa Rosmarina>>
(= Die Rosmarina)

Es handelt sich um eine mediterrane und pikante Soße: reife Tomaten, frischer Rosmarin (dessen Blättchen), Öl, Knoblauch, Chili (peperoncino) und Salz, wenige einfache Zutaten, entschlossener und scharfer Geschmack, köstlich.

Zutaten für ca. 4 – 5 Personen:

500 g reife Tomaten, oder geschälte Tomaten
die "Blättchen" eines frischen Rosmarinzweiges (von circa 10 cm Länge)
5 EL Olivenöl extravergine
2 Knoblauchzehen
2 getrocknete scharfe Chilischoten (peperoncino)
1 TL Zucker (er nimmt den nicht sehr reifen Tomaten den sauren Geschmack und passt auf jeden Fall)
Salz nach Belieben

Rösten Sie in einem geräumigen Kochtopf oder einer größeren Pfanne (diese brauchen Sie, wenn Sie die Pasta in der Sauce "sautieren" möchten) 2 Knoblauchzehen und die Chilischoten in dem Öl an, ohne den Knoblauch zu viel Farbe annehmen zu lassen. Geben Sie die Rosmarinnadeln hinzu (nachdem Sie die Hitze auf die kleinste Stufe verringert haben), vermischen Sie sehr schnell und geben Sie sofort die in kleine Stücke geschnittenen Tomaten und den Zucker bei. Schmecken Sie mit Salz ab und lassen Sie alles weitere 15 - 20 Minuten kochen, damit sich die Soße "zusammenzieht". Einmal vom Herd genommen, geben Sie alles durch ein handbetriebenes Passiergerät, indem Sie die Scheibe mit den größeren Löchern verwenden (der Rosmarin muss ausreichend fest bleiben und man muss ihn im Mund "spüren"). Richten Sie die Nudeln (oder "schwenken" Sie sie) mit der Rosmarina, 2 - 3 EL purem Öl, 2 EL trockenen, geriebenen Pecorino pro Tischgenosse an und ..... guten Appetit!

Diese Soße kommt gut mit jedem Nudelformat aus, lang oder kurz, von Spaghetti zu Penne, von Tubettini zu Linguine, aber sie ist auch richtig (in größerer Menge), um Pappardelle und Eiernudeln anzurichten. Sie können mit der Rosmarina Crostini und Bruschette zubereiten, welche Sie mit frischem Rosmarin und Pecorino- oder Parmesanspänen verzieren. Verwenden Sie sie, um Schnitzel, Eier zu kochen, oder um einen Schweine- oder Kalbsbraten zu würzen.

«L'Acciugata» (= Die Sardellensoße)

Zutaten für eine Frühstückstasse Soße:

150 g gesalzene Sardellen
80 g Kapern
1 Weinglas Olivenöl extravergine
Pfeffer oder zerkleinerte Chilischote (peperoncino), je nach Geschmack

Nachdem Sie die Sardellen gründlich von Gräten und Salz gereinigt haben, zerkleinern Sie diese und hacken ebenso die Kapern grob. Das Öl in einen kleinen Topf mit dickem Boden auf dem Herd bei mittlerer Hitze soeben erwärmen. Geben Sie die Sardellen hinzu, indem Sie diese mit einer Gabel weiter zerkleinern, ohne das Öl kochen zu lassen (es genügt schon eine Minute). Vom Ofen nehmen, die gehackten Kapern dazugeben und mit dem Pfeffer (oder dem Chili) bestreuen. Probieren Sie immer für den richtigen Geschmack.
Sie ist in dieser Form, lauwarm, gut zu gegrilltem Fleisch, gekochtem Gemüse (besonders zu der "Familie" der Kohlarten) und Kochfleisch. Man kann sie für Crostini aus getoastetem Brot verwenden oder jegliches Nudelformat mit ihr anmachen, wobei man noch großzügig frische Petersilie hinzufügen sollte.

<<La Salsa etrusca>>
(= Die etruskische Soße)

Zutaten für 4 - 5 Personen
(für ca. 400 g Nudeln):

60 g	in Öl eingelegte getrocknete Tomaten
40 g	gealterter Pecorino
30 g	hart gekochtes Ei
30 g	entsteinte schwarze Oliven
15 g	Petersilienblätter
6 EL	Olivenöl extravergine
1	Knoblauchzehe
1	scharfe Chilischote (peperoncino)
1/2 EL	Pfeffer
Salz	

Nachdem Sie den Pecorino, die vom Öl abgetropften Tomaten und das gekochte Ei in Stückchen geschnitten haben, zerkleinern Sie sie zusammen mit den Oliven, den Petersilienblättern, der Knoblauchzehe und der Chilischote im Allesschneider. Geben Sie diese Hackmischung in eine Schüssel und mengen Sie sorgfältig einen Esslöffel Öl nach dem anderen (ein oder zwei mehr davon, wenn Sie die Soße gut gewürzt mögen), den Pfeffer und das Salz nach Geschmack unter. Um die Nudeln mit der etruskischen Soße anzurichten, lassen Sie einige Esslöffel Nudelkochwasser beiseite, welches Sie in dem Moment in die Schüssel geben, in welchem Sie Nudeln und Soße miteinander mischen.
Lecker mit jeder Nudelsorte, ob lang oder kurz, geht sie jedoch mit den Pici, einer toskanischen, ja viele halten sie sogar für eine etruskische (1) Nudelsorte, ein ganz spezielles Bündnis ein. Die Soße ist auch hervorragend zum Anrichten von kalten Nudel- und Reissalaten unter Zugabe von kleinen Tomaten, rohem Gemüse und Käsewürfeln; verdünnt mit einigen Esslöffeln mehr Öl und vielleicht 1 oder 2 Esslöffeln Essig ist sie perfekt für rohes Dipp-Gemüse, für Salate aus rohem oder gekochtem Gemüse; ..... und nicht zu vergessen die appetitlichen Crostini, die man erhält, indem man die Soße allein oder mit der einen oder anderen "Zugabe" nach Ihrer Phantasie und Appetit auf kleine getoastete Brotscheiben streicht.

(1) Im Thema mit dieser appetitlichen ungekochten Soße, welche auch von den "alten" toskanischen Vorfahren zu stammen scheint.

<<La "Salsa verde" al Pecorino>>
(= Die "Grüne Soße" an Pecorino)

Zutaten für 4 – 5 Personen:

150 g geriebener gealterter Pecorino
4 – 5 zerkleinerte Basilikumblätter

Für die Salsa Verde:

50 g frische Petersilie
2 gesalzene Sardellen
1 Brötchen vom Vortag: nur die Krume
1 ganzes gekochtes Ei (1)
10 g in Essig eingelegte Kapern
10 EL Olivenöl extravergine
2 EL Essig
Salz (und Pfeffer) nach Belieben

Bereiten Sie zuerst die Salsa Verde zu. Waschen Sie sorgfältig die Petersilienblättchen und trocknen Sie diese mit Küchenpapier ab; wässern Sie die Krume des Brötchens in einer Tasse Essig und drücken Sie sie aus; säubern Sie die Sardellen, kochen Sie das Ei und lassen Sie die Kapern gut abtropfen. Danach zerkleinern Sie alle Zutaten im Mixer oder, wenn Sie lieber größere Stückchen und einen rustikaleren Geschmack mögen, zerhacken Sie sie auf einem Holzbrett. Geben Sie die erhaltene Masse in eine Schüssel, verlängern Sie diese mit dem Olivenöl, vermischen Sie beides gut und würzen Sie mit Salz (und Pfeffer oder Chilipulver (peperoncino), wenn Sie einen schärferen Geschmack bevorzugen). Nachdem Sie die Soße zubereitet haben, geben Sie den geriebenen Pecorino und das mit der Hand zerkleinerte Basilikum hinzu. Sollte die Creme zu fest sein, fügen Sie noch etwas Öl hinzu.

Diese Soße ist gut mit frischem und gekochtem Gemüse, mit Suppen aus Gemüse oder Hülsenfrüchten. Sie können mit ihr auch kleine Crostini aus geröstetem hausgemachtem Brot zubereiten oder Spaghetti oder andere Nudelsorten anmachen, wobei Sie in diesem Fall der Soße umsichtig einige Esslöffel des Nudelkochwassers beigeben sollten.

(1) Kochen der harten Eier: das Wasser in einer kleinen Pfanne zum Kochen bringen, salzen und die Eier vorsichtig (mit einem Esslöffel) hineingeben; die Eier sollten vorher mindestens zehn Minuten bei Raumtemperatur gelagert werden, um zu vermeiden, dass die Schale bricht. In zehn Minuten sind sie gekocht. Das heiße Wasser vollständig abschütten und die Eier 1–2 Minuten unter kaltem Wasser abschrecken. Sorgfältig abpellen und ... sie sind fertig.

«Il Sugo Bombolino» (= Die Bombolino Soße)

Zutaten für 5-6 Personen:

500 g	Fusilli
1 kg	reife Bombolini Tomaten oder 2 Gläser Bombolini Tomaten à 500 g
3-4	Knoblauchzehen
1-2	scharfe Chilischoten (peperoncino)
6 EL	Olivenöl extravergine
	frischer (oder getrockneter) Basilikum
2 TL	Salz
5 EL	geriebener Pecorino

Wichtige Bemerkung: Während die Soßen kochen, kompensiert 1 TL Zucker einen eventuellen Sonnenmangel in den Tomaten und mildert die Säure.
Nehmen Sie eine große Pfanne (am besten antihaftend oder aus Aluminium), in der die Fusilli in der Soße sautiert werden können. Die Knoblauchzehen schälen und sie zusammen mit den Chilischoten mit einem scharfen Messer fein hacken. Schwitzen Sie sie soeben im gerade erhitzen Öl an und fügen Sie die Bombolini Tomaten, Salz, Zucker und Basilikum zu. Die Pfanne mit einem Deckel verschließen und die kleinen Tomaten 5 Minuten köcheln lassen, den Deckel abnehmen und die Bombolini, welche inzwischen weich gekocht sein sollten, mit einer Gabel zerdrücken (für diesen Arbeitschritt sollten Sie sich besser eine Schürze umbinden, denn sonst beschmutzen Sie sich mit Tomatenflecken). So wird sich eine recht sämige Soße bilden, welche Sie noch weitere 3 - 4 Minuten kochen lassen. Sautieren Sie die gut bissfest abgegossenen Fusilli in der Pfanne, indem Sie die Nudeln mit der Soße vermengen. Nachdem Sie die Pfanne einmal vom Herd genommen haben, bestreuen Sie die Fusilli sofort mit dem geriebenen Pecorino und, wenn sie haben, mit ein paar frischen Basilikumblättern (oder getrockneten). Heiß servieren!

<<Salsa "salmorigano">>
(= Knoblauch - Mandel Soße)

Zutaten für 4 Personen:

8 EL	Olivenöl extravergine
2	Zitronen
3	Knoblauchzehen
1 TL	getrockneter Oregano
2 EL	geschälte Mandeln
1	kleiner Büschel Petersilie
5, 6	Basilikumblätter

Salz und Pfeffer nach Geschmack

Das Öl in einer kleinen Pfanne erwärmen, welche sich in einem mit heißem Wasser gefüllten Topf befindet (nehmen Sie sich in Acht, um sich nicht mit dem Wasserdampf zu verbrennen!): also "im Wasserbad". Fügen Sie den durch ein kleines Sieb gegebenen Zitronensaft hinzu. Die Wärme hilft dabei, die beiden Zutaten zu verbinden, ohne sie durch eine zu hohe Temperatur zu verändern. Mit dem klassischen kleinen Schneebesen verrühren und mit den drei zerhackten Knoblauchzehen, dem Oregano, je einer Prise Salz und Pfeffer vermengen. Geben Sie nun auch eine handvoll Mandeln (die Sie zuvor für 3 bis 4 Minuten abgebrüht haben, um sie pellen zu können) hinzu, welche Sie mit einem scharfen Messer in ganz kleine Streifchen geschnitten haben. Erneut umrühren und die gehackte Petersilie (nur die gewaschenen und getrockneten Blätter) und 5 bis 6 Basilikumblätter (mit den Fingern zerrupft, damit sie ihr Aroma behalten) beigeben, wobei Sie nun sofort die salmorigano aus dem "Wasserbad" nehmen. Es handelt sich um eine exquisite und besondere Soße zu gegrilltem Fisch, im Besonderen zu Schwert- und Thunfisch, welche - wie auch ihr außergewöhnliche Name - in Sizilien geboren ist.

Giovanna und ihr Onkel Bandino vor dem Holzofen des Landgutes La Vialla.

Il Pane toscano

(= Das toskanische Brot)

<<Il Pane toscano>>
(= Das toskanische Brot)

Zutaten:

500 g Weizenmehl
25 g Bierhefe
300 ml lauwarmes Wasser

Das toskanische Brot ist als einziges in Italien ohne Salz; sollten Sie es gesalzen bevorzugen, können Sie einen Teelöffel davon beim zweiten Gehenlassen hinzufügen. Bereiten Sie am Abend vor dem Zubettgehen in einer Schüssel einen kleinen, sehr weichen Teig aus 50 g Mehl und der Hefe zu, welche Sie in fingerhutvollem, ziemlich warmem Wasser (mindestens 37°C) zerbröselt haben. Bedecken Sie den Teig und lassen Sie ihn an einem lauwarmen Ort gehen. Nehmen Sie am Morgen danach den Rest des Mehls,

geben Sie es auf den Tisch und drücken Sie eine Mulde hinein, mit dem aufgegangenen Teig in der Mitte. Unter Zuhilfenahme von circa 300 ml lauwarmen Wassers von 37 °C verkneten Sie das Mehl, bis Sie ein weiches und lockeres kleines Brot geformt haben, indem Sie den Brotteig gut mit den Händen bearbeiten (ihn also einige Male hintereinander energisch ausbreiten und zusammenraffen). Formen Sie eine Kugel und legen Sie sie in eine leicht mit Mehl bestäubte Schüssel. Schneiden Sie mit einem scharfen Messer, mit Bedacht, ein Kreuz in die Oberfläche des Teiges, decken Sie ihn zu und lassen ihn an einem warmen Ort für ca. eine Stunde gehen. Sobald der Teig sein Volumen verdoppelt hat, kneten Sie ihn erneut kurz durch und geben ihm die gewünschte Form. Erwärmen Sie den Backofen auf 200°C, schieben Sie Ihr Brot hinein und lassen es 20 Minuten backen, dann schalten Sie die Temperatur hinunter und backen es weitere 15 - 20 Minuten. Das Brot sollte am Ende der Backzeit eine schöne goldene Farbe angenommen haben.
Nützliche Regeln für das Brotbacken: 1) nicht in den Backofen schieben, bevor die Temperatur nicht erreicht ist; 2) stellen Sie zusammen mit dem zu backenden Brot ein Gefäß mit Wasser in den Ofen: es begünstigt das Aufgehen und richtige Backen; 3) nachdem Sie das Brot aus dem Backofen geholt haben, lassen Sie es auf einem Grillrost abkühlen, damit die gesamte Feuchtigkeit verdunsten kann.

<< La Pizza >>

Sie können den Brotteig, wie im vorangegangenen Rezept verwenden, um eine Pizza zuzubereiten.

Zutaten für eine Pizza "napoletana" (neben denen für den Brotteig):

400 g	frische Tomaten (oder 300 g geschälte Tomaten)
100 g	Sardellen
200 g	Mozzarella
6 - 7 EL	Olivenöl extravergine

Salz
Oregano
Pfeffer
einige Basilikumblätter

Den Brotteig halbieren (oder dritteln, wenn Sie eine dünnere Pizza bevorzugen). Jeden Teil gut durchkneten und auf einer mit Öl eingefetteten Backform von 30 cm Durchmesser, und 4-5 mm dick ausrollen. Nochmals ungefähr 15 Minuten gehen lassen. In der Zwischenzeit den Backofen auf ca. 250°C vorheizen. Zwei, drei Esslöffel Olivenöl, die von den Gräten befreiten, gewaschenen und abgetrockneten Sardellen in Stückchen und die geschälten und geschnittenen, gut abgetropften Tomaten ohne Samen (auch geeignet sind die bereits geschälten Tomaten, gut abgetropft und zerteilt) auf den Teig geben. Noch 2-3 Esslöffel Olivenöl, Salz, Pfeffer, Oregano und einige Basilikumblättchen darüber verteilen. Die Backform in den heißen Ofen geben und nach 15 Minuten rasch den klein geschnittenen und gut abgetropften Mozzarella hinzugeben (der Käse wird so nicht zu trocken). Weitere 15 Minuten backen, damit der Teig schön goldbraun wird. Dies ist eine wahre "napoletana", aber die Varianten sind endlos: wenn Sie die Sardellen weglassen, erhalten Sie die "margherita", wenn Sie schwarze Oliven und Kapern hinzufügen eine "romana". Sie können die klassischste Pizza - die Margherita - mit gekochtem oder rohem Schinken, zerkleinerter Rucola und/oder Kirschtomaten (die letzten beiden roh und nach der Backzeit hinzugefügt), fein geschnittener Zwiebel, in Öl eingelegten Champignons und Artischocken, gegrilltem Gemüse und Käsesorten aller Art bereichern. Setzen Sie Ihrer Phantasie keine Grenzen und ..... viel Spaß und guten Appetit!

Gli Antipasti
(= Die Vorspeisen)

Adolfina lächelt zufrieden das neue Öl an

Notizen über das Olivenöl extravergine

Italien ist die Wahlheimat des Öls, gewonnen aus dem schlichten Mahlen und Pressen der Oliven. Als solches ist es das einzige, auch rechtlich gesehen, die Bezeichnung extravergine zu verdienen. Viele Olivenöle im Handel sind Frucht einer Mischung, die nur einen unendlich kleinen Teil des nativen und natürlichen Erzeugnisses aufweist, der Rest wird mit Hilfe von chemischen Lösungsmitteln gewonnen (siehe die deodorierten, rektifizierten Olivenöle die Kernöle, die Margarinen).
Aus diesem Grund ist das wahre Olivenöl extravergine ein unvergleichliches Nahrungsmittel, natürlich par excellence und von höchster innewohnender Güte. Aus zahlreichen durchgeführten Studien ergeben sich mehr als eindeutige fettbezogene Ähnlichkeiten zwischen der Muttermilch und dem Olivenöl extravergine. Für die Babybreis werden leider oft Zutaten tierischen Ursprungs, reich an den

gesättigten Fettsäuren, oder Fette pflanzlicher Herkunft, günstiger, aber wenig gesund, bevorzugt.
Es ist das einzige fetthaltige Lebensmittel, welches in der Lage ist, uns vollständig zur Ausgangsfrucht zurückzubringen, etwas, das uns hilft, die wirkliche Bedeutung der in ihm enthaltenen geringeren Bestandteile zu verstehen. Tatsächlich ist die Olive, wie jede Frucht, den unterschiedlichsten Umwelttücken ausgesetzt. Um sich vor diesen zu verteidigen, hat die Natur sie mit einer Reihe an Schutzsubstanzen ausgestattet. Bei der Zusammensetzung des Öls heben sich zwei Gruppen von Verbindungen hervor: der Fettanteil, der beträchtlichere mit 98-99% vom Totalen, als eine kluge Struktur von ungesättigten und einer ausgewogenen Menge an grundlegenden mehrfach ungesättigten Fettsäuren, und der Nicht-Fettanteil.
Dieser Zweite, 1 - 2 % vom Totalen, charakterisiert den Wohlgeschmack und die Güte des extravergine. Er setzt sich aus 220 Nebenprodukten des Stoffwechsels der Pflanze und der Früchte zusammen, die geringere aber sehr bedeutungsvolle Bestandteile sind. Einige von diesen übernehmen eine wichtige therapeutische Funktion, andere bekleiden die Rolle der natürlichen Antioxidiantien, andere letztlich sind bestimmend beim Charakterisieren der aromatischen Note des Öls. Unter diesen geringeren Bestandteilen sind es im Besonderen die Polyphenole, die fähig sind, mit ihrer Tätigkeit die ernährungsbezogenen und biologischen Eigenschaften des extravergine Öls beizubehalten, indem sie die ungesättigten Fettsäuren, die Linol- und vor allem die Ölsäure, vor den unvermeidbaren Oxidationsphänomenen bewahren. Sie begünstigen daher auf indirekte Art und Weise die biologischen und physiologischen Tätigkeiten, welche diese innerhalb des menschlichen Organismus verrichten. Die Polyphenole üben auch eine oxidierungsbeständige Tätigkeit gegen jene degenerativen, zu Lasten des Herz-Kreislaufsystems gehenden Phänomene aus, gegen die Pathologien, die im allgemeinen durch die erhöhte Präsenz von freien Radikalen im Organismus bedingt sind.
Das wahre Olivenöl extravergine ist jenes, welches durch deutliche und entschiedene Geschmacks- und

Duftnoten, die auf frische, grüne, gesunde Oliven verweisen, charakterisiert ist (es ist genauso wie ein frisch gepresster Saft ohne irgendein chemisches Zutun). Es ist niemals stumpf, ausdruckslos, bewahrt vielmehr den Geruch und den Geschmack, das Bittere und das Pikante der Frucht, aus der es gewonnen wird. Ein neutrales und geschmacksarmes Olivenöl ist sehr weit davon entfernt, ein extravergine zu sein.

Die letzte, aber grundlegende Information ist die, dass das Öl zwar ausgezeichnet in Farbe, Aroma und Geschmack "scheinen", aber mit unsichtbaren Giften, chemisch synthetischen Substanzen, welche im Rahmen der konventionellen Landwirtschaft auf dem Boden und auf den Olivenbäumen verwendet werden, verunreinigt sein kann (und diese lassen sich nur mit gewissenhaften Analysen feststellen). Als Schlussfolgerung können wir bestätigen, dass nur die biologische Landwirtschaft die wahre Qualität und die heilsamen Wirkungen eines Olivenöls extravergine vollends garantieren kann.

Der Betti, "Stutzer", schon seit Ewigkeiten "inmitten der Oliven"

Das toskanische Öl

Das Olivenöl extravergine ist eines der besten Erzeugnisse, welches die Natur uns gegeben hat, sowohl im gastronomischen Sinne wegen seines "interessanten" Geschmacks, als auch aus gesundheitlicher Sicht wegen seines Gehalts an ungesättigten Fettsäuren und seiner wirksamen Tätigkeit gegen die freien Radikale. Es ist ein regelrechter Balsam, der in perfekter Form bereits im inneren der kleinen Früchte vorhanden ist: der Mensch muss ihn pflegen und dann pressen ohne ihn zu beschädigen.

Um ein solches Ergebnis zu erzielen, bedarf es langer und gewissenhafter Arbeit. Die Bedingungen die seine Güte beeinflussen sind viele: die Olivensorten, die Beschaffenheit des Bodens, die Höhe, die Ausrichtung zur Sonne und zum Wind, der Zeitraum und die Erntemethode, die Transportweise der Oliven zur Ölmühle, das System der Ölgewinnung und zuletzt, aber sehr wichtig, die Aufbewahrung der wertvollen Flüssigkeit.

Der toskanische Olivenanbau ist antiker Herkunft und stark in der ländlichen Gesellschaft verwurzelt. Es gibt nicht nur ein toskanisches Öl, sondern viele und untereinander verschiedene aus Gründen des Bodens, der Umweltbedingungen, des ausgedehnten Bestandes an Artenvielfalt. Die Toskana ist die Region schlechthin für den Olivenanbau, und die hergestellten Öle sind alle erlesen, besonders die aus dem Chiantigebiet, wo die Bäume in einer Höhe zwischen 300 und 500m ü.d.M. verstreut sind, also ein Gebiet an der Grenze der Anbaumöglichkeiten für diese Pflanzen, die ein wärmeres Klima bevorzugen würden. Und gerade dies ist eine der Eigenschaften, welche das toskanische Öl so wertvoll und außergewöhnlich in Farbe, Duft und Geschmack macht.

Die Eigentümlichkeit und die Güte des Öls vom Chiantigebiet sind auch dem gemeinsamen Beitrag einer antiken und geschickten Olivenmischung zu verdanken: Moralline, Frantoiane, Seccine, Raggiaie oder Correggiole, aus der Toskana stammend, die verbreitetesten und geeignetesten für das Klima.

Die **Moralline**: von dunkler Farbe sind sie die "Basis" des extravergine, fast wie die Sangiovese-Trauben für den Chianti. Die Olive ist klein, hat einen hohen Ertrag in der Ölherstellung und vortreffliche aromatische Eigenschaften.

Die **Seccine**: als dunkle, kleine Steinfrucht mit sehr gutem Ertrag in der Ölherstellung sind sie berühmt für ihre Kapazität und Widerstandskraft gegen jede Form von Ungunst des Wetters.

Die **Frantoiane**: charakteristisch bunt, halb grün und halb braun, haben sie sich fast überall dank ihrer hohen Leistung, dem Ertrag in der Ölherstellung und ihrem feinen, außergewöhnlichen Bestand an Aromen verbreitet.

Die **Raggiaie** (oder **Correggiole**): von hellgrüner Farbe haben sie hohen Ertrag in der Ölherstellung, welches im Ergebnis körperreich und außergewöhnlich aromatisch ist.

Auf den Hügeln des Chiantigebiets werden die Oliven per Hand gepflückt, in kleinen Kisten gesammelt, und am gleichen Erntetag gemahlen, um die Frische der Frucht und somit einen möglichst niedrigen Säuregrad zu erhalten. Das Pressen muss respektvoll gegenüber den kleinen Früchten geschehen. Viele Ölmüller wählen noch heute die Steinmühle, um dem Olivenbrei eine "kalte" Verarbeitung, und dem Öl die Unversehrtheit und Qualität des wahren "Olivensaftes" zu garantieren. Diese Methode der Gewinnung ist sehr antik und imstande dem wertvollen "Saft" mehr Weichheit, elegantere pflanzliche Noten und einen höheren Gehalt an kleineren Bestandteilen zu verleihen: Vitaminen, Alkoholen, Kohlenwasserstoffen, Phenolen, Aldehyden, etc., alle sehr bedeutend.

Auf diese Weise, also Schritt für Schritt behutsam gepflegt, präsentiert sich das Öl aus unserer Gegend in intensiver smaragdgrüner Farbe mit goldfarbenen Reflexen, die sich mit der Zeit hervorheben und überwiegen werden. Der Duft ist lebendig und scharf, von gerade gepressten Oliven, intensiv und andauernd mit Eindrücken nach Gras und eleganten Noten nach Artischocken und Tomatenblättern (Farben und Düfte werden im Laufe der Monate weicher, aber nicht die Qualität dieses ausgezeichneten

"Saftes"). Im Mund und auf einer "Bruschetta" sticht der bittere und typisch pikante Geschmack von dieser Olivenvielfalt hervor, die dem "grünem Gold" der toskanischen Hügel eine einzigartige und anderswo unwiederholbare Prägung gibt.
Um den Duft, den Geschmack und die vielen Eigenschaften voll auszukosten, verwendet man das Öl roh in Salaten und Rohkost-Dipps, auf gekochtem Gemüse, auf der Bruschetta oder um es den Würzungen der Nudeln hinzuzufügen, oder aber auf gegrilltem Fleisch und Fisch.
In der Küche ist es das ideale Fett für jede Art von Zubereitung, auch zum Frittieren. In der Tat hat es den höchsten Widerstandsgrad (den "Rauchpunkt") gegenüber temperaturverursachten Veränderungen, im Vergleich zu allen anderen Ölen, pflanzlichen und tierischen Fetten, wodurch es außerdem sehr viel besser verdaulich ist.

Die alte Ölmühle des Landhauses La Lignana

<<La Bruschetta (1)>>
(= Geröstete Brotscheiben)

Zutaten für 5 Personen:

5 Scheiben hausgemachtes toskanisches Brot
2 Knoblauchzehen
Olivenöl extravergine
Salz

Rösten Sie die Brotscheiben (ideal wäre, sie auf einem Grillrost zu rösten), mit den geschälten Knoblauchzehen einreiben, üppig mit dem Olivenöl beträufeln und salzen. Sollten Sie keinen Knoblauch mögen, können Sie das Brot nur mit Öl und Salz würzen.

Diese einfache Bruschetta kann mit weiteren Zutaten bereichert werden:

- dünnen Pecorinoscheiben
- zerkrümeltem Thunfisch aus der Dose und Zwiebelstückchen
- gegrilltem Gemüse, wie Auberginen, Paprikaschoten, etc. ..... und so, endlos weiter, je nach Geschmack.

(1) Es ist ein toskanisches Gericht, typisch während der Ernte und der Pressung der Oliven: November und Dezember. Das frisch gepresste Öl ist noch wohlriechender und geschmacksintensiver: es ist ein einzigartiges Gericht in seiner Einfachheit, eine deliziöse Köstlichkeit. Die Bruschetta ist ausgezeichnet als Vorspeise, appetitliche Brotzeit oder wie auch immer Sie sie bevorzugen.

.... Bruschetta mit dem soeben in der Mühle von La Lignana gepresstem Öl

«Le Olive all'Arancia»

(= Die Orangenoliven)

Zutaten für ein Glas à 500 g:

300 g schon getrocknete, schwarze Oliven (1)
2 Knoblauchzehen
1 getrocknete Chilischote (peperoncino)
1 1/2 EL Olivenöl extravergine
Schale von 1 Orange

Es ist ein Rezept, welches man in der Toskana während der Olivenernte vorbereitete (in Gläsern eingemacht, wurden sie in der Weihnachtszeit als köstliche Vorspeise zusammen mit Wurstwaren und Pecorinokäse gereicht).

(1) Merkwürdig war der "Reinigungs"-Prozess (=das Verlieren des Wassers, welches die frischen Früchte besonders bitter macht). Die Oliven wurden für ungefähr 10 Tage in kleinen Stoffsäckchen am Kamin hängend langsam getrocknet, der zur damaligen Zeit in den Landhäusern stets loderte.

Die Oliven in einer Schüssel mit den Orangenschalen (dazu mit einem sehr scharfen Messer nur den orangenen Teil der Orange in feinen Steifen abschälen), dem in feine Scheiben geschnittenen Knoblauch, der zerkrümelten Chilischote und dem Öl vermischen. Alles gut umrühren und in ein Glas füllen. Gedulden Sie sich eine Woche und ..... probieren Sie dann. Sie schmecken gut alleine oder auch zusammen mit anderen Olivensorten, zum Aperitif oder als Vorspeise mit Wurstwaren, Käse und Crostini.

<<Gli Asparagi e Pecorino>>

(= Der Spargel und Pecorino)

Kochen Sie den gut geputzten und von den härteren Enden befreiten Spargel in siedendem, gesalzenem Wasser und, wenn er noch schön warm ist, bestreuen Sie ihn mit feinen Pecorinoscheibchen (vielleicht mit dem Sparschäler geschnitten), einem Spritzer Olivenöl und frisch gemahlenem Pfeffer.

Es ist kein richtiges Rezept, sondern ein "deliziöser Tipp", welcher mich über den Brief einer Dame, einer Freundin von La Vialla, erreicht hat. Wir haben es ausprobiert und, wie sie selbst schreibt, dieses Gericht zu probieren ist ..... "eine unbeschreibliche Erfahrung für die "Geschmackspapillen". Wir bedanken uns nochmals mit Zuneigung bei ihr.

<<Il Baccalà mantecato "alla Giuliana">>

(= Der Glattgerührte Stockfisch nach Giuliana's Art)

Zutaten für 4-5 Personen:

500 g	Stockfisch (1)
500 g	Kartoffeln
1/2 l	Milch (ich verwende frische Vollmilch)
12 EL	Olivenöl extravergine
20 g	Pinienkerne
1	Knoblauchzehe
10	frische Basilikumblätter

(1) Sollten Sie ihn nicht vorgewässert finden und den Stockfisch noch eingesalzen kaufen, müssen Sie ihn für einige Tage mit kaltem Wasser in einer Salatschüssel lassen. Wechseln Sie das Wasser drei oder vier Mal im Laufe des Tages: am dritten Tag wird er bereit zum Kochen sein!

Stellen Sie einen antihaftbeschichteten Topf mit der Milch, dem in Stücke geschnittenen Stockfisch und den Kartoffeln darüber (geschält, gewaschen, in Stückchen geschnitten) auf den Herd. Langsam bei sehr schwacher Hitze kochen lassen und dabei speziell darauf achten, dass der Stockfisch nicht am Boden anbrennt. Häufig mit einem Holzlöffel umrühren, besonders auf dem Boden des Topfes. Sobald der Stockfisch die Milch aufgesogen, und völlig zergangen ist, gründlich abtropfen lassen und in einer Salatschüssel mit einem Schneebesen für Süßspeisen zusammen mit dem Öl aufschlagen, welches Sie nach und nach hinzugeben. Verwandeln Sie ihn in eine weiche Masse und vermischen ihn mit den Pinienkernen und dem gut gehackten Basilikum und Knoblauch. Noch etwas weiter schlagen und geben Sie, wenn das Gemisch nicht weich genug sein sollte, noch ein wenig Milch hinzu. Verwenden Sie kein Salz (der Stockfisch ist ein "Betrüger"); sobald das Gericht fertig ist, kosten Sie und salzen gegebenenfalls nach, wenn es fade sein sollte. Diese Art von dickflüssiger Creme aus Stockfisch ist einem Gericht aus dem Veneto, sehr ähnlich, dem "baccalà mantecato", köstliche und sehr gebräuchliche Vorspeise aus Venedig. Die Version mit Pinienkernen und Basilikum ist appetitlicher und weniger schwer. Der venezianische Stockfisch wird fast immer mit flüssiger Sahne glatt gestrichen. Servieren Sie ihn mit Crostini oder gegrillter Polenta.

<<I Crostoni con Cipolle>>

(=Die Crostoni mit Zwiebeln)

Zutaten für 4 Personen:

4	große weiße Zwiebeln
100 g	Pecorino
4 EL	Tausendblumenhonig
8 EL	Scheiben hausgemachtes Weißbrot, nicht zu frisch und nicht zu dünn geschnitten

schwarzer Pfeffer

Nachdem Sie die erste Zwiebelhaut gut entfernt haben, legen Sie die ganzen Zwiebeln (sie sollten alle ungefähr von gleicher Größe sein) auf ein mit Aluminiumfolie bedecktes Blech, und geben Sie sie für circa 45 Minuten in den schon auf 180°C vorgeheizten Backofen. Wenn sie weich und ein bisschen eingefallen sind, nehmen Sie sie aus dem Ofen, schälen sie erneut und schneiden Sie sie mit einem scharfen Messer in Stückchen. Legen Sie diese auf einen Teller und mahlen Sie schwarzen Pfeffer darüber. Die in der Zwischenzeit in den noch warmen Ofen geschobenen Brotscheiben herausnehmen, sobald sie angeröstet sind, und dann gleich mit Honig (einem halben Esslöffel für jede Scheibe) bestreichen. Verteilen Sie darauf die Zwiebeln und den in hauchdünne Späne gehobelten Pecorino und servieren Sie die Crostoni sofort lauwarm.

<<Le Bruschette di Peperoni grigliati>>

(= Die Gerösteten Brotscheiben mit gegrillten Paprikaschoten)

Zutaten für 4 Personen:

1	hinreichend große gelbe Paprikaschote (circa 600 g)
1	hinreichend große rote Paprikaschote (circa 600 g)
8 EL	circa von Olivenöl extravergine
3 TL	Balsamessig aus Modena
1 EL	Paniermehl
1 EL	Kapern
2	Knoblauchzehen
1	Büschel Petersilie

Die Paprikaschoten waschen und für circa 20 Minuten bei 180°C im Backofen blanchieren. Einmal aus dem Backofen genommen, in einen für Lebensmittel geeigneten Kühl- oder Gefrierschrankbeutel geben und für 10-15 Minuten abkühlen lassen (auf diese Weise werden sie leichter zu "pellen" sein). Halbieren Sie die Schoten und entfernen Sie sorgfältig die inneren Samen. Nun achtsam pellen und in 1 cm breite Streifen schneiden. Bereiten Sie einen Hack aus Knoblauch, Petersilie und Kapern zu, welchem Sie das Paniermehl, 3 bis 4 Esslöffel Olivenöl extravergine und den Essig beigeben, und alles gut vermischen.

Würzen Sie mit dieser Soße behutsam die Paprikaschoten. Rösten Sie 4 Scheiben hausgemachtes Brot (ungefähr 1 cm hoch) und richten Sie darauf die vorbereiteten Paprikaschoten her. Üben Sie noch über jede Scheibe eine "Drehung" mit Öl (3 bis 4 Esslöffel in allem) aus und servieren.

«L'insalata di Farro»

(= Der Dinkelsalat)

Zutaten für 6 - 8 Personen:

500 g	geschälter Dinkel
1	Sellerierippe
4	Möhren
2	mittelgroße Kartoffeln
300 g	reife große Tomaten oder frische Bombolini Tomaten
1	kleine Zwiebel (nach Wahl)
300 g	Pecorino
6 EL	Olivenöl extravergine
3 EL	Wein- oder Balsamessig (nach Geschmack)

einige frische Basilikumblätter

Pfeffer oder Chilipulver (peperoncino) nach Geschmack

Salz

Bevor Sie am Abend zu Bett gehen, geben Sie den Dinkel, nachdem Sie ihn gewaschen haben, mit Wasser bedeckt in eine Schüssel. Am Morgen gießen Sie ihn gut ab und bringen ihn in einem Topf mit reichlich kaltem Wasser und einer Prise grobem Salz zum Kochen - das dauert circa 10 Minuten. Gut abgießen und abkühlen lassen. Zwei geschälte und gesäuberte Möhren sowie die Kartoffeln ebenfalls in siedendem, gesalzenem Wasser ungefähr 10 Minuten "bissfest" kochen. Die anderen beiden Möhren fein hacken, den Sellerie und den Pecorino in kleine Würfelchen schneiden und die Tomaten in Stücke. Alles zusammen mit dem Dinkel in eine Schüssel geben und diesen angenehmen Salat kurz vor dem Servieren mit Öl, Essig, Salz und, wenn er Ihnen würziger gefällt und Sie keine galanten Verabredungen haben, mit einer klein geschnittenen Zwiebel, Pfeffer oder Chilipulver anmachen.
Sie können ihn als Vorspeise, Beilage oder auch, vielleicht im Sommer, als wohlgefälliges Hauptgericht anbieten.

«I Carciofini sott' Olio»

(= Die kleinen Artischocken in Olivenöl eingelegt)

Für jedes Kilogramm kleine Artischocken, welche sehr klein und zart sein sollten (in der Toskana verwendet man die "Morellini", die wegen der dunklen Farbe ihrer Blätter so genannt werden, und in der Frühlingszeit bereit für die Ernte sind), benötigt man:

1/2 Liter Weißweinessig
1/2 Liter Weißwein
einige Lorbeerblätter
1 EL schwarze Pfefferkörner
1 Zitrone
Salz
so viel Olivenöl extravergine, wie man braucht, um sie in den Gläsern gut damit zu bedecken.

Die kleinen Artischocken werden zubereitet, indem ein guter Teil des Stängels abgeschnitten, die äußeren harten Blätter entfernt und die Spitzen abgeknipst werden, um die Stacheln zu entfernen. Tauchen Sie sie für 10 Minuten in mit Zitronensaft gesäuertes Wasser, dann abtropfen lassen und im mit dem Wein vermischten Essig kochen. Zum Kochen bringen und mit einer Schaumkelle aus der Kochflüssigkeit nehmen, wenn sie noch bissfest sind (sie brauchen circa 8 - 10 Minuten). Legen Sie sie mit dem Kopf nach unten auf ein doppelt gefaltetes Küchentuch und abkühlen lassen. Ordnen Sie die kleinen Artischocken abwechselnd mit Lorbeerblättern und Pfefferkörnern in gut gesäuberten und abgetrockneten Gläsern an und bedecken Sie sie gut mit Öl. Kontrollieren Sie nach 24 Stunden den Stand des Öls und fügen Sie, falls nötig, noch etwas hinzu, um alle Artischocken zu bedecken. Verschließen und an einem kühlen, dunklen Ort aufbewahren: einen Monat nach der Zubereitung sind sie fertig zum Genießen, und sie halten sich für eine Saison oder länger. Um die "Aufbewahrungsfrist" zu verlängern, können Sie die Gläser in kochendem Wasser sterilisieren.

«L'insalata del Maniscalco»

(= Der Hufschmied-Salat)

Zutaten für 4 - 5 Personen:

3	kleine, herzhafte Köpfe Frühlingssalat, wie Radicchio, roter Radicchio, Feldsalat, Kresse
1	kleiner Bund Rucola (Rauke)
200 g	gealterter Schafskäse

Balsamessig

Olivenöl extravergine

Salz

Ein grundlegendes und auch ein wenig selbstverständliches Rezept, doch ist das Sprichwort, welches es begleitet, sympathisch und spitzfindig (1).
Waschen Sie alle Salatköpfe und die Rucola gut. Mit den Fingern in eine Salatschüssel zerkleinern und mit dünnen Pecorinoflocken "schmücken". Bereiten Sie eine Vinaigrette zu, indem Sie Öl, Essig und Salz mit einer Gabel aufschlagen und mit dieser den Salat benässen, welchen Sie dann gut mischen. Für die Menge der Gewürze, richten Sie sich nach dem hier unten aufgeführten Sprichwort.

(1) <<Ein Weiser für das Salz, ein Geiziger für den Essig, ein Großzügiger für das Öl, ein Verrückter für das Schütteln>>. Letzterer ist der am einfachsten zu findende!!

«I Bocconcini di formaggio e frutta secca»

(= Die Käsehäppchen mit Nüssen)

Zutaten für 20 - 25 Häppchen:

100 g gealterter Pecorino
250 g Ricotta (oder Quark, wenn Sie diesen bevorzugen)
Nüsse (gemischt: Haselnüsse, Mandeln, Pinienkerne, Walnüsse...) und Sesamsamen: für die "Panierung"
Salz und Pfeffer nach Geschmack

Zuerst im vorgeheizten Ofen (oder in einer mit Öl bestrichenen Antihaft-Pfanne) die Nüsse schnell anrösten, welche Sie gut auf einem Blech oder in einer Ofenform ausgebreitet haben. Geben

Sie Acht, dass diese nicht anbrennen, sie müssen nur goldbraun werden. Tun Sie Gleiches mit den Sesamsamen, wobei Sie die Zeit verkürzen sollten.
Während die Nüsse abkühlen, reiben Sie den Pecorino und mischen ihn unter den Ricottakäse, den Sie zuvor durch das Zerdrücken mit einer Gabel in eine Creme verwandelt haben. Wenn Sie möchten, können Sie nach Belieben Salz und Pfeffer darunter mischen.
Formen Sie, indem Sie sich mit den Händen helfen, walnussgroße Kugeln (oder geben Sie ihnen je nach Phantasie andere Formen).
Rollen Sie nun die Häppchen in den Pinienkernen und den Sesamsamen. Bevor Sie das Gleiche mit den Haselnüssen und den Mandeln machen, zerkleinern Sie diese grob. Bewahren Sie die Kugeln für eine halbe Stunde im Kühlschrank auf, um sie fester werden zu lassen.
Sie können die vorbereiteten Häppchen servieren, indem Sie diese jeweils zu dritt oder viert in kleinen Gläsern oder Tassen anordnen und mit einigen Zahnstochern versehen, um sich zu bedienen.
Sie sind sowohl angenehm für die Augen, als auch für den Mund! Ich vergaß: wenn Sie die Häppchen nicht sofort "verwenden", bewahren Sie diese, besonders im Sommer, gut bedeckt und ausgebreitet (sie sollten sich untereinander nicht zu sehr berühren) im Kühlschrank auf.

<<I Crostini Bologna ①>> (= Die Crostini nach Art von Bologna

Zutaten für 4 Personen:

6	Toastscheiben	30 g	Sardellen
250 g	Mozzarella	4 EL	Olivenöl extravergine

① Auf diese Art und Weise, und ich weiß nicht warum, nannte sie ein Onkel vom mir, kein großer Küchenexperte, doch fähig, dieses, übrigens einfache Rezept bis zur Perfektion zuzubereiten.

Entfernen Sie die Kruste der Toastscheiben mit einem scharfen Messer, und schneiden Sie jede Scheibe in vier gleichgroße Teile. Bereiten Sie den Mozzarella zu, indem Sie ihn gut von seinem Wasser abtropfen lassen und in circa 1 cm dicke Stückchen zerteilen, die etwas weniger breit sind als die schon fertigen Crostini. Sollten sie in Salz eingelegte Sardellen finden (sie sind besser und für das Rezept geeignet), entgräten, waschen und trocknen Sie diese; jene in Öl sollten hingegen gut abgetropft werden. Machen Sie daraus Filets von 2 - 3 cm. Nehmen Sie 4 circa 20 cm lange Holzspieße, nun zuerst das Brot, dann den Mozzarella und danach die Sardelle, usw. aufspießen, und schließen Sie mit dem Brot ab. Sie sollten es sich so einteilen, dass Sie 4 Spieße zubereiten können, wobei jeweils an jeder Seite 3 cm frei bleiben sollten. Holen Sie eine feuerfeste Schüssel (welche Sie direkt auf den Tisch stellen werden) hervor, und legen Sie die Spieße so auf den Rand, dass sie "schwebend" über den Boden bleiben. Beträufeln Sie jeden mit einem reichlichen Esslöffel Öl. 10 Minuten in den schon heißen (ca. 200°C) Ofen schieben, so dass der Mozzarella weich wird, zu "fließen" beginnt und die obere Brotfläche Farbe annimmt und eine feine Kruste bildet. Einmal aus dem Ofen genommen, begießen Sie sie mit dem Saft, welchen Sie vom Boden durch Schräghalten der Form schöpfen, und servieren Sie sie sofort ganz heiß.

«Le Salsicce fresche di Maiale»

(= Die frischen Würste vom Schwein)

Zutaten für circa 15 Würste:

700 g	Schweineschulter
300 g	Schweinebauch
30 g	Salz
5 g	Pfeffer
1	Knoblauchzehe
1/2 EL	getrocknete toskanische Gewürze (Rosmarin, Salbei, Thymian)
1	Messerspitze Muskatnuss

Naturdarm für 15 Würste

Drehen Sie grob das Schweinefleisch durch den Wolf oder lassen Sie es direkt vom Fleischer grob hacken. Mischen Sie das Salz, den Pfeffer, den klein zerhackten Knoblauch, die toskanischen Gewürze und die Muskatnuss miteinander. Mit dem gehackten Fleisch

vermengen und alles sehr gut miteinander vermischen. Füllen Sie nun mit diesem Gemisch den eigens für Würste vorgesehenen Darm (Sie sollten ihn in der Metzgerei finden), ohne "Hohlräume" zu lassen, indem Sie das Fleisch gut - auch mit den Fingern - hineindrücken. Binden Sie die Würste im Abstand von 6 bis 7 cm voneinander mit feiner Küchenschnur ab, wobei Sie die Knoten festziehen. Die Schnur nicht durchschneiden, sondern längs der Wurst zum nächsten Knoten führen. Sobald die Würste gemacht sind, hängen Sie sie an einem frischen und luftigen Ort zum Trocknen auf.
Dies ist das toskanische Rezept der Würste (1), aber die "Gewürze" variieren von Metzger zu Metzger (jeder hat sein Geheimnis) und von Stadt zu Stadt, ganz zu schweigen von den verschiedenen Regionen Italiens (auf Sizilien zum Beispiel ist es Brauch getrockneten Fenchel in Pulver oder Fenchelsamen beizugeben; in Kalabrien findet man sehr pikante Würste, sowohl mit frischem - bei Saison - als auch mit getrocknetem Chili/peperoncino gewürzt).
Unsere, die toskanischen, sind vorzüglich frisch auf hausgemachtem Brot oder gerösteten "Bruschette", wie auch mit cremigem Frischkäse vermischt. Man kann sie grillen oder im Topf zusammen mit Bohnen und Tomaten kochen. Sie sind gut, um gemeinsam mit Öl und Knoblauchzehen gekochtes Gemüse zu würzen, wie Spinat, Zichorie oder je nach Geschmack. Mit den Salsicce bereitet man auch verschiedene Soßen zu, um Nudeln anzumachen ..... (sehen Sie zum Beispiel "Tubettini ai Broccoli e Salsiccia fresca" auf Seite 204) !

(1) Man kann die Menge an Salz, Pfeffer, Knoblauch und Gewürzen erhöhen, um noch geschmackvollere Würste zu machen. Auf diese Art und Weise sind sie richtig, um langsam zu trocknen, und um sie in der "secche" (= getrockneten) Version - wie sie bei uns genannt werden - zu genießen.

<<L'insalata con Mozzarelline e Pomodorini secchi>>

(= Der bunte Salat mit Mozzarelline und kleinen getrockneten Tomaten)

Zutaten für 4 Personen:

1	mittelgroßer Kopf Kraussalat
300 g	Mozzarelline (Mozzarellakügelchen) aus Büffelmilch
1	kleine Zwiebel
50 g	entsteinte grüne Oliven
4	Sardellenfilets in Olivenöl eingelegt
1 EL	in Essig eingelegte Kapern
180 g	in Olivenöl eingelegte kleine getrocknete Tomaten
6 EL	Olivenöl extravergine
1 EL	Balsamessig
1	kleine Prise Oregano

einige Basilikumblätter

Salz (wenn erforderlich)

Den Salat waschen und sorgfältig abtrocknen, danach die Blätter mit den Fingern in 2, 3 Stücken "schneiden" und in einer Schüssel anordnen. Die Kapern, Oliven und Mozzarelline (sollten Sie diese nicht finden, können Sie auch eine große in kleine Würfel geschnittene Mozzarella verwenden) gut abtropfen lassen und über dem Salat verteilen. Die kleine in Scheiben geschnittene Zwiebel (um ihr ein wenig von dem kräftigen Geschmack zu nehmen, tauchen Sie die zweigeteilte Zwiebel für mindestens eine halbe Stunde ins Wasser) und die in kleine Stücke zerteilten Sardellenfilets beifügen. Geben Sie nun die in kleine Würfel geschnittenen getrockneten Tomaten, die Basilikumblätter, den Oregano, den Balsamessig und das Olivenöl (erst kurz vor dem Servieren) dazu und vermengen Sie alles mit großer Sorgfalt. Sollte der Salat Ihnen, nachdem Sie ihn gut umgerührt haben, zu fad erscheinen, fügen Sie nach Belieben Salz hinzu.

«La Panzanella ①»
(= Der Brotsalat)

Zutaten für 4 – 5 Personen:

400 g	"altes" hausgemachtes Brot (vor mindestens 2 Tagen gebacken)
400 g	reife, aber feste Tomaten (je nach Geschmack kann man auch längliche San Marzano oder Kirschtomaten verwenden)
1	große weiße oder rote Zwiebel nach Belieben
20	Basilikumblätter
10–11 EL	Olivenöl extravergine
2 EL	Weinessig (oder Balsamessig, wenn Sie ihn lieber mögen; allerdings sieht das traditionelle Rezept Weinessig vor)

Salz

① Man sagt, dass dieser Name aus der Verbindung von "pane" (= Brot) und "zanella", einem alten toskanischen Wort für ein Schälchen, einen tiefen Teller oder Ähnlichem entstanden ist.

Das Brot (am allerbesten fade und nicht zu fein) in Scheiben schneiden und diese ungefähr 10 Minuten in kaltem Wasser einweichen. Zwischenzeitlich die Tomaten vorbereiten, dass heißt sie gut waschen, in kleine Stücke schneiden, entkernen und sehr gut von ihrem Saft abtropfen lassen. Die Zwiebel putzen, vierteln und eine halbe Stunde in kaltem Wasser "baden" (dadurch wird sie sowohl im Gericht als auch "im Mund" weniger intensiv sein). Nehmen Sie nun das Brot aus dem Wasser und drücken Sie es fest aus. Mit einer Bewegung, als ob Sie sich die Hände reiben, zerkleinern Sie es in große Krumen und lassen diese in eine große Schüssel fallen. Die Brotkrume muss trocken sein. Geben Sie die vorbereiteten Tomaten, die abgegossene, mit Küchenpapier trocken getupfte und in Scheibchen geschnittene Zwiebel sowie die Basilikumblätter dazu und machen Sie das Ganze mit der Hälfte des Öls an, wobei

Sie alles vorsichtig umrühren. Mindestens eine Stunde in den Kühlschrank stellen und vor dem Servieren mit Salz, Essig und dem verbliebenen Öl würzen. Regulieren Sie das Würzen nach Ihrem eigenen Geschmack. Ich vergaß: halten Sie einige Basilikumblättchen, Zwiebelscheiben und Tomatenstückchen beiseite, um den Brotsalat im Augenblick des Auftischens damit zu garnieren.

Dieses einfache und bescheidene, in der ganzen Toskana sehr geschätzte Gericht ist aus der bäuerlichen Angewohnheit entstanden, das alte und trockene Brot (einstmals wurde Brot nur einmal in der Woche gebacken) einzuweichen und mit dem im Garten verfügbaren Gemüse zu mischen. Die traditionellen Zutaten für die "panzanella" variieren von Stadt zu Stadt. In Arezzo und Florenz gibt man zusammen mit Zwiebel und Tomaten noch Gurken in den Brotsalat; in Siena sind Gurken nicht erwünscht, aber man kann als Zugabe etwas zerkrümelten Thunfisch und einige Estragonblättchen, ein bei den Sienesen beliebtes Gewürzkraut, darin finden; in Pistoia, Lucca und Umgebung existiert eine äußerst reichhaltige Version, die außer dem bis hierher erwähnten Gemüse noch Radicchio, Fenchel, Möhren, Schinkenwürfelchen, in Öl eingelegte Sardellen, Thunfisch, hart gekochte Eier, Kapern und Käsewürfelchen mit einspannt.

Die "panzanella" ist eine schmackhafte Vorspeise (oder erster Gang), vor allem im Sommer, wenn Tomaten und Basilikum aromareich und duftend sind. Auch weit im Voraus zubereitet ist sie gut und, sollte noch etwas davon für den Tag danach übrig bleiben, werden Sie sie geschmacklich noch herzhafter finden.

<<Le "Donzellette (1)" fritte>>

(= Die frittierten "Maiden")

Zutaten für 6 Personen:

20-25 g Hefe
400 g Mehl
100 ml Wasser (ungefähr 15 Esslöffel)
2 EL Milch
2 EL Olivenöl extravergine
1 Prise Zucker
1 TL Essig
Salz nach Geschmack

In einer kleinen Pfanne soeben das Wasser und die Milch (sie müssen lauwarm sein) erwärmen; danach die

(1) Früher, als die Oma das Brot zubereitete, formte sie – um die Enkelkinder zufrieden zu stellen (so wie die Omas es schon immer versucht haben zu machen) – mit ein wenig Brotteig eine Art Püppchen, welche "donzelle" oder "donzellette" (alttoskanische Koseform von kleines Fräulein oder Kind) genannt wurden. Hier liegt der Ursprung des Namens dieses frittierten Teigs erklärt.

Hefe hinzufügen und mit einem Löffel rühren, sodass sie sich gut auflöst. Gießen Sie alles in das Mehl, welches Sie zuvor auf dem Tisch oder einem Backbrett angerichtet, und in das Sie eine Mulde gedrückt haben. Vermischen Sie die Zutaten und geben Sie schrittweise das Öl, wenig Salz, eine Prise Zucker und den Essig (welcher den Teig lockerer macht) bei. Alles gut mit den Händen vermengen und den Teig solange bearbeiten, bis er schön glatt wird (lauwarmes Wasser angießen, sollte Ihnen der Teig zu hart erscheinen, es muss ein kleines, gut weiches Brot sein). Einen Ball formen und in eine geräumige, leicht mit Mehl bestäubte (um zu vermeiden, dass der Teig anklebt) Schüssel tun. In die Oberfläche ein Kreuz schneiden, daraufhin den Teig mit einem Tuch zudecken und eineinhalb Stunde an einem lauwarmen Ort gehen lassen bis es sein Volumen fast verdoppelt hat. Sobald der Teig aufgegangen ist, auf ein mit Mehl bestäubtes Backbrett geben, mit den Handballen plätten bis alle Luft ausgetreten ist und einige Minuten energisch bearbeiten. Formen Sie erneut einen Ball und

rollen Sie ihn mit dem Nudelholz aus, bis Sie einen 2 bis 3 mm hohen Teig erhalten. Schneiden Sie mit einem Messer mit scharfer und glatter Klinge diagonal 5 bis 6 cm breite Streifen, zuerst in eine Richtung, dann in die andere, sodass Sie viele gleichgroße Rauten erhalten. In Erwartung diese zu frittieren, voneinander trennen und mit einem Küchentuch auf dem Backbrett zudecken. In einer Kasserolle reichlich Öl erwärmen und die Teigrauten eintauchen, sobald es gut heiß (aber nicht rauchend!) ist, sodass sie sich einfacher aufblähen. Wenn sie von der einen Seite aufgebauscht und goldfarben sind, behutsam wenden und von der anderen Seite anbräunen. Auf saugfähigem Küchenpapier abtropfen lassen und heiß mit Salz bestreut servieren. Sie sind auch in Gesellschaft von Wurstwaren und Käse sehr lecker. Eine Variante: mit Zucker bestäuben, sollten Sie sie süß bevorzugen. Der Teig hat einen neutralen Geschmack, welcher sich gut für Änderungen eignet.

«La Focaccia al Formaggio»
(= Die Focaccia (= Fladen) mit Käse)

Es ist eine umbrische Spezialität und man serviert sie traditionsgemäß anlässlich der Osterfesttage. In jenem Zeitraum pflegen auch in der Toskana einige Backstuben, sie zuzubereiten. Sie begleitet tadellos Salami und rohen Schinken, Oliven, in Öl eingelegte, kleine Artischocken und Gemüse, im Allgemeinen das Gericht, welches zusammen mit den "klassischen" hart gekochten Eiern die traditionell, leckere Ostervorspeise in den beiden Regionen ist.

Zutaten für 6 Personen:

250 g	Brotteig (1)
150 g	Weißmehl
120 g	frischer Pecorino
80 g	Parmesan
6	Eier
100 ml	Olivenöl extravergine

Salz

Ganz wenig Butter zum Einfetten der Form

(rund ca. 16 cm Durchmesser und ca. 12 cm hoch)

Schneiden Sie den Pecorino in Würfelchen und reiben Sie den Parmesan. Verquirlen Sie in einer Schüssel 3 ganze Eier und 2 Eigelbe, vermengen Sie sie mit einer Prise Salz und dem Käse, schlagen Sie alles mit dem Schneebesen und rühren Sie nach und nach das Öl unter die erhaltene Creme. Zudecken und für zwei Stunden ruhen lassen. Geben Sie den Brotteig, der Zimmertemperatur haben sollte, auf den bemehlten Tisch und kneten Sie ihn energisch mit beiden Händen für einige Minuten durch. Drücken Sie den Teig nach außen, so dass sich in der Mitte eine Mulde bildet, geben Sie esslöffelweise etwas vom Eiergemisch hinzu und beginnen Sie damit, es zu verkneten. Fügen Sie ganz langsam den Rest des Gemischs hinzu und bearbeiten Sie den Teig weiter, bis es völlig aufgenommen ist. Formen Sie mit den Händen eine Kugel und geben Sie sie in eine große, mit Mehl bestäubte Schüssel, damit sich das Volumen verdoppeln kann. Mit einem Handtuch zudecken und an einem warmen Ort circa zwei Stunden gehen lassen. Fetten Sie das Innere der Form gut mit Butter ein und füllen Sie den Teig, der circa 1/2 der Höhe erreichen sollte, passend hinein. Nochmals zudecken und für eine weitere Stunde gehen lassen, bis er die Ränder der Schüssel erreicht. Den Backofen auf 180°C einstellen. Nach dem letzten Gehen lassen bestreichen Sie die Oberfläche des Teigs mit geschlagenem Eigelb, schieben ihn in den Ofen und backen ihn für circa eine Stunde. Die Focaccia aus dem Ofen nehmen, eine Viertelstunde ruhen lassen und warm servieren.
Diese Zubereitung kann langwierig erscheinen, doch der Aufwand ist gering: es reicht aus, hin und wieder den Teig zu überprüfen, um sicherzugehen, dass er so aufgeht, wie es sich gehört, und wenn er einmal im Ofen ist, genügt es abzuwarten, dass sich die knusprige Kruste bildet, die den intensiven Duft enthält.

(1) Das Rezept für den Brotteig finden Sie auf Seite 68. Sollten Sie keine Zeit oder Lust haben, den Brotteig zuzubereiten, können Sie ihn bei Ihrem Bäcker kaufen.

<<Le Acciughe "sotto Pesto" (1)>>

(= Die Sardellen "unter Pesto")

Zutaten für 4-5 Personen:

300 g	eingesalzene Sardellen
50 g	Petersilie
3	Knoblauchzehen
3	scharfe Chilischoten (peperoncino)
1	Weißweinglas Olivenöl extravergine

Die Sardellen sorgfältig säubern und von den Gräten befreien, die Petersilienblättchen zusammen mit den

(1) "Sotto Pesto": es ist ein typisch sienesischer Ausdruck, der für dieses Gericht verwendet wird und nichts mit dem ligurischen Pesto zu tun hat.

Knoblauchzehen und den Chilischoten feinhacken. Legen Sie die Sardellen in Lagen und gut ausgebreitet in eine Schüssel und streuen Sie zwischen jede Schicht die gehackte Mischung aus Knoblauch, Petersilie und Chilischote. Alles komplett mit dem Öl bedecken und für mindestens 12 Stunden ruhen lassen.
Dieses Rezept, typisch für die Gegend von Siena und der Toskana im Allgemeinen, ist sehr alt und in seiner Einfachheit wahrlich "appetitanregend". Man kann die Sardellen auf großen gerösteten Brotscheiben (ähnlich der Bruschetta) als Vorspeise servieren oder in kleinen Stücken auf einen Zahnstocher gespießt, zu einem Aperitif mit einem eiskalten Weißwein: Vorsicht, Sardellen machen sehr durstig!

<<La Pizza con Pesto, Pomodorini secchi, Ricotta e Melanzane>>

(= Die Pizza mit Pesto, getrockneten kleinen Tomaten, Ricotta und Auberginen)

Zutaten (1):

500 g	Brotteig
2	mittelgroße Auberginen
50 g	in Öl eingelegte getrocknete kleine Tomaten
200 g	frischer Ricottakäse
8 EL	Olivenöl extravergine
3 EL	grobes Salz

für den Pesto: siehe Rezept auf Seite 22 (oder verwenden Sie von einem Glas fertigen Pesto): 5 - 6 volle EL

(1) Es ist eine rustikale, ziemlich hohe und üppige Pizza, die ausreichend ist als Vorspeise, Brotzeit oder Abendessen für 3 - 4 Personen, vielleicht in Begleitung von einem Salat oder von gekochtem Gemüse.

Die Auberginen der Länge nach in Scheiben schneiden, mit wenig grobem Salz bestreuen und ungefähr eine Stunde in einem Nudelsieb liegen lassen, um das bittere Vegetationswasser austreten zu lassen. Eine rechteckige Form von 20 cm x 30 cm mit dem ausgerollten Brotteiglaib auslegen und die mit einem Schuss Öl (4 – 5 Esslöffel) angemachten Auberginen darüber anordnen. Die Form für 20 Minuten in den schon auf 200°C vorgeheizten Backofen geben. Nach Ablauf dieser Zeit herausnehmen und den frischen Ricotta esslöffelweise darüber verteilen. Backen Sie Ihre Pizza nochmals 10 Minuten. Einmal aus dem Ofen genommen, mit einigen Esslöffeln Pesto, den kleinen, etwas von ihrem Öl abgetropften und in 2 – 3 Stücke geschnittenen, getrockneten Tomaten und dem verbleibenden Öl garnieren. Sofort servieren.

«Il Pinzimonio»
(= Der Rohkost-Dipp)

Dieses ist kein richtiges Rezept, sondern eine ganz besondere toskanische Art, um die Verbindung von frischem Gemüse mit jenem Olivenöl extravergine zu bezeichnen, welches unnachahmlich und anderswo unauffindbar ist. Man bereitet dazu eine große Schüssel mit gut gewaschenem, in Stückchen geschnittenem Gemüse nach Geschmack vor, z.B. Artischocken, Fenchel, Möhren, Sellerie, Zwiebelchen. Dann werden kleine Schälchen aufgestellt, in die jeder Tischgenosse etwas Öl, Salz und Pfeffer (auch etwas Essig, wenn man mag) gibt, um die Gemüsestückchen einzutunken. Besonders in der Zeit, wie man bei uns sagt, des "neuen Öls", wenn also die Oliven gerade frisch gepresst worden sind und ihr Saft – das Öl – am wohlriechendsten, duftesten ist und im Hals beißt, ist der "Pinzimonio" ein echter Genuss für den Gaumen.
Aber es ist auch das ganze Jahr über ein gutes und gesundes Gericht.

Adolfina

<<Il Pecorino con Composta dolce - forte di Cipolle>>

(= Der Pecorino mit süß - scharfem Zwiebelkompott)

Zutaten für 4 Personen:

4	dicke Scheiben Pecorino (circa 1 cm dick)
250 g	nicht zu scharfe Zwiebeln (bei uns verwendet man die Sorte mit dem Namen "di Tropea")
150 ml	trockener Rotwein
50 ml	Balsamessig
1/2	Apfel (Renette)
1	großzügiger Esslöffel Tausendblumenhonig
20 g	Rosinen
2 EL	Rohzucker

Die Zwiebeln und den Apfel, gut geputzt und in feine Scheiben geschnitten, in eine antihaftbeschichtete Pfanne zusammen mit dem Wein, dem Balsamessig, dem Zucker, den Rosinen (zuvor für 10 Minuten in warmen Wasser eingeweicht, abgegossen und getrocknet) geben und bei schwacher Hitze kochen lassen, bis beinahe die gesamte Flüssigkeit aufgebraucht ist.
Geben Sie den Honig hinzu und lassen Sie alles für weitere 5-10 Minuten auf dem Herd kochen, wobei Sie sorgsam umrühren sollten.
Lassen Sie die Soße lauwarm abkühlen. In der Zwischenzeit eine Antihaft-Pfanne auf den Herd stellen und darin die Pecorinoscheiben von beiden Seiten erwärmen. Sofort auf vorgewärmten Tellern mit einem Löffel des Zwiebelkompotts servieren.
Dieses Gericht kann eine leckere Vorspeise, ein leichter zweiter Gang oder auch ein ungewöhnliches Dessert sein.
Sie können die Soße auch einige Tage zuvor zubereiten und, indem man die Mengen erhöht, in Gläsern (die natürlich sterilisiert wurden) aufbewahren, um sie zu gebratenem und gegrilltem Schweinefleisch zu servieren, mit anderen Käsesorten zu verwenden. Oder Sie bereiten schmackhafte Crostini zu, indem Sie Schwarzbrot mit Butter bestreichen, dieses mit geräuchertem Lachs belegen und zuletzt mit "Zwiebelkompott" garnieren und würzen.

Die Schafe beim Grasen auf den Wiesen unter dem Landhaus La Vialla

Il Pecorino Toscano
(= Der toskanische Schafskäse)

Die Legende sagt, dass es der Zufall war (dies ist oftmals in der Natur vorgekommen), der dem Hirtenmenschen gelehrt hat, Käse herzustellen. Eines Tages dachte er darüber nach, als Transportbehälter der Milch die Schläuche zu verwenden, welche aus den Mägen der Lämmer gewonnen wurden. Während der Reise, sei es wegen der Wärme, sei es aufgrund des ständigen Durchmischens, gerann die Milch, indem sich die fetten und eiweißhaltigen Bestandteile von der Molke und den Zuckern trennten. So erhielt man die erste Dickete und ... den ersten Käse. Irgendjemand ahnte, dass nicht nur die Wärme und die Erschütterungen ausreichend waren, sondern, dass es mit den Substanzen im Inneren des besonderen "Schlauchs" zusammenhing, welche die Milch gerinnen ließen. Von da an dauerte es wenig, bis sie ausgemacht und vereint wurden und den Namen Lab annahmen (ein Enzym aus dem Magen von säugenden Wiederkäuern, reich an natürlichen Milchsäurebakterien. Die Verwendung dieses Lab-Typs ist unter anderem eines der Merkmale des toskanischen Pecorinos).
Diese Erzählung, ob Realität oder Legende, stammt aus grauer Vorzeit; ein genaues Zeugnis, das älteste über die Verarbeitung der Milch, befindet sich in einem sumerischen Flachrelief, das in die Zeit der ersten Hälfte des zweiten Jahrhunderts v. Chr. zurückgeht.
Der kleine Vorspann dient dazu, die Tür für einen bedeutenden Hauptdarsteller der toskanischen Gastronomie zu öffnen, den Pecorino. Um zu beginnen, möchte ich einige Worte über seinen Spitznamen verlieren: hier heißt er seit jeher "il cacio" (= "der Käse" im toskanischen Dialekt). Dies bedeutet, dass der Pecorino selbst die Essenz des Käses ist und vielleicht sogar noch etwas mehr. Dieses Wort drückt das Wohlgefallen, die Zuneigung, das Vertrauen des toskanischen "Volkes" gegenüber seines ... "cacio" aus.
Aber kommen wir nun zur Sache: den besten Pecorino erhält man aus der im Frühling gemolkenen Milch. Er ist duftend (in der Nase und im Mund) nach Gräsern, Kräutern, wilden Blumen und Früchten. Diese "Duft- und Geschmacksnoten" verändern sich von Jahreszeit zu Jahreszeit und je nach Art des Bodens, auf welchen die Schafe zum Weiden gebracht werden. Auf diese Weise variieren auch leicht das Aroma und der Geschmack. Die Eigentümlichkeit des toskanischen "cacio" ist eben hierauf und auf die

Qualität sowie auf die Art der Verarbeitung der Schafsmilch zurückzuführen. In unserer Gegend schenken besondere Mikroklimas und lehmige Böden mildere und duftendere Käse. Die Pecorini aus anderen italienischen Regionen (zum Beispiel der römische und sardinische) sind robuster und pikanter.

Für einen Zeitraum von 220 Tagen im Jahr (so lange ist die Zeit des Säugens der Lämmer) gibt das Schaf einen bis anderthalb Liter Milch am Tag. Für ein Kilogramm Pecorino benötigt man mehr als fünf Liter und viel sorgfältige Arbeit. Es ist theoretisch ziemlich einfach, diesen Käse zu machen; in der Praxis benötigt man aber viel Erfahrung und Feingefühl, wie für jede Art von Speisen und Getränken, die mit Hefen, Fermenten, Klima und Reifezeiten zusammenhängen (beginnend zum Beispiel mit der Zubereitung eines guten Brotes).

Außerdem ist die Suche nach einem Pecorino, der nur aus Schafsmilch zubereitet wurde, auch in der Toskana eine Suche nach der "Nadel im Heuhaufen", wie man auch bei uns mit dem klassischen Sprichwort sagt. In der Zubereitung dieses Käses ist es üblich Kuhmilch darunter zumischen, die kostengünstiger, einfacher erhältlich und leichter zu verarbeiten ist; oder schlimmer noch, Milchpulver, das schlecht

nachweisbar ist.
Die Qualität des Rohstoffes, 100% Schafsmilch, die direkte Kontrolle der Ernährung der Tiere, die Hygiene während der Melkphasen, die sofortige Kühlung der soeben gemolkenen Milch gestatten es, ein schwer auffindbares Erzeugnis von hoher Qualität zu erhalten (unter anderem ist der wahre Pecorino ein Käse mit mittellanger und langer Reifung und dem höchsten Gehalt an Kalzium: 1.160 mg in 100 g Käse). So lässt uns ein "fertiger" Laib Pecorino einen alten Schäfer in den Sinn kommen, den wir vor vielen Jahren kennen lernten. Er ging immer wieder den Weg zur "Schatzkammer" (der Arbeitsraum und das Lager der Schafskäse) mit demselben Stolz. Einmal im Inneren, konnte man beim genauen Hinschauen in seinen Augen ein Funkeln der Rührung erblicken, wenn diese auf die zum Reifen hingelegten Laiber "cacio" ruhten. Auf schöne Weise auf den Tischen des kleinen Arbeitsraumes angeordnet (auch chronologisch), wurden sie von ihrem Schöpfer ausgestellt, der sie glättete, beinahe streichelte. Dann stellte er von einem jeden die Geburts- und Salzungsdaten sowie die Reifezeitpunkte zur Schau: ein genauer, langer Stammbaum, würdig für einen noblen Käse, wie eben den Pecorino!

Michelino, der dienstälteste Schäfer.

I Primi
(= Die "Ersten Gänge")

<<La Ribollita>>

(= toskanisches Eintopfgericht aus Brot, Bohnen und Kohl)

Zutaten für 10 Personen:

10 EL	Olivenöl extravergine
2	große Zwiebeln + 1 für den Eintopf
2	Knoblauchzehen
3 - 4	Möhren
2 - 3	Sellerierippen
2	weiße Kartoffeln
1/2	Wirsing

1 Cavolo nero (= Schwarzkohl; toskanische Kohlsorte, welche schwer zu finden ist: Sie können ihn mit Blumenkohl ersetzten, wobei Sie auch die Blätter verwenden)

200 g getrocknete Bohnen (wenn möglich, toskanische weiße Cannellini - Bohnen)

1/2 l	Gemüsebrühe (auch die vom Würfel)
500 g	geschälte Tomaten

Seite 128

1/2 kg hausgemachtes weißes Brot (nicht gesalzen, wenn möglich wie das toskanische)
Salz und Pfeffer

Dünsten Sie im Öl zuerst die fein gehackten Zwiebeln und Knoblauchzehen an, dann nach und nach alle klein geschnittenen Gemüse, die Hälfte der durch die Passiermühle gegebenen Bohnen (1) (zusammen mit ihrem Kochwasser) und die geschälten Tomaten mit ihrem Saft dazugeben. Fügen Sie die Gemüsebrühe hinzu, bis das gesamte Gemüse bedeckt ist, und kochen Sie bei niedriger Hitze eine bis eineinhalb Stunden. Probieren Sie nach Ablauf der halben Garzeit und fügen Sie nach Geschmack Salz und Pfeffer hinzu. Belegen Sie nun eine große Suppenschüssel mit einer Schicht dünner Brotscheiben, verteilen Sie darauf ein paar Schöpfkellen Gemüsesuppe, dann wieder eine Schicht Brot, darüber erneut Gemüsesuppe ..... und so weiter bis alle Zutaten aufgebraucht sind. Lassen Sie die Brotsuppe für circa eine Stunde ruhen, bevor Sie sie servieren.
Hieraus wird jene Suppe geboren, welche die berühmteste der Toskana ist: die "Ribollita". Sie heißt so, aufgrund eines bäuerlichen Brauchs die "übrig gebliebene" Gemüsesuppe im bereits warmen Ofen aufzuwärmen (reichlich mit Olivenöl gewürzt und unter Zugabe einer frischen in dünne Scheiben geschnittenen Zwiebel) bis sich an der Oberfläche eine goldfarbene Kruste bildet. Man fügt weiterhin noch pures Öl und frische Zwiebel hinzu und serviert sie so erwärmt.

(1) Kochen Sie die Bohnen (nachdem Sie sie für mindestens 12 Stunden in kaltes Wasser eingeweicht haben) für ca. eine, eineinhalb Stunden (probieren Sie für ein richtiges Garen) mit zwei gepellten Knoblauchzehen, einem kleinen Büschel Salbei, 2 Esslöffeln Öl und einer Prise grobem Salz.

«La Pappa al Pomodoro»
(= Der Tomatenbrei)

Zutaten für 4 Personen:

300 g	hausgemachtes, altbackenes Brot (mindestens zwei Tage alt)
500 g	reife Tomaten oder geschälte Tomaten
3–4	Knoblauchzehen
10	frische Basilikumblätter
1 l	Gemüse- oder Fleischbrühe (je nach persönlichem Geschmack)
8 EL	Olivenöl extravergine (plus 2–3 um den Brei anzurichten)

Salz

Pfeffer oder Chili (peperoncino) in Pulver (nach Wahl)

Seite 130

Die Knoblauchzehen (geschält und halbiert) in einen Topf mit dickem Boden bei mäßiger Hitze in acht Esslöffeln Öl leicht anbräunen. Sobald sie beginnen Farbe anzunehmen, geben Sie die gestückelten Tomaten und die Hälfte des Basilikums hinzu. Salzen, eine großzügige Prise frisch gemahlenen Pfeffer (oder 1/2 TL Chilipulver/ peperoncino) hinzugeben und für eine Viertelstunde bei zugedecktem Topf köcheln lassen. Die kochend heiße Brühe hinzufügen (mit Fleischbrühe ist der Brei schmackhafter, und so ist es auch im Originalrezept). Sobald die "Suppe" erneut zu kochen beginnt, geben Sie das in feine Scheiben geschnittene Brot hinzu. Weitere 10 Minuten kochen lassen und öfters umrühren. Sollte Ihnen der Brei zu dick erscheinen, geben Sie noch einen Schöpflöffel Brühe hinzu, sollte er zu dünn sein, noch etwas Brot. Nochmals umrühren und ausschalten. Nach einer guten Stunde erneut gut umrühren, um das Brot vollständig aufzulösen. Sie können ihn einen Moment lang erwärmen, wenn Sie möchten (achten Sie darauf, ihn nicht am Topfboden festkleben zu lassen).
Servieren Sie den Brei warm (niemals heiß!) oder lauwarm, indem Sie 2-3 EL puren Öls, noch eine beherzte Prise frisch gemahlenen Pfeffers und das verbliebene Basilikum hinzugeben: ein letztes Mal umrühren und los geht's! ......ich vergaß: verwenden Sie keinen Käse.

<<Sa Minestra di Ceci>>
(= Die Kichererbsensuppe)

Zutaten für 4-5 Personen:

300 g	getrocknete Kichererbsen
250 g	Pappardelle all' uovo (breite Eierbandnudeln)
9 - 10	Esslöffel Olivenöl extravergine
2	Rosmarinzweige
2	Knoblauchzehen

Salz, frisch gemahlener Pfeffer

Wenn und falls Sie sich entscheiden sollten, diese wunderbare toskanische Gemüsesuppe zu kochen, geben Sie die Kichererbsen am Abend vorher in reichlich kaltes Wasser (sie sollten mindestens 12 Stunden im Wasserbad liegen). Waschen Sie sie am Morgen ab, lassen Sie sie abtropfen, geben Sie die Kichererbsen in einen Topf mit kaltem Wasser und einer Prise grobem Salz und kochen Sie sie bei mäßiger Hitze für mindestens zwei Stunden. Sie sollten gut gar sein. Sobald sie lauwarm sind, geben Sie dreiviertel der Kichererbsen durch die Passiermühle, wobei Sie sich mit ein wenig Kochwasser (vorher beiseite gestellt) behelfen, so dass alles besser durchläuft. In einem Topf mit schwerem Boden lassen Sie in vier Esslöffeln Öl die zwei gepellten Knoblauchzehen und einen Rosmarinzweig andünsten. Sobald der Knoblauch Farbe annimmt, fügen Sie die passierten Kichererbsen und ein oder zwei Schöpflöffel Kochwasser hinzu. Am Ende sollte die Gemüsesuppe sämig wie eine Creme sein: dieser Hinweis, damit Sie die Flüssigkeitsmenge zum Dazugeben einschätzen können. Bringen Sie die Suppe erneut zum Kochen und geben Sie die verbliebenen Kichererbsen und den anderen Rosmarinzweig hinzu; mit Salz abschmecken. Kochen Sie in dieser sämigen Suppe die Eierpappardelle (1). In unserer Gegend ist es üblich, sie mit den Fingern durchzubrechen, damit sie leichter kochen, auch aus Angst, die Suppe könnte am Topfboden anhaften. Wenn Sie sie lieber ganz lassen möchten, besteht der Trick darin, sie in einem separaten Topf zu kochen, dann in die kochende Suppe zu schütten und alles gut zu vermengen, bevor Sie die Gemüsesuppe vom Herd nehmen. Die Suppe 15 - 20 Minuten ruhen lassen und am Tisch mit mindestens einem Esslöffel purem Öl und einer Prise frisch gemahlenem Pfeffer pro Tischgenosse servieren. Wer will, kann geriebenen Parmesan oder Pecorino drüberstreuen, aber man wird den Geschmack dieser Gemüsesuppe ohne Käse mehr zu würdigen wissen.

(1) Dies ist der allgemeine Brauch in der Toskana, aber mit der Kichererbsensuppe sind auch Eiertagliolini - und tagliatelle, Mini - Tubettini, mit den Fingern zerbrochene Linguine oder andere kurze Nudelsorten nach Ihrem Belieben gut.

«La Pasta sfoglia ①»
(= Der Nudelteig)

Zutaten für 4 Personen:

400 g	Mehl (und 100–150 g, um den Teig zu bearbeiten)
4	mittelgroße Eier
1	Prise feines Salz
1 EL	Olivenöl extravergine

Der Teig muss in einer kühlen Umgebung und ohne Luftzug zubereitet werden. Häufen Sie das Mehl (400g) auf einer "spianatoia" ② aus Holz (sollten Sie keine haben, auf Ihrem Küchentisch) an, drücken Sie eine Mulde hinein und geben Sie in diese die vier aufgeschlagenen Eier mit der Prise Salz und einem Esslöffel Öl. Mit einer Gabel vorsichtig die Eier und

① Sfoglia: Dünn ausgerollter Eierteig
② Spianatoia: Nudel- oder Backbrett

Seite 134

das Öl aufschlagen, dann nach und nach ein wenig des Mehls vom Rand in die Mitte aufnehmen und weiter vermischen. Sobald der Teig fest genug geworden ist, beginnen Sie mit den Händen zu arbeiten bis das gesamte Mehl von den Eiern aufgenommen wurde. Arbeiten Sie mit dem ganzen Gewicht Ihres Körpers und streuen Sie ab und zu etwas Mehl (wenig) auf das Backbrett, damit sich der Teig ablöst. Zur Hälfte der Arbeitszeit waschen Sie sich die Hände und trocknen sie sorgfältig ab, da die kleinen Stückchen trockenen Teigs, der an den Händen kleben bleibt, diesen während des Ausrollens ruinieren könnte. Für weitere 10-15 Minuten weiterkneten bis Sie eine glatte und elastische Kugel erhalten haben. Rollen Sie den Teig (bei uns verwendet man das Verb "tirare" - ziehen) mit dem "matterello" (3) aus, wobei Sie ihn in zwei Teile aufteilen, um die Aktion zu vereinfachen. Lassen Sie das Nudelholz auf der ersten Hälfte des Teigs (4) mit der ganzen Handfläche und gespreizten Fingern vor- und zurückgleiten (bestreuen Sie den Teig und auch

(3) Matterello (= scherzhaft für eine etwas verrückte Person): Nudelholz
(4) Die verbleibende Hälfte sollte bis zur Verarbeitung zwischen zwei tiefe Teller gelegt werden, um zu vermeiden, dass sie hart wird.

ein wenig den Tisch mit Mehl, um zu vermeiden, dass er festklebt). Sobald er ein wenig ausgebreitet ist, rollen Sie ihn zunächst auf das Nudelholz, lassen ihn gemeinsam mit dem Holz unter leichtem Druck hin und her gleiten, und entrollen Sie ihn danach schnell wieder, um ihn weiter auszubreiten. Wiederholen Sie diesen Vorgang bis Sie eine "sfoglia" erhalten, eben eine hauchdünne Teigschicht haben (1-2mm), die Sie – wenn nötig – nochmals mit Mehl bestreuen. Für eine Viertelstunde ruhen lassen, dann vorsichtig in sich zusammenrollen und mit einem scharfen Messer in Streifen schneiden (5). Die kleinen erhaltenen "Knäule" ausbreiten und auf ein Tuch legen. Ein wenig antrocknen lassen; sie

(5) Die Streifen können mehr oder weniger breit sein, die klassischen Tagliatelle sind 1-2cm, die toskanischen Pappardelle 3-4cm breit.

müssen leicht trocken sein, bevor man sie kocht. Sie sind auch gut, wenn man sie am Tag zuvor zubereitet. In siedendem und gesalzenem Wasser kochen: Vorsicht, sie werden im Nu gar sein, in 1-2 Minuten (kosten Sie, sie müssen weich, aber bissfest sein, andernfalls verkochen sie). Sie sind ausgezeichnet mit Fleischsoßen aller Art ⑥, aber auch mit Gemüsecreme und Käse ⑦ (wobei in diesem Fall darauf geachtet werden sollte, die Nudeln nicht zu sehr abzugießen, da sie andernfalls, erst einmal angemacht, zu trocken werden) und mit Tomatensoßen.

Achtung: mit Eiernudeln müssen die verschiedenen Soßen mengenmäßig großzügiger sein, als bei Nudeln aus Hartweizengrieß, da die Tagliatelle oder Pappardelle mehr Soße aufnehmen.

⑥ Zum Beispiel: "Sugo di Carne alla Toscana", Seite 26

⑦ Siehe "Fusilli con le Verdure", Seite 178 oder "Pesto" Seite 22.

<<Come cuocere la Pasta>> (= Wie man die Nudeln kocht)

Verwenden Sie möglichst einen ausreichend großen Topf mit einem schweren Boden, um eine gleichmäßige Wärmeverteilung zu haben. Für jede 100 g Nudeln benötigt man einen Liter Wasser und 10 g Salz. Das Grundrezept schreibt diese Proportionen vor, aber wenn Sie Probleme "Größe – Topf" haben, können Sie die Wassermenge auch etwas verringern (und dementsprechend auch die Salzmenge). Das Wasser zum Kochen bringen, das Salz hinzufügen und nach einem kurzem Moment, die Nudeln. Mit dem Deckel abdecken (um das Wasser sofort wieder kochen zu lassen), den Sie wegnehmen, sobald es kocht. Die Nudeln mit einer Vorlegegabel oder einem Holzlöffel umrühren und ohne Deckel auf hoher Stufe kochen, dabei ab und zu vorsichtig umrühren (um die Nudeln nicht zu zerbrechen). Sobald die Nudeln gar sind (auf den Verpackungen fast aller Marken ist die genaue Kochzeit angegeben, ansonsten probieren Sie sie einfach zur Sicherheit), lassen Sie sie rasch in einem schon bereitgestellten Nudelsieb abtropfen. Geben Sie sie Nudeln sofort in eine Schüssel (die Sie zuvor mit ein, zwei Löffeln heißem Nudelkochwasser erwärmt haben) zusammen mit der gut heißen Soße. Sollten Sie die Nudeln in der Pfanne sautieren wollen, lassen Sie sie bissfest und geben Sie sie in einen Topf oder eine Pfanne auf dem Herd, zusammen mit der schon heißen Soße, indem Sie alles sorgfältig, aber schnell vermischen.

Verbindung von Soßen und Nudeln

Eine Portion Nudeln – 80 g Rohgewicht – liefert ca. 280 Kalorien und 8 g Proteine. Sie ist ein ausgezeichneter Brennstoff auch für denjenigen, der Sport treibt, und vor allem sehr "ergiebig" bei langsamer Aufnahme. Zu einer vollständigen Ernährung machen sie die

"Würzungen": Olivenöl extravergine, Tomaten, Gemüse, Fleisch, Käse. Es ist nicht schwer, zu jeder Soße die passende Nudelsorte zu finden: einige Kombinationen schlagen wir Ihnen hier vor. Der Pesto (jener typische auf Basis von Basilikum) ist perfekt mit Linguine, aber auch vorzüglich mit Tagliatelle aus Hartweizengrieß und mit den ganz klassischen Spaghetti. Die letzteren, gut mit allen Soßen, passen ausgezeichnet zur Bombolino Soße, zur Pomarola, zum Pesto rosso. Die Hackfleischsoße, das Ragù, wird in der Toskana eigens für die Pappardelle (die leckeren Eierbandnudeln) zubereitet, richtet aber auch sehr angenehm Tubettini, Penne und Spaghetti an. Die Gemüsesoßen (mit Auberginen, mit Paprikaschoten) "vermählen" sich mit den kurzen Sorten Fusilli, Penne, Tubettini, welche so flexibel sind, dass sie jede Art von Soße begleiten und sich ausgezeichnet für sommerliche Nudelsalate eignen. Und vergessen wir nicht die großartigen Pici, die wegen ihrer Form passend sind für das Ragù, aber auch für die Pomarola, die Etrusca Soße und - warum nicht - für den Pesto ... kurz und gut: alle Soßen lassen sich mit allen Nudelsorten kombinieren; man kann nichts falsch machen. Durchaus ist es "erlaubt", zwei Soßen miteinander zu mischen und das Ergebnis wird noch appetitlicher sein: die Pomarola mit dem Pesto, die Auberginen - mit der Paprikaschotensoße, die Etruscasoße mit dem roten Pesto - es bleibt nichts anderes als die Qual der Wahl!!!

<<Le Linguine con Pomodori, Olive e Capperi>>

(= Die Linguine mit Tomaten, Oliven und Kapern)

Zutaten für 4 - 5 Personen:

400 g	Linguine
800 g	reife Tomaten (oder 600 g geschälte Tomaten)
50 g	schwarze entsteinte Oliven
2 EL	Kapern in Essig oder Salz eingelegt
4 EL	Olivenöl extravergine
2	Knoblauchzehen
3, 4	Basilikumblätter, möglichst frische
1	Bund frische Petersilie, in der Menge, dass man davon zwei Esslöffel gehackte Petersilie erhalten kann (wobei man nur die Blättchen benutzt)

1 scharfe Chilischote/peperoncino (oder 2, falls Sie einen entschiedeneren Geschmack bevorzugen)

1 TL getrockneter Oregano

1 TL Zucker (auch 2, falls die Tomaten nicht sehr reif sind)

Salz (nach Geschmack)

In einer geräumigen Pfanne erhitzen Sie das Öl und lassen die zwei gepellten Knoblauchzehen und die zerkleinerte Chilischote eben goldbraun werden. Schalten Sie die Hitze herunter und fügen Sie die beiden Esslöffel gehackte Petersilie, die Oliven in groben Stücken, die gut vom Essig abgetropften (oder die gut gewaschenen und abgetropften, falls in Salz eingelegten) Kapern und den Oregano hinzu, wobei Sie die Zutaten gut mit einem Holzkochlöffel durchmischen. Geben Sie sofort die von den Kernen befreiten und in Stücke geschnittenen frischen Tomaten (oder die geschälten Tomaten) bei. Erneut die Hitze erhöhen, die Sie reduzieren werden, sobald die Soße wieder angefangen hat zu kochen, salzen (Achtung bei der Menge, wenn Sie in Salz eingelegte Kapern verwendet haben) und auch den Zucker beifügen. Die Soße für circa 15 Minuten kochen lassen, und zwar für die erste Hälfte der Zeit mit Deckel, danach ohne, wobei Sie die Tomaten, wenn sie etwas eingekocht sind, mit einer Gabel zerdrücken, um all ihren Saft austreten zu lassen.
Geben Sie die gut bissfest gekochten Nudeln zusammen mit dem Basilikum in die heiße Soße, indem Sie sie schnell in der Pfanne "sautieren", um sie mit allen Zutaten zu vermengen.
Sie können Ihr Gericht mit 4 - 5 Esslöffeln geriebenem Pecorino, noch weiteren 3 - 4 Basilikumblättern und 2 Esslöffeln purem Öl garnieren und verfeinern, und sie sofort schön und gut warm auf dem Tisch servieren.

«I Fusilli con Pomodorini e Pecorino»

(= Die Fusilli mit kleinen Tomaten und Pecorino)

Zutaten für 4 Personen:

400 g	Fusilli	1 TL	getrockneter Oregano
1 kg	Kirschtomaten, auch "Bombolini" genannt	2	Knoblauchzehen
8-9 EL	Olivenöl extravergine	1	scharfe Chilischote (peperoncino)
100 g	frischer Pecorino	3 bis 4	frische Basilikumblätter
			Salz nach Geschmack

Die Tomaten säubern und waschen. Den Boden einer Auflaufform mit 2 Esslöffeln Öl einfetten und die halbierten Tomaten darin anrichten. Mit Salz, fein geschnittenem Knoblauch, 4 Esslöffeln Olivenöl extravergine, einer Prise Oregano und der zerkrümelten Chilischote würzen. Sie haben den Backofen bereits zuvor auf 180°C vorgeheizt. Geben Sie nun die Form mit den Tomaten für ungefähr 20 Minuten hinein: sie müssen angeschrumpelt aus ihm "heraus kommen". Sobald die Tomaten fertig sind, kochen Sie die Nudeln in reichlich Salzwasser. Abtropfen und in die Pfanne geben, in welcher Sie bereits die gut warme Soße aus der Auflaufform vorbereitet haben. Alles schnell bei lebendiger Hitze "sautieren" und mit Salz und Chili (peperoncino) abschmecken. Mit dem grob geriebenen frischen Pecorino bestreuen.
Servieren Sie die Nudeln schön warm und mit weiterem Oregano, Pecorinospänen und einigen frischen Basilikumblättern dekoriert. Weiterhin auch mit 2 bis 3 Esslöffeln Öl pur würzen.

«La Pasta e Fagioli»

(= Die Pasta und Bohnen)

Zutaten für 6 Personen:

1 Liter	"Brühe" der Bohnen
400 g	getrocknete Bohnen der Sorte Cannellini
300 g	geschälte Tomaten
80 g	Eiertagliatelle (jene mittelgroßen)
2	Knoblauchzehen
1	kleiner Rosmarinzweig
1	kleiner Salbeizweig
4 EL	Olivenöl extravergine

Salz und Pfeffer

Seite 144

Die Bohnen in reichlich Wasser kochen (siehe Seite 93), und davon ungefähr einen Liter beiseite stellen, welches dann für den Eintopf verwendet wird. 3/4 der Bohnenmenge durch eine Passiermühle geben, wobei man sich mit einigen Schöpfkellen Brühe behelfen sollte, um diesen Vorgang zu vereinfachen.
In einem geräumigen Topf mit hohem Boden das Öl gemeinsam mit den zwei Knoblauchzehen, dem Rosmarin- und Salbeizweig erwärmen. Der Knoblauch und die Gewürzkräuter sollten Farbe annehmen ohne zu verbrennen. Nun sämtliches "Suppengrün" entfernen und die zerkleinerten geschälten Tomaten hinzufügen. Sobald die Tomaten zu kochen beginnen, die passierten und die vorab beiseite gestellten ganzen Bohnen in den Topf geben; mit Salz und Pfeffer abschmecken. Den Eintopf umrühren, alles gut vermengen und noch circa 30 Minuten kochen lassen. Nach Ablauf dieser Zeit, die grob zerbrochenen Nudeln dazugeben und bei sehr mäßiger Hitze unter ständigem Rühren kochen.
Es handelt sich um eine sämige Suppe, welche leicht am Topfboden anbrennen kann.
Sobald die Nudeln gar sind, lassen Sie den Eintopf für eine gute halbe Stunde ruhen, sodass er eindicken, sich verbinden und leicht abkühlen kann. Servieren Sie ihn mit Olivenöl pur und soeben gemahlenen Pfeffer.

«I Fusilli, Ricotta e Zucchini»

(= Die Fusilli, Ricotta und Zucchini)

Zutaten für 5-6 Personen:

500 g	Fusilli
400 g	Zucchini
100 g	Ricotta (oder Quark)
50 g	gemischt von geriebenem Pecorino und Parmesan
1/2 TL	Muskatnuss
4 EL	Olivenöl extravergine
2	Knoblauchzehen

einige Basilikumblätter
Salz

Erhitzen Sie in einer antihaftbeschichteten Pfanne das Olivenöl mit dem Knoblauch und fügen Sie die geputzten, gewaschenen, in kleine Stücke geschnittenen Zucchini und die Basilikumblätter hinzu. Salzen, den Deckel auf die Pfanne setzen und die Zucchini bei schwacher Hitze für gute 20 Minuten dünsten, dabei ab und zu umrühren. Sollten Sie bemerken, dass sie zu trocken werden und am Pfannenboden anhaften, geben Sie einen halben Schöpflöffel warmes Wasser hinein (zum Schluss sollten sie schön gar sein).
Verteilen Sie die abgekühlten Zucchini, die Sie gut mit einer Gabel ausdrücken, den ebenfalls zerdrückten und mit der Gabel zu einer Creme verarbeiteten Ricotta, die beiden geriebenen Käsesorten und die Muskatnuss in einer Schüssel, welche auch die Nudeln aufnehmen kann, und vermischen Sie alles gut. Die Nudeln kochen, wenig abschütten und in die Schüssel mit der Zucchinicreme geben. Rühren Sie die Fusilli sehr sorgfältig mit der Soße um, wobei sie 2-3 Esslöffel vorsorglich beiseite gelassenes Nudelkochwasser zufügen. Sofort schön warm servieren.
Diese delikate und appetitliche Soße mit ihren Frühlingsdüften ist auch bei Kindern sehr beliebt und geeignet, um alle kurzen Nudelsorten, aber auch Tagliatelle, Linguine und Spaghetti anzurichten.

<<La Pasta al Sugo "finto" (1)>>
(= Die Nudeln an "falschem" Ragù)

Zutaten für 5 - 6 Personen:

500 g	Spaghetti	6	schöne, reichliche Esslöffel von geriebenem Pecorino
2	große rote Zwiebeln	5 EL	Olivenöl extravergine
700 - 800 g	frische (oder geschälte) Tomaten	1 TL	Zucker
1	scharfe Chilischote (peperoncino)		Salz

Die Zwiebeln nach dem Putzen sehr fein hacken, in eine Pfanne mit schon heißem Öl geben und langsam dünsten lassen, bis eine Art Creme entsteht (darauf achten, dass die Zwiebeln nicht anbrennen; bei Bedarf ein oder zwei Esslöffel heißes Wasser dazugeben). Nun die klein geschnittenen Tomaten, eine Prise Salz, den Zucker, und die gehackte Chilischote (oder auch zwei, wenn Sie eine scharfe Soße bevorzugen) in die Pfanne geben. 15 - 20 Minuten langsam köcheln lassen. Kochen Sie die Spaghetti bissfest und sautieren Sie diese mit der fertigen und gut heißen Soße. Mit Pecorino bestreuen und servieren.

(1) Dieses Rezept des "falschen Ragù's" stammt aus dem Casentino: Hoheitsgebiet der Provinz Arezzo, im toskanischem Appenin. Die Menschen dieser recht unzugänglichen und isolierten Gegend mussten in vergangenen Zeiten (besonders während des Krieges oder in Zeiten von Hungersnöten) den eigenen Bedürfnissen mit den zur Verfügung stehenden geringen örtlichen Mitteln die Stirn bieten. Der "sugo finto" war eine Soße, die sich dem Geschmack des "sugo di carne" (der Soße mit Fleisch), dem Eckpunkt der casentinischen und der toskanischen Küche im Allgemeinen, am weitesten annäherte. Man konnte ihn aber mit Zutaten zubereiten, die jedermann zugänglich waren (Fleisch war etwas für Wohlhabende!) und ist, wie viele einfache Gerichte, sehr gut (und nicht nur mit Spaghetti .....).

<<Le Penne al Sugo di Melanzane>>

(= Die Penne an Auberginensoße)

Zutaten für 5 - 6 Personen:

500 g	Penne
1 kg	frische Tomaten oder 2 Gläser geschälte Tomaten à 500 g
4	Knoblauchzehen
10 EL	Olivenöl extravergine
2	große runde Auberginen

reichlich frisches oder getrocknetes Basilikum

10 EL	geriebener Pecorino
1 TL	Zucker
Salz	(Pfeffer oder Chili/peperoncino nach Belieben)

Nehmen Sie die Auberginen, waschen Sie sie, schneiden Sie sie in dicke Scheiben und legen Sie sie schichtweise mit 2 EL grobem Salz in ein Nudelsieb, beschwert durch ein Gewicht, damit sie das bittere Vegetationswasser verlieren. Die Auberginenscheiben eine gute halbe Stunde im Salz belassen, dann sorgfältig abwaschen, vom Wasser ausdrücken und mit Küchenpapier abtrocknen. Schneiden Sie dann die Scheiben in kleine Stückchen.
Die Knoblauchzehen schälen und in einer Pfanne mit 10 EL soeben erhitztem Olivenöl extravergine von allen Seiten goldbraun andünsten lassen, sodass sie nicht anbrennen. Die geschälten Tomaten, die Auberginenstückchen, den Zucker, das Salz, und das Basilikum hinzugeben. 10 Minuten ohne Deckel köcheln lassen, dann die Tomaten mit einer Gabel zerdrücken, damit ihr gesamter Saft austritt. Sorgfältig vermengen, die Soße weitere 5 Minuten kochen lassen und dann vom Herd nehmen. Sofort reichlich geriebenen Pecorinokäse und einige frische Basilikumblätter darüber geben. Die Penne gut heiß aus der Pfanne servieren.

«Le Tagliatelle con Salsa di Rucola»

(= Die Tagliatelle mit Rucolasoße)

Zutaten für 4 Personen:

350 g	Tagliatelle (aus Hartweizengrieß, mittlerer Größe)
50 g	Rucola ohne Stiele (+ 4-5 Blätter zum Verzieren)
40 g	geriebener Pecorino (+ ein paar Späne zum Verzieren)
40 g	geriebener Parmesan (+ ein paar Späne zum Verzieren)
20 g	Pinienkerne
1	Knoblauchzehe
6-7 EL	Olivenöl extravergine
2 EL	Zitronensaft
1/2 TL	Chilipulver (peperoncino)
Salz	

In den Mixbehälter den gut gewaschenen Rucola (wählen Sie jene Sorte mit kleinen Blättern, die einen nicht zu starken Geschmack hat), den geriebenen Pecorino, den geriebenen Parmesan, den Knoblauch und die Pinienkerne, beide sehr fein gehackt, den Zitronensaft, das Chilipulver und ein bisschen Salz geben und alles mixen, während Sie nach und nach das Öl hinzufügen.
Sie werden eine homogene und flüssige Sose erhalten. Dann die Tagliatelle kochen und in einer Schüssel, in die Sie bereits die Soße mit 1 oder 2 EL Kochwasser der Nudeln gegeben haben, anmachen. Schnell gut vermengen und mit einigen kleinen Blättern Rucola und einigen Spänen Pecorino und Parmesan garnieren.
Dieses ist ein leichtes, sehr appetitliches Gericht, das man auch zum Abendessen servieren kann, weil es wegen der nicht gekochten Soße leicht zu verdauen ist.
Mit der Rucolasoße können Sie auch Crostini aus Weißbrot zubereiten, die Sie mit einem kleinen Blatt Rucola, einem Span Pecorino und einem vom Parmesan verzieren.

<<I Tubettini "Cacio e Pepe">>

(= Die Tubettini mit Käse und Pfeffer)

Zutaten für 4 – 5 Personen:

400 g	Tubettini
150 g	ziemlich fetter Schinken (oder Speck) in 2 dicken Scheiben
8 EL	geriebener Pecorino
2 EL	frisch gemahlener schwarzer Pfeffer
6 EL	Olivenöl extravergine

Braten Sie in einer großen Antihaft- oder Edelstahlpfanne (welche auch die Nudeln aufnehmen kann) den in Streifen geschnittenen Schinken im bereits heißen Öl an, bis er knusprig wird.
Zwischenzeitlich die Tubettini bissfest kochen, abgießen und zwei Minuten in der Pfanne sautieren, 2 bis 3 Esslöffel Nudelwasser (welches Sie beim Abgießen vorsichtshalber beiseite gestellt haben) hinzufügen. Die Kochplatte ausschalten, die Nudeln mit der Hälfte des Pecorino und dem gemahlenen Pfeffer anrichten und sehr warm servieren, wobei der restliche Pecorino in einem Schälchen auf den Tisch gestellt wird, so dass sich jeder nach Geschmack bedienen kann.

«Le Linguine con il Pesce a modo mio»

(= Die Linguine mit Fisch auf meine Art)

Zutaten für 4 Personen:

350 g	Linguine
50 g	geschälte Venusmuscheln + 5 mit Schale
50 g	geschälte Miesmuscheln + 5 mit Schale
100 g	geschälte Crevetten + 4 ganze
100 g	geschälte Scampi + 4 ganze
100 g	gesäuberte Tintenfischringe
3 EL	trockener Weißwein
6 EL	Olivenöl extravergine
30 g	frische Petersilienblätter
2	Knoblauchzehen
1	getrocknete Chilischote
Salz	

Wenn Sie frische Venus- und Miesmuscheln zur Verfügung haben, waschen Sie sie gut, wobei Sie das Wasser mehr als einmal wechseln (insbesondere die Miesmuscheln müssen mehrmals gewaschen werden und ihre "Muschelseide", die strohigen Barthaare zwischen den beiden Muschelschalen, abgezupft, nicht abgeschnitten werden). Stellen Sie sie in einer Pfanne mit hohem Rand auf den Herd, decken Sie sie ab und sorgen Sie dafür, dass sie sich öffnen, indem Sie sie hin und wieder wenden. Sobald sie sich öffnen, nehmen Sie sie von der Kochplatte und lassen sie abkühlen. Säubern Sie sie von den Schalen (wobei Sie ungefähr 10 Meeresfrüchte ganz lassen) und filtrieren Sie das auf dem Pfannenboden verbliebene Wasser mit Hilfe eines Haushaltspapiers in eine Tasse. Muscheln und filtriertes Wasser beiseite stellen. Beenden Sie diesen Arbeitsschritt und hacken Sie nun die Crevetten und Scampi sowie die Tintenfischringe auf einem Tablett in nicht zu kleine Stückchen (wenn es Ihnen bequemer erscheint, können Sie sie mit der Küchenschere zerschneiden). Zerhacken Sie jetzt den Knoblauch, 20 g Petersilie und die Chilischote fein, und braten Sie sie mit 4 Esslöffeln Öl in einer Pfanne an, ohne dass sie zu stark Farbe annehmen. Geben Sie die gehackten Tintenfischringe, die Crevetten und Scampi hinzu, braten Sie sie ein wenig in der Würzmischung an, löschen Sie mit dem Weißwein ab und sautieren Sie sie. 10 Minuten köcheln lassen, die geschälten Venus- und Miesmuscheln zufügen, den Herd ausschalten und die Pfanne mit dem Deckel schließen. Kochen Sie nun die Linguine und schütten Sie sie sehr bissfest ab. Stellen Sie die Pfanne erneut auf die Herdplatte, nehmen Sie die Crevetten und Scampi mit Schale heraus (um sie nicht kaputt zumachen), und gießen Sie 1 Glas Muschelwasser an, wobei Sie alles gut erwärmen. Geben Sie die Linguine in die Pfanne und sautieren Sie sie, so dass das Muschelwasser verkocht. Schalten Sie den Herd aus, und garnieren Sie das Gericht mit den beiseite gestellten Venus-, Miesmuscheln, Crevetten und Scampi, der übrigen gehackten Petersilie und 2 Esslöffeln purem Öl.

Das Rezept ist ein bisschen langwierig umzusetzen, aber diese Linguine sind so gut und schön, dass sie sich für ihre Mühe zu entschuldigen wissen!

«I Pici fatti a Mano»

(= Die handgemachten Pici)

Die Pici oder Pinci, wie sie einige nennen, sind ein typisches Gericht aus dem Süden der Provinz von Siena, im Besonderen aus dem Gebiet zwischen Chiusi, Montepulciano und dem Berg Cetona. Diese entfernten Verwandten der Spaghetti, "von Hand gezogen", haben die Ehre das erste in der Geschichte der italienischen Gastronomie dargestellte Nudelformat zu sein (in einem etruskischen Grab des V. Jahrhunderts v. Chr., das so genannte "Tomba dei Settecamini" = der sieben Feuerstellen, in der Nähe von Orvieto).

Zutaten für 6 Personen (um die Pici "von Hand" zu machen):

800 g	Mehl
2	Eier
2 EL	Olivenöl extravergine
1 1/2	Gläser Wasser
1	Prise Salz
1	Prise Pfeffer

Auf dem Tisch oder dem Backbrett die "Fontäne" formen (= das angehäufte Mehl mit einer Mulde in der Mitte). In die Mitte je eine Prise Salz und Pfeffer, zwei Eier und schrittweise Wasser geben und alles mit einer Gabel nach und nach mit dem Mehl verkneten. So fortfahren, bis das Wasser aufgebraucht und komplett aufgesaugt wurde, daraufhin den Teig mit den Händen bearbeiten bis Sie einen homogenen und elastischen Ball erhalten, welchen Sie für eine halbe Stunde ruhen lassen. Nach abgelaufener Zeit, den Teig mit dem Nudelholz ausrollen, dabei mit wenig Mehl bestäuben, bis er circa 1 cm hoch ist. Fetten Sie die Oberfläche mit ein wenig Öl ein und schneiden Sie den Teig in 1 cm breite Streifen. Aus jedem Streifen – behelfen Sie sich dabei mit ein wenig Mehl – mit den Handballen rollend eine Pici formen. Breiten Sie sie nach und nach auf ein mit Grieß, besser noch, Mehl bestäubtes Tuch, ohne dass sie einander berühren. Eine weitere halbe Stunde trocknen lassen. Kochen Sie die Pici nun in siedendem

(1) Salzwasser, welchem Sie einen Esslöffel Öl beigefügt haben (nötig, damit sie nicht aneinander kleben), ohne sie umzurühren. Behutsam abtropfen, sobald sie an die Oberfläche kommen, dazu brauchen sie ungefähr 5 Minuten. Diese handgemachten "Spaghettoni" haben eine etwas andere Konsistenz als die Pici aus den Nudelfabriken, sie sind konsistenter, größer im Durchmesser, aber gleichermaßen angenehm. Es fasziniert dann die Idee, dass wir ein Gericht genießen können, welches man sich sehr ähnlich jenem vor 2500 Jahren vorstellen kann.

(1) Vorsicht: das Wasser sollte wirklich kochend heiß sein, ansonsten lösen sich die Pici auf

<<Ragù di "nana">> (= Entenragù)

Zutaten für 6 Personen:

1	kleine Ente von circa 1 kg Gewicht	1	Zwiebel
1 kg	reife (oder geschälte) Tomaten	1	Möhre
100 g	roher, nicht geräucherter Schinken	1	Sellerierippe
1	Glas trockener Weißwein		einige Salbei- und Basilikumblätter
8 EL	Olivenöl extravergine		ein Büschel Petersilienblätter
1 TL	Tomatenkonzentrat		Salz und Pfeffer nach Geschmack

Die Ente absengen, von eventuellen Flaumhaaren befreien, ausnehmen und in Stücke schneiden. Die Stücke waschen, gut abtrocknen und die Leber beiseite legen. Die Tomaten waschen, in 5-6 Stücke aufschneiden und grob die Samen entfernen. In eine geräumige Kasserolle das Öl geben, die Zwiebel, die in Scheiben geschnittene Möhre und den Sellerie, die zerhackte Petersilie und den Salbei, den gehackten Schinken und das mit den Fingern zerrupfte Basilikum. Ordnen Sie die Entenstücke in der Kasserolle an, lassen Sie sie für einige Minuten anbräunen, wobei Sie die Stücke von der einen auf die andere Seite wenden und anschließend mit dem Weißwein begießen. Sobald der Wein verdunstet ist, das in einem Esslöffel warmen Wasser aufgelöste Tomatenmark, die Tomaten (oder die geschälten) und die Entenleber beigeben. Mit Salz und Pfeffer abschmecken und bei schwacher Hitze für eine dreiviertel Stunde kochen (wobei Sie die Leber herausnehmen, sobald sie gar ist). Sollte die Soße zu trocken sein, fügen Sie ein wenig warme Brühe (oder Wasser) hinzu. Sobald die Entenstücke gar sind, aus der Kasserolle nehmen und erkalten lassen. Die Soße durch ein Passiergerät geben und wieder zurück in den Topf gießen. Die Entenstücke entfleischen, wobei die Haut eliminiert wird, die Leber in kleine Würfelchen schneiden und gemeinsam mit dem in kleine Stückchen geschnittene Fleisch mit der Soße vermischen; eventuell mit Salz und Pfeffer abschmecken. Kochen Sie in reichlich siedendem Salzwasser die Pici, abtropfen sobald sie an die Wasseroberfläche kommen, ausgiebig mit der Soße anmachen, mit geriebenem Parmesan (oder Pecorino) bestreuen und sofort servieren. Dieses leckere Ragù würzt tadellos die Pici (auch wenn sie nicht "hausgemacht" sind), aber auch Pappardelle und Tagliolini all'uovo (breite bzw. schmale Eierbandnudeln) oder kurze Nudeln aus Hartweizengrieß, wie Tubettini, Fusilli, Penne (aber nichts hält uns davon ab es auch über Spaghetti, Linguine und Tagliatelle zu geben), und natürlich ..... guten Appetit!

<<L'insalata di Pasta fredda ai due Pomodori>>

(= Der kalte - zwei Tomaten - Nudelsalat)

Zutaten für 4 Personen:

350 g	Fusilli
3	reife, aber feste Tomaten
4 - 5	frische Basilikumblätter
50 g	Pecorino oder Parmesankäse
2 EL	Olivenöl extravergine

Salz, falls nötig

Für die Creme aus kleinen getrockneten Tomaten:

100 g	kleine getrocknete Tomaten (in Öl eingelegt oder nature)
1-2	Knoblauchzehen
15	Basilikumblätter
1	Chilischote (peperoncino)
2-3 EL	Olivenöl extravergine

Für die Soße geben Sie die kleinen getrockneten Tomaten, etwas von ihrem abgetropften Öl (falls in Öl eingelegt), das gewaschene und mit Küchenpapier trocken getupfte Basilikum, die Knoblauchzehen (regulieren Sie die Menge nach Ihrem Geschmack) - deren grünen Keim im Innern Sie entfernt haben, um sie besser verdaulich zu machen - , die Chilischote (auch diese nach Belieben) in den Mixer. Alle Zutaten durchmixen, zu einer Creme reduzieren und das Öl hinzufügen (mehr oder weniger auf Grundlage der verwendeten kleinen Tomaten, ob nature oder in Öl eingelegt).
Die Tomaten waschen, vierteln und, nachdem Sie die Kerne entfernt haben, in kleine Stückchen schneiden. Den Käse mit einem scharfen Messer oder mit dem entsprechenden dafür vorgesehenen Gerät in Späne zerkleinern. Nachdem Sie die Nudeln gekocht haben, lassen Sie sie abtropfen und machen sie mit zwei Esslöffeln Öl an, damit sie nicht zusammenkleben. In der Schüssel einige Minuten abkühlen lassen. Die mit 2 - 3 Esslöffeln vom beiseite gestellten Nudelkochwasser aufgelöste Soße, die zerkleinerten Tomaten, die Käsespäne, die Basilikumblätter, falls nötig etwas Salz (besser vorher kosten) dazugeben und alles gut vermischen. Sie können den Salat sofort auf dem Tisch servieren, doch er ist auch gut, wenn er im voraus vorbereitet wird, für ein Picknick, oder um ihn am Strand während eines Tages am Meer zu verspeisen, oder einfach um ihn für das Abendessen parat zu haben.

<<I Fusilli alla Salsa Rosalina>>

(= Die Fusilli mit Ricotta und Bombolinitomaten Soße)

Zutaten für 3 - 4 Personen:

300 g	Fusilli	2 EL	geriebener Pecorino
500 g	gut ausgereifte frische Bombolini Tomaten (oder aus dem Glas)	2	Knoblauchzehen
		6 EL	Olivenöl extravergine
			Frisches Basilikum
200 g	frischer Ricottakäse		Salz (Pfeffer oder Chili/peperoncino je nach Geschmack

Den Knoblauch zusammen mit dem Öl in einer Pfanne anschwitzen, die frischen kleinen Tomaten (oder die aus dem Glas) hinzugeben und salzen. Bei mittlerer Hitze für circa 10 Minuten kochen lassen, dann den Deckel von der Pfanne nehmen, die Tomaten mit einer Gabel zerdrücken und weitere 2 - 3 Minuten kochen lassen. Sobald die Soße eingedickt ist, durch ein Passiergerät geben und die mit der Hand zerpflückten Basilikumblättchen, den mit einer Gabel zerdrückten oder leicht verquirlten Ricotta sowie den Pecorino dazugeben. Alles schnell miteinander vermengen, mit Salz (Pfeffer oder Chili/peperoncino) abschmecken, wenn Sie möchten, und sofort den Herd ausstellen (der Ricotta darf nicht ein weiteres Mal kochen). Die Nudeln mit der noch warmen Soße servieren und 1 Teelöffel Pecorino oder Parmesan pro Kopf und nach Geschmack sowie einige frische Basilikumblättchen dazugeben (und vielleicht 2 - 3 Esslöffel des Nudelkochwassers, um die Soße besser vermengen zu können).
Die Rosalina ist eine feine Soße, mit einem fesselnden Geschmack, die in der Fattoria aus der Gewohnheit entstanden ist, frischen Ricotta zum Anmachen und Bereichern von Pastagerichten, Pizza, Foccaccia und Süßem zu verwenden. Die Tomatensoße, in Verbindung mit dem köstlichen Schafskäse hat großen Erfolg erlangt und die Rosalina - der Name wurde ihr auf Grund ihrer Farbe "verpasst" - ist ein Bezugspunkt in der Küche geworden. Vorzüglich ist sie auch für Nudelaufläufe (mit geriebenem Käse und Béchamelsoße); einige Esslöffel dieser Soße auf einer Pizza schenken einen cremigen und neuartigen geschmacklichen Hauch; Setzeier oder Rühreier, in der gut erhitzten Rosalina gekocht, erwerben Geschmack; sie ist auch dazu geeignet, um Crepes oder Omelettes anzumachen.

<<Gli Spaghetti Aglio, Olio, Peperoncino>>
(= Die Spaghetti mit Knoblauch, Öl und Chili)

Zutaten für 5 - 6 Personen:

500 g	Spaghetti
8 EL	Olivenöl extravergine
6 EL	geriebener Pecorino
6	Knoblauchzehen
2	sehr scharfe Chilischoten (peperoncino)
2 EL	gehackte Petersilie (nach Geschmack)
Salz	

In einer großen antihaftbeschichteten Pfanne oder einer Edelstahlpfanne die 6 Knoblauchzehen und die gehackten Chilischoten (peperoncino) im Olivenöl andünsten und darauf aufpassen, dass der Knoblauch nicht anbrennt (er muss langsam goldbraun werden). Die Nudeln bissfest abgießen, ein paar Esslöffel Kochwasser beiseite lassen und die Nudeln in der Pfanne mit dem erwärmten Olivenöl einige Sekunden lang erhitzen. Dann von der Kochstelle nehmen, den geriebenen Pecorino hinzufügen und, wenn nötig, auch ein bisschen Kochwasser, damit die Nudeln nicht zu trocken werden. Mit gehackter Petersilie bestreuen und sofort servieren!

<<I Tubettini con Carciofi e Tonno>>
(= Die Tubettini mit Artischocken und Thunfisch)

Zutaten für 5 – 6 Personen:

500 g	Tubettini	1	Chilischote (peperoncino), auch zwei, wenn Sie einen "scharfen" Geschmack bevorzugen!
5	zarte, mittelgroße Artischocken	5, 6	Basilikumblätter
200 g	Thunfisch in Olivenöl	1	Zitrone
2	Knoblauchzehen	Salz	
4	reife Tomaten (oder 4 geschälte)		
5 EL	Olivenöl extravergine		

Befreien Sie die Artischocken von den äußeren Blättern und dem inneren "Heu", schneiden Sie mit einem scharfen Messer die Spitzen sowie ein wenig des Stieles ab: es darf nur der zartere Teil der Artischocke überbleiben. Jede in kleine Schnitze zerteilen und diese für ungefähr eine Viertelstunde in eine Salatschüssel mit kaltem Wasser und dem Saft einer Zitrone legen, damit sie nicht schwarz werden. Bräunen Sie den Knoblauch und die Chilischote mit dem Olivenöl in einer geräumigen Pfanne (besser wenn antihaftbeschichtet) leicht an, die auch die Nudeln aufnehmen kann: der Knoblauch darf nur leicht goldfarben werden. Die Artischocken gut in einem Sieb abtropfen lassen, mit Küchenpapier abtrocknen und in die Pfanne zum warmen Öl geben. Alles sorgfältig für einige Sekunden vermischen und die gestückelten Tomaten hinzugeben (verwenden Sie frische und sollten Sie deren "Haut" nicht in der Soße mögen, schälen Sie diese zuvor) sowie ein halbes Glas warmes Wasser. Salzen und köcheln lassen, bis die Artischocken weich geworden sind (sollte das Wasser nicht ausreichen, geben Sie weiteres hinzu; nicht zu vergessen: warm). Die Flamme ausschalten und den Thunfisch in Stücken (gut von seinem Öl abgetropft) und 2 oder 3 Basilikumblätter dazugeben. Nun alle Zutaten mit einer Gabel zerdrücken, um die Soße besser vermengen zu können. Die Nudeln ein wenig kochen, bissfest - al dente - abgießen (stellen Sie etwas vom Kochwasser beiseite) und in die Pfanne zur warmen Soße geben. Geben Sie 3 oder 4 Esslöffel des Kochwassers hinzu, wobei Sie Soße und Nudeln für einige Sekunden vermischen und sie mit dem verbliebenen Basilikum garnieren.

Zufällig aus der Verzweiflung eines unvorhergesehenen Abendessens geboren, verzeichnete diese glückliche Verbindung aus Resten ("Geschmorte Artischocken", eine Dose Thunfisch, zwei, drei Esslöffel Tomatensoße) an jenem Abend einen schönen Erfolg und an weiteren, die folgten.

<<Gli "Gnudi" (1) di Ricotta e Spinaci>>

(= Die "Nackten" aus Ricotta und Spinat>>

Zutaten für 4 Personen:

400 g	frischer Ricotta
150 g	Mehl
80 g	geriebener Parmesan Reggiano
200 g	junger Spinat
3 EL	Olivenöl extravergine
2	Knoblauchzehen
1	Ei

Salz und Pfeffer nach Geschmack

(1) In der Toskana variiert der Name dieser Kloßart reichlich: außer dem Beinamen "gnudi" (vom antiken toskanischen ignudi (= nudi, nackt), nennt man sie "malfatti" (= misslungen), aber auch "strozzapreti" (= Pfarrerwürger) und womöglich ist das noch nicht alles!

Den Spinat gründlich waschen und für wenige Minuten mit einer Prise Salz bei mäßiger Hitze in einem Topf kochen, ohne ihn zuvor abtropfen zu lassen. Der Spinat scheidet zum Kochen genügend Flüssigkeit aus (wenn Sie den Topf während des Kochens abgedeckt lassen, bleibt er grüner). Abtropfen, mit den Händen ausdrücken und mit einem Messer auf einem Holzbrett klein hacken. An diesem Punkt angelangt, in einer Pfanne mit zwei, drei Esslöffeln bereits warmem Öl und zwei Knoblauchzehen für einige Minuten Geschmack annehmen lassen. In einer Schüssel den Ricottakäse, den vorbereiteten Spinat (sobald er abgekühlt ist), 100 g Mehl, 80 g geriebenen Parmesan, das Ei, Salz und Pfeffer mit einem Holzlöffel bearbeiten. Aus dieser Mischung formen Sie mit den Händen und unter Zuhilfenahme eines Löffels ovale Klößchen von ungefähr 3 cm Länge. In dem übrig gebliebenem Mehl wälzen und auf einem Geschirrtuch (mit Mehl bestäubt) für eine Stunde ruhen lassen. In reichlich siedendem Salzwasser kochen und mit dem Schaumlöffel abtropfen, sobald sie an die Oberfläche kommen.
Sie können sie mit zerlassener durch einige Salbeiblätter gewürzte Butter oder Pomarola anrichten, immer schön mit darüber geriebenem Parmesan.

<<Gli Spaghetti al Pomodoro crudo e Pesto>>
(= Die Spaghetti mit frischen Tomaten und Pesto)

Zutaten für 5 - 6 Personen:

500 g	Spaghetti
1 kg	frische reife Tomaten
2	Knoblauchzehen
5, 6	Basilikumblätter
2	scharfe Chilischoten (peperoncino)
1 TL	getrockneter Oregano
8 EL	Olivenöl extravergine
100 g	Pecorino (gerieben)
50 g	Parmesan (gerieben)
3 EL	Pesto (siehe Rezept auf Seite 22)
Salz	

Die Tomaten, von ihren Samen befreit, in kleine Stückchen schneiden und in ein Nudelsieb geben, damit sie das Wasser "verlieren". Knoblauch, Basilikum, Chilischote und Oregano hacken. Mischen Sie diese in einer Salatschüssel mit den Tomaten, dem Öl und dem Käse. Die "rohe" Soße wird noch besser sein, wenn sie eine Stunde vor dem servieren zubereitet wird. In eine Antihaft- Pfanne geben und salzen. Erwärmen Sie die Soße ein wenig, bevor Sie die gut abgeschütteten Nudeln dazugeben, schwenken Sie alles unter starker Hitze für einen Moment und schalten Sie ab. Mengen Sie daraufhin die drei Esslöffel Pesto unter. Servieren Sie die Spaghetti gut warm zu Tisch.

<<Le Linguine alla Carbonara>>

(= Die Linguine nach Carbonara Art)

Zutaten für 4 Personen:

350 g	Linguine
4	Eigelb
120 g	fetter (nicht geräucherter) Speck in 2 einzigen Scheiben
2 TL	geriebener Pecorino pro Kopf
3 EL	Olivenöl extravergine

Salz und Pfeffer

Schneiden Sie den Speck in kleine Würfel, und geben Sie diese mit 3 Esslöffeln Öl zum Anbraten in eine kleine Pfanne, bis sie eine schöne goldene Farbe annehmen und knusprig werden; schalten Sie den

Herd aus und stellen Sie den Speck zum Abkühlen beiseite. In einer geräumigen Schüssel die Eigelbe aufschlagen, gut mit dem Pecorino, reichlich schwarzem, am besten frisch gemahlenem Pfeffer, einer Prise Salz und den gut abgekühlten Speckwürfelchen mit ihrem Saft vermischen. Kochen Sie die Linguine, gießen Sie sie ab (wobei Sie 4, 5 Esslöffel Nudelkochwasser beiseite lassen), und vermengen Sie sie ganz, ganz schnell (1) mit der Soße in der Schüssel, wobei Sie auch das nicht zu heiße Wasser hinzufügen, um die Creme zu verlängern und um die Nudeln besser vermengen zu können. Sofort auf den Tisch bringen und guten Appetit!

Ein einfaches, aber sehr leckeres Gericht: es ist eines der berühmtesten der römischen Küche und in ganz Italien sehr geläufig. Trotz des Namens scheint es nichts mit Kohle (= carbone) oder Köhler (= carbonaio) zu teilen. Die Herkunft dieses Namens ist nicht besonders klar, aber man sagt, dass es einstmals üblich war, auch das Schwarze vom Tintenfisch hinzuzugeben. Wer weiß!?

Traditioneller mit den Spaghetti, begeistert dieses Rezept mit den Linguine, welche sich wegen ihrer Form besser als die Spaghetti von der Cremigkeit der Soße einwickeln lassen.

(1) Das Ei neigt dazu mit der Wärme der Nudeln einzudicken: das Geheimnis einer perfekten Carbonara besteht darin, die Nudeln sehr eilig mit der Würzmischung zu vermengen, um zu vermeiden, dass das Ei "kocht" und Klumpen bildet.

«L'insalata di Fusilli al Pesto rosso»

(= Der Fusillisalat mit rotem Pesto)

Zutaten für 4 Personen:

350 g	Fusilli
125 g	Pesto rosso (siehe Seite 24)
80 g	Thunfisch in Öl
2	Eier
3 EL	Olivenöl extravergine
10	Basilikumblätter
Salz	

Zu allererst kochen Sie die Nudeln und lassen Sie gut bissfest abtropfen (stellen Sie ein Glas des Kochwassers beiseite). In einer Salatschüssel mit zwei Esslöffeln Öl anmachen, gut vermischen und auf einem sauberen Küchentuch zum Abkühlen weit voneinander ausbreiten (auf diese Weise verhindert man, dass das Kochen weiter geht und die Nudeln erkalten so schneller). Die Eier in einem kleinen Topf in kaltem Wasser, dem Sie eine Prise Salz beigegeben haben, zum Kochen bringen, und für 9-10 Minuten kochen lassen, sobald das Wasser zu sieden beginnt. Unter fließendem Wasser abschrecken, abpellen (dies wird am schnellsten und besten gehen, wenn Sie diese rundherum auf einer Fläche leicht anschlagen, sie dabei von allen Seiten rollen und die Schale vollkommen eindrücken) und in kleine Würfel schneiden. Nehmen Sie erneut die Salatschüssel, auf deren Boden Sie das rote Pesto, welches Sie mit etwa 1/2 Glas Nudelkochwasser und einem Esslöffel Öl verlängert haben, den vom Öl abgetropften und grob zerteilten Thunfisch und 5 zerpflückte Basilikumblätter geben. Die Fusilli hinzufügen, alles gut vermischen und nun auch die Eierwürfel dazugeben, mit dem verbliebenem Basilikum garnieren und zu Tisch servieren.

Es handelt sich um ein sehr appetitliches und "bequemes" Gericht, weil man es, da es kalt ist, vorzeitig zubereiten kann und es alle Vorraussetzungen hat, um als einziger Gang präsentiert werden zu können.

Wir können auf diese Weise natürlich auch Tubettini, Strozzapreti, Penne, also kurze Nudelsorten aller Art anrichten.

<<I Fusilli con le Verdure>>
(= Die Fusilli mit Gemüse)

Zutaten für 6 Personen:

500 g	Fusilli
1	Aubergine
1	Zwiebel
1	Zucchini
1	kleine Paprikaschote
250 g	geschälte Tomaten oder 2, 3 frische
1	Knoblauchzehe
1	scharfe Chilischote (peperoncino)
8 EL	Olivenöl extravergine
10	Basilikumblätter
6 EL	geriebenen Pecorino
Salz	

Das Gemüse waschen, sorgfältig putzen und in kleine Würfel schneiden. Auch die inneren weißen "Sehnen" der Paprikaschote entfernen;

die Auberginenwürfel für circa eine halbe Stunde mit grobem Salz bestreuen (sie verlieren so das Herbe) und sie vor dem Kochen gründlich vom Salz abwaschen. Nun geben Sie Öl in eine geräumige Antihaft-Pfanne, fügen die Zwiebel und den Knoblauch in kleinen Stückchen hinzu sowie das andere Gemüse zusammen mit der gehackten Chilischote und 2 - 3 Basilikumblättern, wobei Sie alles gut im Öl vermischen. Nun auch die gestückelten geschälten Tomaten (oder die frischen) hineingeben und die Soße für fünfzehn Minuten unter gelegentlichem Rühren kochen lassen. Die Nudeln in ausreichendem und gesalzenem Wasser bissfest kochen, abgießen, in die Pfanne füllen und alles schnell vermischen und "sautieren" (garnieren Sie mit dem verbliebenem Basilikum). Gut warm und mit geriebenem Pecorino zu Tisch servieren (und noch zwei, drei Esslöffeln rohem Olivenöl und ein wenig scharfem Chilipulver, wenn Sie wirklich "übertreiben" wollen).

«La Minestra di Farro» (= Die Dinkelsuppe)

Zutaten für 5 Personen:

400 g	getrocknete Bohnen (wenn möglich, toskanische weiße Cannellini - Bohnen)
250 g	Dinkel
1	kleine Möhre
1	Sellerierippe
2	Knoblauchzehen
10 EL	Olivenöl extravergine
3 - 4	Salbeiblätter (wenn möglich frisch

geriebenen Pecorino (1 Esslöffel pro Person

Salz und Pfeffer

Nachdem Sie die Bohnen eine Nacht (ca. 12 Stunden) in kaltem Wasser haben einweichen lassen, kochen Sie sie in einem Topf mit zwei Knoblauchzehen, ein paar Salbeiblättern, zwei Esslöffeln Olivenöl und einer Prise grobem Salz. Das Wasser sollte kalt sein und die Bohnen zu 3, 4 cm bedecken.
In einem Topf mit hohem Rand dünsten Sie in 3 - 4 Esslöffeln Öl die grob zerkleinerte Möhre und die Sellerierippe an. Kochen Sie die Bohnen bei niedriger Hitze für eine bis eineinhalb Stunden. Vergewissern Sie sich, dass sie gut gekocht sind, bevor Sie sie vom Herd nehmen (sollte das Wasser zu schnell verdampfen, gießen Sie ein oder zwei Schöpflöffel bereits warmes Wasser an). Passieren Sie die Bohnen mit der Passiermühle, wobei Sie mit zwei Gläsern Bohnenkochwasser verlängern: die erhaltene Brühe sollte dickflüssig sein. Geben Sie diese in den Topf zu dem angedünsteten Gemüse und wenn sie kocht, mit Salz abschmecken und darin den Dinkel (gut gesäubert und 3-4 Stunden in kaltes Wasser eingeweicht) für ca. 10 - 15 Minuten kochen, dabei öfters umrühren, damit er nicht am Boden anbrennt. Lassen Sie diese Gemüsesuppe ein wenig durchziehen, damit sie sämiger wird.
Servieren Sie sie nicht allzu heiß mit einem Esslöffel geriebenem Pecorino oder Parmesan, einem von Olivenöl und gemahlenem Pfeffer über jedem Teller. Sie ist wirklich köstlich!

<<Gli Spaghetti "alla Puttanesca (1)">>

Zutaten für 5 - 6 Personen:

500 g	Spaghetti
500 g	reife Tomaten (oder geschälte)
5	Sardellenfilets in Salz
100 g	schwarze Oliven (Sie können auch entsteinte Oliven verwenden, sie sind aber weniger würzig)
40 g	Kapern
3	Knoblauchzehen
1	scharfe Chilischote (peperoncino)
10 EL	Olivenöl extravergine
2	gehäufte EL gehackte Petersilie
Salz	

In einer ausreichend großen Pfanne, die auch die Spaghetti aufnehmen kann, den Knoblauch im Öl anrösten lassen. Sobald er Farbe annimmt, die zerbröselte Chilischote und die gut gewaschenen und abgetropften Sardellen hinzufügen, welche Sie mithilfe eines Holzlöffels im Öl zergehen lassen. Geben Sie nun die Tomaten in Stücken (gehäutet, wenn frisch), die gut abgespülten und abgetropften Kapern und die entkernten und gestückelten Oliven hinzu. Salzen und bei relativ hoher Hitze für ungefähr eine viertel Stunde kochen lassen (dabei zerdrücken Sie die Tomaten mit einer Gabel, sobald sie etwas zergangen sind). Sowie Sie den Herd ausschalten, bestreuen Sie die Soße mit der gehackten Petersilie und vermischen alles sorgfältig. Kochen Sie die Nudeln und "schwenken" sie soeben abgeschüttet schnell in der Pfanne mit der warmen Soße. Sofort servieren.
Dieses beliebte Gericht wurde in unserem Süden geboren, ist aber ein wenig in ganz Italien verbreitet, vielleicht mit anderen Namen, auch wenn der geläufigste und folkloristische Name ohne weiteres "alla puttanesca" ist.

(1) = Zu diesem besonderen "Titel" gibt es verschiedene Geschichten. Mancher schreibt es dem neapolitanischem Besitzer eines "öffentlichen Hauses" zu (wir befinden uns in den ersten Jahren von 1900), der seinen Gästen dieses Gericht servierte, weil es einfach und schnell vorzubereiten war. Eine andere Version lässt "la puttanesca" (= nach Kurtisanen-Art) auf der Insel Ischia entspringen. Das Rezept wurde in diesem Fall so von dem Maler Eduardo Colucci getauft, zu Beginn der 50er Jahre. Wir wissen weder über das Wie, noch Warum der Bezeichnung. Sicher ist aber, dass Eduardo oft "la puttanesca" für seine zahlreichen Freunde kochte.

«L'Acqua Cotta all'Aretina»

(= Das gekochte Wasser nach aretiner Art)

Zutaten für 6 Personen:

6	Scheiben hausgemachtes Brot
500 g	frische Steinpilze
150 g	reife (oder geschälte) Tomaten
6	Eier
2	Knoblauchzehen
1	Prise frischer Thymian (oder getrockneter, sollten Sie keinen haben)
150 g	Pecorino (oder Parmesan)
8 EL	Olivenöl extravergine

Salz und Pfeffer nach Geschmack

Seite 184

Die gut gesäuberten und in feine Scheiben geschnittenen Steinpilze (nicht unter fließendem Wasser waschen, sondern mit einem feuchten Tuch abreiben und mit Küchenpapier abtrocknen) in 8 Esslöffeln Öl, Knoblauch und Thymian schmoren. Nach circa 10 Minuten die Tomaten dazugeben und mit Salz und Pfeffer abschmecken. Ungefähr noch weitere zehn Minuten kochen und danach eineinhalb Liter bereits warmen Wassers (oder Brühe) angießen. Noch eine weitere gute halbe Stunde auf dem Herd belassen. In einer Suppenschüssel die Eier mit einer Prise Salz und großzügigen 4 Esslöffeln Käse aufschlagen, das heiße Acquacotta daraufhin hineingießen und sofort gut umrühren, um das Ei nicht stocken zu lassen. Verteilen Sie das getoastete Brot in die Suppenteller, bestreuen Sie diese mit dem übrig gebliebenem Käse und gießen darüber das Acquacotta, welches Sie zuvor einige Minuten haben ruhen lassen.

Das Acquacotta, geboren als Suppe der Armen, wie Köhler oder Viehhüter, ist – trotz seines Namens – nicht eine leichte aus Wasser und wenigen Gewürzkräutern gemachte Suppe. Im Gegenteil, das Wasser ist eine sekundäre Zutat im Vergleich zu all den Dingen, die darin sind. Die Rezepte dieser Suppe sind viele und variieren je nach Gebiet der Toskana (aretinisch, sienesisch, aus der Maremma).

<<I Tubettini gratinati al Pesto>>

(= Die mit Pesto gratinierten Tubettini)

Zutaten für 4–5 Personen:

400 g	Tubettini
Für den Pesto: siehe Rezept auf Seite 22	
(oder verwenden Sie 1 Glas fertigen Pesto)	
20 g	Pinienkerne
200 g	frische oder tiefgefrorene feine Erbsen (nach Saison)
4 EL	geriebener Parmesankäse
7-8 EL	Olivenöl extravergine
1	Knoblauchzehe

Kochen Sie die Erbsen in der Pfanne mit Knoblauch, 3 Esslöffeln Öl und 1 Glas Wasser, bis sie ziemlich weich sind. Rösten Sie die Pinienkerne in einer antihaftbeschichteten Pfanne für wenige Minuten. Wenn sie ein bisschen abgekühlt sind, mischen Sie die Erbsen und die Pinienkerne in den Pesto. Würzen Sie die sehr bissfest gekochten, abgetropften Nudeln mit dieser Soße (1) und geben Sie sie in eine feuerfeste Schüssel oder Form, deren Boden Sie mit 3 Esslöffeln Öl eingefettet haben.

Bestreuen Sie die Oberfläche mit Parmesan und noch ein wenig Öl. Stellen Sie die Form in den schön heißen Ofen und überbacken Sie die Nudeln, bis sich eine feine goldbraune Kruste gebildet hat (circa 10 Minuten).

(1) Wenn sie Ihnen zu trocken, also wenig cremig erscheint, verlängern Sie sie einfach, wie üblich, mit 2 oder 3 Esslöffeln Nudelkochwasser.

<<Gli Gnocchi (1) di Patate>>

(= Die kleinen Kartoffelklößchen)

Zutaten für circa 4 Personen:

400 g	Kartoffeln (einer weißen, mehligen Sorte, und keine "neuen" Kartoffeln)
150 g	Mehl (eine ungefähre Menge, da sie von der Saugkraft der Kartoffel abhängig ist)
Salz	

(1) Gnocco ist ein langobardischer Begriff ("knohha" heißt Knoten, Knöchel), den man bereits in der Epoche des Mittelalters findet. Er beschreibt jeden Teig in rundlicher Form.

Die Kartoffeln gründlich waschen und mit der Schale kochen, indem Sie sie in kaltes Wasser mit einer Prise Salz geben. Sobald sie gut gar sind (testen Sie den Gargrad mit einer Gabel), aus dem Wasser nehmen und sobald wie möglich noch warm pellen. Durch eine Kartoffelpresse drücken oder durch eine Passiermühle geben. Das Erhaltene auf den Tisch geben und mit dem Mehl und der Prise Salz durchkneten, alles gut vermengen, bis der Teig glatt und elastisch wird, auch wenn er sich geschmeidig hält. Es ist nicht nötig zu viel Mehl beizugeben, um die Gnocchi nicht zu hart werden zu lassen, aber auch nicht zu wenig, da sie sich sonst im Wasser auflösen würden. Formen Sie aus dem Teig fingerdicke Röllchen und schneiden Sie diese in 2 cm lange Stücke (oder 3 cm, sollten Sie sie größer bevorzugen). Drücken Sie nun mit den Fingern eine Art Grübchen in die Mitte jedes Stücks: sie werden so das Aussehen einer "Socke" erhalten. Ein Geschirrtuch auf der Arbeitsplatte ausbreiten und mit Mehl bestäuben: hier werden wir unsere Gnocchi's anrichten, welche wir für ungefähr 30 Minuten haben ruhen lassen. In siedendem (siedend heiß! ..... sonst lösen sie sich auf) Salzwasser kochen. Sobald sie an die Oberfläche kommen, sind sie gar: schnell mit einem Schaumlöffel nach und nach aus dem Wasser nehmen und nach Wunsch anmachen.

Sie sind ausgezeichnet mit Pomarola oder Hackfleischsoße (Ragù), aber auch mit Pesto oder einfach mit zerlassener Butter (immer schön mit darüber geriebenem "cacio" = Käse). Dieser köstliche erste Gang ist ein Gericht unserer Gegend, welches in vergangenen ärmlicheren Zeiten geboren wurde. Man kochte das Wenige, was der Garten hergab, und für die damalige Zeit war es bereits ersehnte und wichtige Nahrung. In der Tat besagt ein damaliges Sprichwort: <<Ridete bambini, che mamma ha fatto gli gnocchi (= lacht Kinder, denn Mutter hat Gnocchi gemacht)>>. Normalerweise schmecken den Kindern die Gnocchi auch heute noch sehr!

<<I Tubettini gratinati>>
(= Die überbackenen Tubettini)

Zutaten für 4 Personen:

350 g	Tubettini
1/2 l	Béchamelsoße (siehe Rezept auf Seite 291)
300 g	frische (oder geschälte) Tomaten
4	Knoblauchzehen
1 TL	Zucker
200 g	tief gefrorene Erbsen (oder saison-frisch)
2	Salbeiblätter
8 TL	geriebener Parmigiano Reggiano
8 EL	Olivenöl extravergine
20 g	Butter

Salz nach Belieben

Bereiten Sie eine Tomatensoße zu, indem Sie zunächst in 4 Esslöffeln Öl 2 Knoblauchzehen anbraten. Sobald der Knoblauch goldbraun ist, geben Sie die in Stücke geschnittenen Tomaten, einen Teelöffel Zucker und das Salz hinzu. Lassen Sie die Soße für circa 15 Minuten kochen. Sobald sie genügend eingedickt ist, nehmen Sie sie vom Herd. In der Zwischenzeit bereiten Sie die Erbsen zu, indem Sie sie in 4 Esslöffeln gut warmen Öl, den zwei übrigen Knoblauchzehen, dem Salbei, dem Salz und einem Glas warmem Wasser kochen. Zudecken und köcheln lassen. Passieren Sie unterdessen die Tomatensoße und lassen Sie sie noch ein wenig eindicken, sollte sie zu flüssig sein. Kochen Sie die Tubettini sehr bissfest. In einer geräumigen Auflaufform, sie sollte 2 Schichten der Zutaten enthalten können, verteilen Sie auf dem Boden die Hälfte der Butter in Flöckchen, circa 2 – 3 Esslöffel der passierten Tomatensoße und genauso viel Béchamelsoße und Parmesan. Darüber richten Sie eine ganze Schicht der Tubettini her. Fangen Sie wieder mit der Tomatensoße an, der halben Erbsenmenge (aus der Sie Knoblauch und Salbei entfernt haben), die Hälfte der übrig gebliebenen Béchamelsoße, 3 Esslöffeln Parmesan, erneut die Tubettini und die anderen Zutaten; beenden Sie mit dem Parmesan und den Butterflöckchen. Schieben Sie die Auflaufform für 10 Minuten in den bereits auf 180°C vorgewärmten Backofen, um eine goldfarbene Kruste zu erhalten. Lassen Sie sie für circa eine Viertelstunde ruhen, nachdem Sie die Form aus dem Ofen (sie sollte nicht allzu heiß sein, wenn Sie sie servieren) genommen haben. Es ist fast ein Tellergericht, welches vorher zubereitet werden sollte (auch mit anderen Gemüsesorten, wie Zucchini, Artischocken, Blumenkohl), um in vollen Zügen die Gesellschaft der Freunde genießen zu können.

<<Gli Strozzapreti al Farro con Cavolfiore e Pecorino>>

(= Die Dinkelstrozzapreti mit Blumenkohl und Pecorino)

Zutaten für 4 Personen:

350 g	Dinkelstrozzapreti
200 g	weißer Blumenkohl
200 g	gelbfleischige Kartoffeln
200 g	reife und feste Tomaten
10 EL	Olivenöl extravergine
100 g	Pecorino in zwei Scheiben geschnitten
2	Knoblauchzehen
1	getrocknete Chilischote (und eine Prise gemahlene zum Bestreuen am Ende)
2 EL	gehackten Oregano und Thymian
10	Blätter Basilikum
Salz	

Verwenden Sie nur das weiße des Blumenkohls: waschen, abtropfen lassen und in kleine Stücke schneiden. Auch die Kartoffeln schälen, waschen und in kleine Stücke schneiden. Erhitzen Sie in einer geräumigen Pfanne 8 Esslöffel Öl mit dem Knoblauch und der gehackten Chilischote, dann den Kohl und die Kartoffel unter ständigem Rühren dazugeben. Für zehn Minuten mit einem halben Glas warmen Wasser und ohne Deckel kochen: das Gemüse muss fest bleiben. Nun können Sie die gehäuteten und gewürfelten Tomaten ohne deren Samen hinzugeben. Alles vorsichtig untereinander mischen und nach Belieben mit Salz abschmecken. Weitere fünf Minuten kochen lassen.
Die Nudeln bissfest abschütten und in die Pfanne geben. "Sautieren" Sie rasch Pasta und Soße über großer Flamme. Vom Herd nehmen und sofort den in kleine Würfel geschnittenen Pecorino, die gehackten Kräuter, 2 Esslöffel rohes Öl, eine Prise Chilipulver, 4 - 5 mit den Händen zerpflückte Basilikumblätter unterheben. Servieren Sie diesen anziehenden, appetitlichen ersten Gang gut warm und verzieren Sie ihn mit dem übrig gebliebenem Basilikum, das Sie ganz lassen.

<<Le Penne lisce con Bombolini, Pecorino e Mozzarella>>

(= Die Penne lisce mit Kirschtomaten, Pecorino und Mozzarella)

Zutaten für 5 – 6 Personen:

500 g	Penne lisce
2	Gläser Bombolini – Kirschtomaten (je 500 g)
1	Knoblauchzehe (und 1 fein gehackte nach Belieben)
1	getrocknete Chilischote (peperoncino)
6 EL	Olivenöl extravergine
1 TL	Oregano
100 g	Pecorino
150 g	Mozzarella
1/2 TL	Zucker
Salz	

Dies ist ein sehr schnelles und appetitliches Rezept. Reiben Sie mit der Knoblauchzehe das Innere einer Salatschüssel aus, die auch die Nudeln aufnehmen kann. Lassen Sie die Kirschtomaten von ihrem Wasser abtropfen und zerdrücken Sie diese mit einer Gabel in der Schüssel. Den klein geschnittenen und miteinander vermischten Pecorino und Mozzarella hinzufügen. Geben Sie ebenso den Oregano, den Zucker, das Salz, die zerkleinerte Chilischote und die gehackte Knoblauchzehe (wenn Sie den Geschmack von rohem Knoblauch mögen) und das Öl hinzu. Vermengen Sie alles sorgfältig und bewahren Sie die Salatschüssel an einem warmen Ort auf (auch auf dem Topf mit dem Nudelwasser). Schütten Sie die gut abgegossenen Nudeln in die Schüssel, mischen Sie alles rasch und servieren. Tragen Sie das Ölfläschchen und ein wenig geriebenen Pecorino zu Tisch, um die Nudeln "anzureichern".

<<I Tubettini "Mamma mia">>

Zutaten für 6 Personen:

500 g	Tubettini
1	große rote Zwiebel
200 g	in Öl eingelegter Thunfisch
200 g	geschälte oder frische Tomaten
20 g	Pinienkerne
30 g	Rosinen
3 EL	Balsamessig
8 EL	Olivenöl extravergine
2 TL	Zucker
1 TL	Fenchel in Pulverform
2	getrocknente Chilischoten (peperoncini)

Salz

Seite 196

Die Zwiebel säubern und in dünne Scheiben schneiden (sollten Sie eine Schutzbrille, besser noch als Maske, haben und Sie diese aufsetzen, werden Sie etwas weniger weinen!). Diese in eine geräumige Pfanne im bereits vorgewärmten Öl bei mäßiger Hitze anbräunen, bis sie gut gar sind. Nun auch die Rosinen und Pinienkerne dazugeben und gut mit der Zwiebel vermengen. Die Hitze erhöhen und mit dem Essig ablöschen, bis er sich "verflüchtigt". Sofort Zucker, Fenchel, die zerbröselten Chilischoten und den zerstückelten Thunfisch hinzufügen; noch einmal gut umrühren und die in Würfel geschnittenen Tomaten und das Salz (nicht zu viel davon, besser kosten: der Thunfisch ist bereits würzig) beigeben.
Die Hitze des Herdes herunterdrehen und noch weitere gute zehn Minuten kochen lassen.
Nachdem die Tubettini gekocht und abgetropft wurden, in die Pfanne mit der gut warmen Soße geben, gut vermengen und ..... zu Tisch!
Dieses Rezept stammte aus Sizilien, wo der arabische Einfluss in den Jahrhunderten gehörig die Küche beeinflusst und die Verwendung von Gewürzen (vor allem Zimt), Honig und andere Köstlichkeiten (Rosinen, Pinienkerne) geschürt hat, welche kaum in den "herzhaften" Gerichten im restlichen Italien verwendet werden.
Die originale Zubereitung sieht frischen Thunfisch vor, für diese hausgemachte Version begnügen wir uns mit dem bescheidenen, aber dafür leichter auffindbaren Thunfisch aus der Dose.
Diese Zubereitung, von mir leicht überarbeitet und korrigiert, lässt meinen Mann Piero hellauf begeistern...... so sehr, dass, sobald er die erste Gabel davon in den Mund nimmt, "Mamma mia!" ruft.

<<Gli Spaghetti "saltati" in Padella>>
(= Die Spaghetti in der Pfanne sautiert)

Zutaten für 5 Personen:

400 g	Spaghetti
1 kg	frische Tomaten oder 2 Gläser geschälte Tomaten à 500 g
5-6 EL	geriebener Pecorino
10	Knoblauchzehen
2	scharfe Chilischoten
4 EL	Olivenöl extravergine
reichlich	frischer oder getrockneter Basilikum (falls Sie ihn nicht finden, 2 EL gehackte Petersilie)
1 EL	Zucker

Salz

In einer großen Pfanne die Knoblauchzehen und die zerhackten Chilischoten im Öl von allen Seiten goldbraun anbraten, die zerkleinerten Tomaten, Salz, Zucker und Basilikum hinzufügen. Den Knoblauch herausnehmen, die Tomaten mit der Gabel zerdrücken, 20 Minuten bei mittlerer Hitze kochen lassen und Salz nach Geschmack beigeben. Die Spaghetti sehr bissfest, gut abgießen und zu der kochenden Soße in die Pfanne geben, gut vermengen indem Sie die Pfanne am Griff rütteln, fertig garen und von der Kochstelle nehmen. Anschließend mit Pecorino und einigen Blättern frischem Basilikum (ist kein Basilikum zur Hand, zum Schluss etwas gehackte Petersilie) bestreuen.

<<Gli Spaghetti piccanti alle Melanzane>>

(= Die "Scharfen" Spaghetti mit Auberginen)

Zutaten für 4 Personen:

350 g	Spaghetti
400 g	Auberginen (besser von der runden Sorte: sie sind süßer)
2	reife Tomaten (oder 3 geschälte)
80 g	geräucherter Speck
1	mittelgroße Zwiebel
3	scharfe Chilischoten (peperoncino)
3	Knoblauchzehen
10 EL	Olivenöl extravergine
50 g	geriebener Pecorino
2 EL	Balsamessig

einige frische Basilikumblätter
Salz

Die Auberginen putzen, waschen und in kleine Stücke ("Würfel") schneiden.
Sollten Sie Zeit haben, geben Sie die Auberginenwürfel mit etwas grobem Salz für eine halbe Stunde in ein Nudelsieb, damit sie das bittere Vegetationswasser verlieren. Nachdem Sie dieses gemacht haben, gut abwaschen und mit Küchenpapier trocken tupfen. In einer Pfanne vier Esslöffel Öl erhitzen und die Hälfte der kleinen Auberginenwürfel hineingeben, um sie von allen Seiten goldbraun anrösten zu lassen. Herausnehmen und im selben Öl die gleiche Prozedur mit der anderen Hälfte tun. Auf diese Art und Weise werden sie schnell und in kurzer Zeit kochen.
Nachdem Sie die Pfanne gesäubert haben, erhitzen Sie erneut 4 Esslöffel Öl und schwitzen darin bei schwacher Hitze für 5 Minuten die gut gehackten Chilischoten, den zerdrückten und geschälten Knoblauch, die in feine Scheiben geschnittene Zwiebel und den in kleine Stückchen geschnittenen Speck an. "Löschen" Sie mit dem Essig ab, wobei Sie diesen verdampfen lassen und einige wenige Minuten bei etwas höherer Flamme umrühren. Nun alles zusammen in die Pfanne geben, auch die Auberginenstücke, die gestückelten Tomaten, einige Basilikumblätter hinzufügen und nach Geschmack salzen. Für weitere 4-5 Minuten unter ständigem Rühren kochen. "Schwenken" Sie die bissfest abgeschütteten Spaghetti für einige Augenblicke in dieser Soße und geben nach dem Abschalten des Herdes den geriebenen Pecorino (sie können diesen auch getrennt zu Tisch bringen, falls einer der Tischgenossen keinen Käse mag), zwei Esslöffel rohes Olivenöl und, wenn Sie den Mut haben, noch eine Prise Chilipulver hinzu, damit Ihnen in jeder Hinsicht "die Spucke wegbleibt"!!!

<<La Zuppa di Cipolle o "Carabaccia" (1)>>

(= Die Zwiebelsuppe oder "Carabaccia")

Zutaten für 4 Personen:

5	rote mittelgroße Zwiebeln	6 EL	Olivenöl extravergine (+ 2 für die Auflaufform)
5	Scheiben getoastetes hausgemachtes Brot (mindestens einen Tag alt)	1 – 2 EL	geriebenen Pecorino (oder Parmesan) pro Person
1/2 l	Fleischbrühe (oder vom Würfel)		Salz und Pfeffer (oder Chilipulver) nach Belieben

Erwärmen Sie ein wenig Öl in einer antihaftbeschichteten Pfanne und geben Sie sofort die in dünne Scheiben geschnittenen Zwiebeln hinzu. Lassen Sie sie langsam bei mäßiger Hitze und gut verschlossen für ca. dreißig Minuten dünsten. Nach Bedarf gießen Sie ein oder zwei Esslöffel Wasser an, um sie nicht anbrennen zu lassen: die Zwiebeln sind "schwierig". Fetten Sie die Auflaufform mit zwei Esslöffeln Öl ein und breiten Sie am Boden eine oder zwei Schöpfkellen gekochte Zwiebeln aus. Darüber die getoasteten Brotscheiben, 2 Schöpfkellen Brühe geben, weiterhin Zwiebeln und schön mit geriebenem Pecorino bestreuen; wiederholen Sie diesen Vorgang mit dem Rest der Zutaten und beenden Sie mit dem Käse. Schieben Sie Form nun in den bereits auf 180°C vorgeheizten Backofen bis die Oberfläche gut gratiniert ist. Servieren Sie am Tisch, nachdem Sie die Suppe mindestens für eine Viertelstunde haben "ausruhen" lassen.

(1) In Florenz Carabaccia benannt, aus dem griechischen "karabos", was schalenförmiges Boot bedeutet. Von dem Begriff Schale ist man dann auf Suppenschüssel übergegangen und danach auf Suppe. Man findet sie bereits in einem Kochbuch aus dem Jahre 1500 zitiert mit dem Namen Carabazada (damals fügte man den Zwiebeln zerstoßene Mandeln, Zimt, Zucker und Essig bei). Die florentinische Carabaccia kann als Stammmutter aller "modernen" Zwiebelsuppen betrachtet werden, einschließlich der weltberühmten französischen "soupe à l'oignon".

<<I Tubettini ai Broccoli e Salsiccia fresca>>

(= Die Tubettini mit Brokkoli und frischer Wurst)

Zutaten für 4 Personen:

300 g	Tubettini
400 g	Brokkoli
200 g	frische toskanische Wurst oder ähnliche Wurstware
150 g	Pecorino
1	grüne Paprikaschote
2	scharfe Chilischoten (peperoncino)
200 g	frische Kirschtomaten (oder 200 g abgetropfte Kirschtomaten im Glas)
2	Knoblauchzehen
1 TL	Fenchelsamen in Pulver
2	Finger (mit einem Weinglas gemessen) trockener Weißwein
6 EL	Olivenöl extravergine

Salz und Pfeffer

Seite 204

Die härteren Teile des Brokkolistrunks entfernen und die "Spitzen" in kleine Teile zerstückeln. Das Wasser in einen geräumigen Topf geben und dieses mit einer Prise grobem Salz salzen, sobald es kocht; dann die Spitzen hineingeben und für 5 Minuten bei offenem Topf blanchieren (so werden sie grüner bleiben). Den Brokkoli abgießen und das Kochwasser im Topf aufbewahren. Säubern Sie nun die Paprikaschote, indem Sie die Samen und die inneren Sehnen entfernen, und in kleine Scheiben schneiden. Halbieren Sie die Tomaten (oder gießen Sie sorgfältig die aus dem Glas ab und zerdrücken Sie diese ein wenig mit einer Gabel). Schmoren Sie in einer kleinen Pfanne die Chilischoten und den Knoblauch in vier Esslöffeln Öl an, geben Sie die Paprikastreifen und die Tomaten hinzu und kochen Sie alles für 5 Minuten bei schwacher Hitze. In der Zwischenzeit die Wurst abpellen, in kleine Stücke schneiden und mit dem Fenchel in einer geräumigen Antihaftpfanne, deren Boden mit einem Esslöffel Öl soeben eingefettet ist, anschmoren. Von allen Seiten anschwitzen, mit dem Wein ablöschen und diesen verdunsten lassen, dabei auch die Brokkolispitzen hinzugeben und Geschmack annehmen lassen.
Kochen Sie die Nudeln im Kochwasser des Brokkoli, nachdem Sie es erneut zum Sieden gebracht haben. Bissfest abgießen und zusammen mit der Soße aus Paprika und Kirschtomaten, in die bereits gut erhitzte Pfanne geben. Vermischen Sie alles, wobei Sie auch den gewürfelten Pecorino, das verbliebene Öl, ein großzügiges Mahlen von Pfeffer dazugeben und schnell für eine Minute schwenken. Achten Sie darauf, dass die Nudeln nicht zu trocken werden; sollte dies geschehen, geben Sie einige Esslöffel des Kochwassers hinzu, welches Sie zur Vorbeugung beiseite gestellt haben.
Dieser wohlschmeckende und nahrhafte erste Gang wurde mir von einer Freundin aus Apulien vorgeschlagen, die leidenschaftlich, sympathisch, lebhaft und "bunt" wie ihre Rezepte ist, welche, wie man bei uns sagt "fanno venire fame a guardarle" (= beim Zuschauen lassen sie einem das Wasser im Munde zusammenlaufen).

<<Le Linguine con Pisellini>>

(= Die Linguine mit feinen Erbsen)

Zutaten für 4 Personen:

350 g	Linguine
200 g	frisch enthülste Erbsen oder 400 g tiefgefrorene
400 g	frische, aber feste Tomaten
1/2	Zwiebel
2	Knoblauchzehen
2 oder 3	frische Salbeiblätter
8 EL	Olivenöl extravergine
6 EL	geriebenen Pecorino
2 oder 3	frische Basilikumblätter
Salz	
Pfeffer	

In eine geräumige Pfanne das Öl, die gepellten Knoblauchzehen sowie die geputzte und in dünne Scheiben geschnittene Zwiebel geben und kurz anschwitzen. Den Salbei und die Erbsen hinzufügen, wobei man diese gut mit der vorherigen Mischung vermengen sollte. Kurz darauf ein volles Glas warmes Wasser in die Pfanne gießen, nach Belieben mit Salz und Pfeffer abschmecken und für 10 bis 15 Minuten langsam einkochen lassen. Ab und zu kosten, um den Gargrad zu kontrollieren (noch ein wenig warmes Wasser beigeben, sollten Sie "schmecken", dass die Erbsen zu trocken werden, aber noch nicht gar sind). In der Zwischenzeit die Tomaten von Schale und Samen befreien, in kleine Stücke schneiden und in einem Nudelsieb abtropfen lassen. Die Pfanne vom Herd nehmen und Knoblauchzehen sowie Salbeiblätter daraus entfernen.
Die Linguine "al dente" kochen; und die Pfanne erneut auf den Herd stellen, in die Sie bereits die Erbsen und die Tomatenwürfel gegeben haben. Sofort auch die Nudeln hinzugeben und gemeinsam mit 2 oder 3 EL von seinem Kochwasser sowie dem geriebenen Pecorino schnell "sautieren". Weiterhin vermengen und mit einigen (vorab beiseite gestellten) Tomatenwürfelchen, 2 bis 3 EL Erbsen, 2 bis 3 EL geriebenen Pecorino und 2, 3 frischen Basilikumblättern verziert zu Tisch bringen.
Ein leichtes und köstliches Gericht mit seinen lebendigen Farben; ausgezeichnet im Sommer mit frischen und soeben enthülsten Erbsen, ist es auch im Winter vorzüglich und schnell zubereitet (es reicht, wenn man tiefgefrorene Erbsen von der Sorte klein und zart verwendet).

<<Gli Spaghetti all' "Amatriciana" (1)>>

(=Die Spaghetti nach "Amatriciana" - Art)

Zutaten für 4 Personen:

350 g	Spaghetti
100 g	durchwachsener Speck vom Schweinskopf oder Bauchspeck oder Schinken in einer einzigen Scheibe
300 g	reife (oder geschälte) Tomaten
50 g	geriebener Pecorino
1	scharfe getrocknete Chilischote (peperoncino)
1	große Zwiebel
1	Knoblauchzehe
3 EL	Olivenöl extravergine

Salz (und Pfeffer, wenn Sie möchten)

1 TL	Zucker

Stellen Sie eine geräumige Pfanne (sie sollte auch die gekochten Nudeln aufnehmen) mit drei Esslöffeln Öl darin auf den Herd. Sobald das Öl warm ist geben Sie den durchwachsenen Speck (zuerst in Streifen geschnitten, dann in Würfel) hinein und lassen ihn bei mäßiger Hitze bräunen bis er goldig und knusprig ist, Entfernen Sie die Speckwürfel und dünsten Sie im warmen Öl der Pfanne, immer bei mäßiger Hitze, die in feine Scheiben geschnittene Zwiebel, die zerdrückte Knoblauchzehe und die Chilischote (peperoncino) in Stücken an. Sobald die Zwiebel glasig ist (nicht verbrannt), entfernen Sie die Knoblauchzehe und fügen die frischen, in kleine Stücke geschnittenen, gepellten (um dies zu machen, "tauchen" Sie sie kurz in heißes Wasser und die Haut lässt sich mit Leichtigkeit entfernen) Tomaten hinzu. Geben Sie 1 Teelöffel Zucker (um den Tomaten die Säure zu nehmen) dazu, eine Prise Salz und kochen Sie die Soße bei abgedeckter Pfanne, wobei Sie gelegentlich umrühren und mit einer Gabel die Tomaten gut zerdrücken, um ihren ganzen "Saft" austreten zu lassen. Probieren Sie, um Salz und Kochgrad zu kontrollieren: die Soße sollte einigermaßen dickflüssig sein. Stellen Sie den Herd ab und ergänzen Sie mit dem "sautierten" durchwachsenen Speck. Gießen Sie die Spaghetti ab, schütten Sie sie in die Pfanne und vermengen Sie sie kurz mit der warmen Soße.
Servieren Sie das Gericht dampfend, mit Pecorino bestreut und vielleicht mit einer weiteren Prise frisch gemahlenen Pfeffers. Stellen Sie eine kleine Schüssel mit weiterem geriebenen Pecorino auf den Tisch, so dass die Tischgenossen sich nach Wunsch bedienen können. Es gehört zur guten Regel ein oder zwei Schöpfkellen Nudelkochwasser beiseite zu stellen, um ein wenig davon in die Pfanne zu geben, sollte sich das Gericht als zu trocken erweisen.

(1) "Amatriciana" = von Amatrice, einem kleinen Städtchen in der Region Lazio. Interessant aufgrund ihrer antiken städtebaulichen Anlage und ihren wertvollen Kunstwerken, aber vor allem berühmt wegen dieses leckeren ersten Gerichts (eine weitere "wichtige" Soße in der traditionellen italienischen Küche).

<<Le Linguine con Broccoli>>
(= Die Linguine mit Brokkoli)

Zutaten für 4 Personen:

350 g	Linguine	1	Tütchen Safran
600 g	Brokkoli	1	Knoblauchzehe
1	kleine Zwiebel	1	Chilischote
3	Sardellen	6 EL	geriebener Pecorino
2 EL	Pinienkerne	10 EL	Olivenöl extravergine
1 EL	Rosinen		

Kochen Sie den Brokkoli in einem Topf mit heißem Salzwasser (ohne Deckel, um die grüne Farbe des Brokkoli zu erhalten) bissfest, nachdem Sie ihn gesäubert und in große Stücke geschnitten haben. Fügen Sie das Tütchen Safran hinzu und gießen Sie den Brokkoli ab, ohne das Kochwasser wegzuschütten. Schneiden Sie ihn in kleine Stücke und braten Sie ihn in einer Pfanne mit 7 EL Öl, der zerdrückten Knoblauchzehe, der in dünne Scheiben geschnittenen Zwiebel und der getrockneten, zerbröselten Chilischote an. Für circa 10 Minuten kochen lassen und ab und zu umrühren. Die Rosinen (5 Minuten in Wasser einweichen lassen und mit Küchenpapier abtrocknen), die Pinienkerne und die Sardellen (entgräten, waschen und in lauwarmen Öl mit einem Löffel auflösen) hinzufügen und für weitere 10 Minuten köcheln lassen, ab und zu umrühren. Die Linguine im Kochwasser des Brokkoli kochen, wenig algießen, in die Pfanne, in welcher die Soße zubereitet wurde, geben und alles für einige Sekunden vermischen.
Mit Pecorino bestreut und 2,3 EL Öl pur (sollten sie zu trocken sein auch mit 2,3 EL vorsorglich beiseite gestelltem Nudelkochwasser) servieren.

<<Le Tagliatelle al Sugo di Peperoni>>

(= Die Tagliatelle mit Paprikaschotensoße)

Zutaten für 5 - 6 Personen:

500 g	Tagliatelle
500 g	reife Tomaten oder 1 Glas geschälte Tomaten
1	mittelgroße Zwiebel
8 EL	Olivenöl extravergine
2	große rote und/oder gelbe Paprikaschoten (nicht scharf)
Reichlich frisches Basilikum	
1 TL	Zucker
Geriebener Pecorino	
Salz (Pfeffer oder Chili/peperoncino nach Belieben)	

Seite 212

In einer großen Edelstahl - oder Antihaftpfanne 8 EL Olivenöl bei mittlerer Hitze erwärmen. Sobald das Öl beginnt sich zu erhitzen, die in feine Scheiben geschnittene Zwiebel hineingeben und mit einem Teelöffel Wasser andünsten lassen. Fügen Sie nun die Tomaten, die klein geschnittenen Paprikaschoten - vollständig von ihren Samen und inneren weißen Sehnen befreit - das Salz und den Zucker sowie einige Basilikumblättchen hinzu. Die Soße ohne Deckel für 10 Minuten kochen lassen und gelegentlich umrühren. Zerdrücken Sie die Tomaten mit einer Gabel, damit sie den Saft verlieren und lassen Sie weitere 5 Minuten kochen. Die Pfanne aufgedeckt lassen und alles gut vermengen. Geben Sie nun die soeben bissfest gekochte Pasta in die Pfanne mit der Soße und vermischen Sie alles sorgfältig. Das Basilikum hinzufügen und zu Tisch direkt aus der Pfanne servieren. Sie können auch geriebenen Pecorinokäse nach Belieben und Pfeffer oder Chili (peperoncino) dazugeben, wenn Sie einen scharfen Geschmack vorziehen.

<<Le Linguine con Mollica>>

(=Die Linguine mit Brotkrumen)

Zutaten für 4 – 5 Personen:

400 g	Linguine
400 g	frische Tomaten oder 1 Glas geschälte Tomaten
50 g	zerbröselte Brotkrume (von mindestens einem Tag alten Brot)
5	in Salz eingelegte Sardellen
1/2	rote Zwiebel
2	Knoblauchzehen
1	Chilischote (peperoncino)
6 EL	Olivenöl extravergine
Salz	
1 TL	Zucker

Erhitzen Sie in einer antihaftbeschichteten oder Aluminiumpfanne 3 Esslöffel Öl, die 2 Knoblauchzehen, die sehr fein geschnittene Zwiebel und die gehackte Chilischote (peperoncino); rösten Sie alles soeben goldbraun bei schwacher Hitze an. Entfernen Sie die Knoblauchzehen und fügen Sie die entgräteten, gewaschenen und etwas abgetrockneten Sardellen hinzu, vermischen Sie mit dem Öl und geben Sie auch die Tomaten, eine reichliche Prise feines Salz und einen Teelöffel Zucker dazu. Die Pfanne zudecken und bei niedriger Hitze circa 20 Minuten köcheln (in der Zwischenzeit bräunen Sie die Brotkrumen in einer kleinen Pfanne in 3 Esslöffel Öl unter ständigem Rühren an, damit sich keine Klumpen bilden). Sobald die Tomaten etwas eingekocht sind, zerdrücken Sie sie mit einer Gabel, vermengen gut die Soße und geben die bissfest gekochten Linguine hinein. Sautieren Sie sie in der Pfanne für eine Minute und servieren Sie die Nudeln am Tisch mit reichlich Brotkrumen bestreut.

Wichtige Bemerkung: in früheren Zeiten ersetzte die Brotkrume den fehlenden Käse und diese ärmliche Angewohnheit ist sehr gelungen und lecker. Sie können es auch umgekehrt machen und in diesem Rezept die Brotkrume mit geriebenem Pecorino ersetzen oder auch das eine mit dem anderen vermischen.
Der Gebrauch von zerbröseltem in Öl geröstetem Brot ist auch heute typisch für einige Regionen Süditaliens, wie Sizilien, Apulien und Kalabrien.

<<Gli Spaghetti con Rucola e Pomodorini secchi>>

(= Die Spaghetti mit Rucola und kleinen getrockneten Tomaten)

Zutaten für 4 Personen:

450 g	Spaghetti
150 g	Rucola
180 g	in Olivenöl eingelegte kleine getrocknete Tomaten
1	großzügigen EL Pinienkerne
8 EL	Olivenöl extravergine
60 g	Pecorino
1 TL	grobes Salz
1	Knoblauchzehe
1	Prise Oregano

einige frische Basilikumblätter

Seite 216

Die Rucola (verwenden Sie nur die Blätter) waschen, abtropfen und gut abtrocknen. Die kleinen getrockneten Tomaten (bis auf 2, 3 Stücke) gemeinsam mit Pinienkernen, 40 g grob zerkleinertem Pecorino, Olivenöl, Knoblauchzehe, Oregano und dem Teelöffel grobem Salz im Mixer verquirlen. Den erhaltenen "Pesto" nun in eine Pfanne geben und leicht bei mäßiger Hitze erwärmen. Jetzt sofort die abgetropften Spaghetti hinzufügen, noch eine Schöpfkelle Nudelkochwasser und alles schnell in der Pfanne sautieren. Vor dem Servieren die Spaghetti mit dem restlichen in Späne zerteilten Pecorino, einigen frischen Basilikumblättern und den beiseite gelassenen in Stückchen zerkleinerten getrockneten Tomaten verzieren.

<<L' Insalata di Fusilli al Farro con Mozzarella e Rucola>>

(= Der Dinkelfusilli, Mozzarella und Rucolasalat)

Zutaten für 5 - 6 Personen:

500 g	Dinkelfusilli
300 g	Mozzarella, Fior di latte oder Büffelmozzarella (je nach Geschmack)
gut 20	Rucolablätter
6 EL	Olivenöl extravergine
6 EL	geriebener Pecorino
Salz	

Den klein gewürfelten und gut von seinem Wasser abgetropften Mozzarella, die mit den Händen zerkleinerte Rucola, das Öl, den Pecorino und das Salz in einer Salatschüssel vermischen. Die Nudeln abgießen, sorgfältig und schnell in der Schüssel vermischen, damit die Mozzarellawürfelchen gut voneinander getrennt und zart bleiben, wobei Sie ungefähr eine Schöpfkelle des Kochwassers hinzufügen, wenn sie sehen, dass die Zubereitung zu trocken und dickflüssig erscheint.
Servieren Sie sofort das sehr heiße Gericht: es ist ein einfaches, schnelles, aber sehr appetitliches Rezept.

<< I Secondi>>
(= Die "Zweiten Gänge")

<<La Bistecca alla Fiorentina>>

(= Das Steak nach florentiner Art)

Zutaten für 4 Personen:

2 Rindersteaks (vom Jungochsen) von je 600/700 g
Salz und Pfeffer
(Öl und Zitrone je nach Geschmack)

Das wahre "Florentiner"-Steak ist jenes, was aus dem Lendenstück geschnitten wird, gut dick (hoch) und sehr zart. Es muss vom Rind stammen, unvermeidlich mit Filet, Roastbeef und dem "T"- Knochen in der Mitte ausgestattet sein. Es ist nicht einfach, es außerhalb der Toskana zu finden. Das Steak wird so wie es ist (waschen Sie es nicht!) auf ein Grillrost über heiße, aber nicht flammende, Kohlenglut gelegt. Lassen

Sie es auf einer Seite braten, ohne zu salzen und ohne es mit der Gabel zu durchstechen (nie!). Sobald es eine Kruste gebildet hat (fünf Minuten), drehen Sie es mit Hilfe eines Bratenwenders um. Salzen Sie die bereits gebratene Seite. Die rohe Seite noch fünf Minuten anrösten und dann salzen, indem Sie das Steak nochmals wenden. Am Ende sollte es sich innen als "blutig" und außen gut gebraten erweisen. Ein gut durchgebratenes "Florentiner"-Steak gibt es nicht: wenn Sie kein blutiges Fleisch mögen, ist es nichts für Sie! Man serviert es mit frisch gemahlenem Pfeffer. Die Puristen der "Fiorentina" sind dagegen, aber Öl und Zitrone ("roh" untereinander gemischt) sind eine gute Verfeinerung für dieses robuste Gericht.
Das Wort "bistecca" vom Englischen "beef-steak" hat auch bei uns die Oberhand über den alten sympathischen Namen "Carbonata" ("carbone" = Kohle) gewonnen, den es vorher hatte.

« Il Coniglio ripieno della Santina (1) »

(= Das gefüllte Kaninchen nach Santina's Art)

Zutaten für 6-7 Personen:

1	Kaninchen von circa 1,5 kg
400 g	Kalbsfleisch
400 g	Schweinefleisch
200 g	Kochschinken oder ähnliche Wurstware in einer einzigen Scheibe
200 g	Mortadella oder ähnliche Wurstware in einer einzigen Scheibe
50 g	Pistazien
1 Glas	trockener Weißwein
50 g	geriebener Pecorino
6 EL	Olivenöl extravergine
2	Rosmarinzweige
2	Knoblauchzehen
1	Ei

Salz und Pfeffer

Lassen Sie durch Ihren Fleischer die Knochen eines schönen Kaninchens von etwa 1,5 kg entfernen, je 200 g des Kalbs- und Schweinefleisches hacken und das übrige Fleisch in kleine Stücke schneiden. In einer Salatschüssel das gehackte und das zerkleinerte Fleisch, die geschälten Pistazien (Sie müssen sie für 10 Minuten in kochendes Wasser geben, danach lassen sie sich einfach schälen), den Kochschinken und die Mortadella in Würfeln, den geriebenen

(1) Santina ist der Name einer alten Köchin aus Arezzo, die anlässlich von Abendessen, Festen oder Feierlichkeiten zu den Familien ging, die ihre Hilfe erbaten, um schmackhafte Leckerbissen zuzubereiten, von denen nur sie die Rezepte und die Mengen kannte (... und sie war sehr eigen damit): das, was sie machte, war eine Art von "Catering" einer anderen Zeit. Dieses Rezept ist ein (wundervolles!) Geschenk, das sie mir an einem Abend machen wollte, an dem sie besonders gutmütig war.

Pecorino, das Ei, Salz und Pfeffer nach Belieben vermischen. Alles gut vermengen und damit gleichmäßig das Kaninchen füllen, welches Sie dann eng um die Füllung wickeln und mit Küchengarn umbinden. Würzen Sie es außen, indem Sie die geschälten Knoblauchzehen über die Haut reiben und hier und da ein wenig frischen Rosmarin (oder getrockneten, wenn Sie keinen haben) unter dem Küchengarn verteilen. Salzen und pfeffern und in einer Ofenform anrichten. Begießen Sie es mit dem Öl, nachdem Sie es sorgfältig mit einer Gabel eingestochen haben. In den auf 180°C vorgeheizten Backofen stellen und gut von allen Seiten anbräunen lassen. Mit dem Wein ablöschen und das Kochen bei reduzierter

Hitze, 150°C, für etwa eine Stunde zu Ende bringen, wobei Sie heißes Wasser (ein zwei Finger hoch gefülltes Glas), in die Ofenform geben. Während der Kochzeit wenden und nochmals mit einer Gabel einstechen. Auf diese Weise wird der Saft austreten, welchen Sie nach und nach mit einem Löffel entfernen und in einer Tasse sammeln.
Schneiden Sie das Kaninchen in Scheiben (solange es noch lauwarm ist, wird dies viel einfacher sein) und bedecken Sie die Stücke in einer Schüssel mit dem beiseite gestellten Saft, welchen Sie mit dem Fond aus der Ofenform vermischt und gut erhitzt haben.
Es ist eine etwas arbeitsaufwendige Speise, die viel Zeit für die Zubereitung in Anspruch nimmt, aber das Endergebnis ist wirklich außergewöhnlich und Sie werden sicherlich für Ihre Mühe durch die Komplimente, und vor allem den Appetit der Tischgenossen belohnt werden.

<<Le Fettine alla Pizzaiola>>

(= Das Kalbfleisch nach Art der Pizzabäckerin)

Zutaten für 4 Personen:

400 - 500 g	Kalbfleischscheiben, dünn geschnitten und gut abgehangen
300 g	Kirschtomaten oder frische reife Tomaten einer anderen Sorte (oder geschälte Tomaten)
2 EL	Oregano
8	frische Basilikumblätter
6 EL	Olivenöl extravergine
2	Knoblauchzehen
1/2 TL	Zucker

Salz (Pfeffer nach Wunsch)

Erwärmen Sie in einer Pfanne (in welcher die Fleischscheiben ausgebreitet hineinpassen) 4 Esslöffel Öl, geben Sie die Knoblauchzehen

hinein, bräunen Sie diese soeben an, fügen Sie dann die halbierten Kirschtomaten, Salz, Zucker und Basilikum hinzu. Die Pfanne mit einem Deckel bedecken und alles langsam für 5 Minuten köcheln. Kontrollieren Sie die Soße, zerdrücken Sie gut die schon verkochten Tomaten mit einer Gabel und lassen Sie alles nochmals 3 - 4 Minuten ohne Deckel kochen, denn die Soße soll ziemlich dickflüssig sein. Wenn Sie andere Sorten frischer Tomaten oder geschälter Tomaten verwenden, lassen Sie die Soße einige Minuten länger kochen, da sie wässriger sind als Kirschtomaten. Betten Sie nun die Fleischscheiben, von welchen Sie rundherum das Fett abschneiden (sollte es zu reichlich vorhanden sein), in die warme Soße. Auf einer Seite zwei Minuten lang schmoren, wenden, salzen, mit Oregano (und Pfeffer, wenn Sie mögen) bestreuen und nochmals 2 - 3 Minuten auf der anderen Seite ziehen lassen, salzen.
Bedecken Sie das Fleisch mit der Soße und nehmen Sie es vom Herd, ohne den Deckel wieder auf die Pfanne zu setzen. Einen Augenblick ruhen lassen: wenn Sie die Fleischscheiben im Voraus zubereiten, können Sie sie ohne Probleme bei niedriger Hitze wieder erwärmen. Servieren, nachdem Sie sie mit Basilikum, noch etwas Oregano und 2 Esslöffeln rohem Öl (alles schön darauf verteilt) garniert haben.
Dieses appetitliche und schnell zuzubereitende Gericht erinnert mit seinen Farben und seinem Duft an die klassische Pizza: der Grund für seinen eigenartigen Namen.

<<Le Fettine di Vitello alla Palermitana (1)>>

(= Die Kalbfleischscheiben nach palermitaner Art)

Zutaten für 4 Personen:

4	recht dick geschnittene Kalbfleischscheiben von je circa 100 g
3 EL	Semmelbrösel (2)
50 g	geriebener Pecorino oder Parmesankäse
2 gehäufte EL	Petersilienblättchen
2	Knoblauchzehen
2-3 EL	Olivenöl extravergine
1	wallnussgroßes Stück Butter

Vermengen Sie die Semmelbrösel, den Käse und die sehr fein gehackten Petersilienblättchen und Knoblauchzehen (vom inneren Keim befreit) miteinander. Fetten Sie die Oberfläche der Fleischscheiben mit der bei Zimmertemperatur weich gewordenen Butter in der Art ein, dass das Gemisch von den Semmelbröseln gut am Fleisch anhaftet. Legen Sie die panierten Kalbsscheiben in eine backofengeeignete Form, nachdem Sie den Boden mit 2 - 3 Esslöffeln Öl eingefettet haben. Für circa 7 - 8 Minuten in den schon auf 180°C aufgeheizten Backofen schieben: wenn die Oberfläche vom Fleisch goldbraun ist, nehmen Sie es aus dem Ofen und bringen es schön heiß in Begleitung von einem frischen Salat der Saison auf den Tisch.

(1) Es ist ein schnell zuzubereitendes, einfaches, aber sehr appetitliches Rezept, welches üblich auf Sizilien ist, vor allem in der Stadt Palermo, von der das Rezept den Namen hat.

(2) Die idealen Semmelbrösel für dieses Rezept sind jene, welche man erhält, wenn man 1 oder 2 Scheiben von altbackenem, hausgemachten Brot grob zerkleinert.

«Il Roastbeef al Sale»

(= Das Roastbeef in Salzkruste)

Zutaten für 4 Personen:

1 kg	Roastbeef vom Rind
10	große Salbeiblätter
2	Rosmarinzweige
2 kg	grobes Salz
2 EL	Wasser

Den Salbei und die Rosmarinnadeln grob zerkleinern und mit dem groben Salz vermischen. Geben Sie eine dicke Schicht dieser Salzmischung auf den Boden einer Backofenform mit etwas höherem Rand, das Fleisch drauflegen, mit dem Rest des Salzes bedecken und die Oberfläche mit dem Wasser bespritzen. Stellen Sie das Roastbeef in den auf 220°C vorgeheizten Backofen und lassen Sie es für 30 Minuten kochen, wenn Sie es blutig wünschen; sollten Sie es mehr gekocht vorziehen, die Kochzeit um 10 Minuten verlängern. Das Roastbeef aus dem Ofen nehmen, einige Minuten abkühlen lassen, dann die Salzkruste aufbrechen und servieren. Das auf diese Weise gekochte Fleisch, behält vollkommen seinen Duft und seine Aromen und ist vorzüglich, wenn es so genossen wird, wie es ist. Sie können es mit einer Soße begleiten (z. B. "La Cipollina" - die Zwiebelsoße - oder die Creme aus kleinen getrockneten Tomaten) oder es einfach mit einem kleinen Schuss Olivenöl extravergine servieren.

<<Il Filetto di Manzo al Chianti Riserva>>

(= Das Rinderfilet an Rotwein)

Zutaten für 4 Personen:

Für die Soße:
1 Flasche Chianti Riserva, 1 Lorbeerblatt, 16 schwarze Pfefferkörner, 2 Wacholderbeeren, 1 Schalotte, 1 TL Fenchelsamen, 1 TL wilder Fenchel

Für die "sautierte" Gemüsebeilage:
200 g Sellerie, 1 rote Zwiebel, 1 Zucchini, 1 rote Paprikaschote, 2 Möhren, 4 – 5 EL Olivenöl extravergine, Salz

Für die Steinpilze:
4 Steinpilze, 2 Knoblauchzehen, 3 EL Olivenöl extravergine, 2 gehäufte EL Petersilienblättchen

Für das Filet:
4 Rinderfilets à 180 g, 4 – 5 EL Olivenöl extravergine, Salz, Pfeffer

Seite 234

Für die Soße aus Chianti Riserva:
In einer Kasserolle den Wein und alle anderen Zutaten zum Kochen bringen (die Schalotte geputzt und in kleine Stückchen geschnitten). Den Wein mehr als die Hälfte einkochen lassen. Die Soße durch ein Sieb geben und beiseite stellen.

Für die "sautierte Gemüsebeilage":
Das Gemüse (außer den Steinpilzen), waschen, putzen und in mittelgroße Stücke schneiden. Nach Sorte trennen, in kochendem und gesalzenem Wasser für einige Minuten bissfest kochen, abgießen und mit Olivenöl in der Pfanne sautieren (es sollte fest und knusprig bleiben).

Für die "Steinpilze trifolati":
Die Steinpilze waschen, putzen und in 4 - 5 Millimeter vertikale feine Scheiben schneiden. In einer Pfanne das Öl zusammen mit dem Knoblauch erhitzen, lassen Sie ihn für 3 - 4 Minuten andünsten, dabei den Knoblauch immer wieder wenden, damit er nicht anbrennt. Ein wenig Petersilie hacken (nur die Blättchen); den Knoblauch herausnehmen, die Pilze und die Petersilie hineingeben, schwenken und bei mittlerer Hitze für gute zehn Minuten köcheln lassen.

Für das Filet:
Olivenöl in einer antihaftbeschichteten Pfanne erhitzen, die Filets auf beiden Seiten darin anbraten, salzen und pfeffern. Das Bratenöl wegschütten, die Pfanne säubern und die Filets zusammen mit der Weinsoße und zwei Esslöffeln Wasser wieder hineingeben. Für ein Filet "al sangue" (blutig) das Fleisch bei mittlerer Hitze 3 - 4 Minuten von beiden Seiten anbraten und falls nötig mit Salz abschmecken. Am Ende der Kochzeit sollte die Soße wie ein dickflüssiger Sirup sein. Sollten Sie das Fleisch mehr durchgebraten bevorzugen, fügen Sie noch ein wenig Wasser hinzu, bis es nach Wunsch gar ist.
Das Filet auf einem Teller mit der Soße aus Chianti anrichten und garnieren Sie es mit dem Gemüse und den Steinpilzen "trifolati" (klein geschnitten und mit Öl, Knoblauch und Petersilie angebraten).

<<Il Pollo alla diavola>>

(= Das Huhn nach "Teufelsart")

Zutaten für 2 - 3 Personen:

1 kleines, junges, zartes Huhn

2 Rosmarinzweigchen

2 Knoblauchzehen

6 EL Olivenöl extravergine

Saft einer Zitrone

1 EL gemahlener Pfeffer

Salz

Nachdem Sie das Huhn gut gesäubert und gewaschen haben, öffnen Sie es ganz, indem Sie es vorne auf der Brust mit einer geeigneten Schere aufschneiden. Drücken Sie es auf einem Brett flach, wobei Sie sich mit den flachen Händen und der gesamten Kraft draufstützen, vielleicht auch mit Hilfe eines Fleischklopfers. Reiben Sie die gesamte Oberfläche mit den zwei geschälten Knoblauchzehen ein, um einen besonderen Geschmack zu erzielen. Legen Sie das Huhn auf ein Tablett oder in eine Schüssel und würzen Sie es gut mit dem vermengten und mit einer Gabel aufgeschlagenen Salz, Pfeffer, Öl und Zitrone. Geben Sie noch den gehackten Rosmarin und ein bisschen Salz von beiden Seiten darauf. Es ist gut, das Huhn wenigstens zwei Mal in seiner Marinade aus Öl und Zitrone zu wenden. Legen Sie es nun mit der äußeren Seite nach oben gedreht auf den Grillrost (1) oder in eine antihaftbeschichtete Pfanne mit einem schweren Boden, wobei Sie versuchen, es so gut wie möglich flachzudrücken. Bei sehr geringer Hitze eine halbe Stunde lang schmoren (es dabei die ersten 10 Minuten beschweren und mit einem massiven Deckel gut verschließen). Wenden Sie das Huhn, welches schön goldbraun, aber nicht verbrannt sein sollte, und braten Sie es auf der anderen Seite eine weitere halbe Stunde. Von der Kochstelle nehmen und nochmals einen oder zwei Esslöffel der beiseite gelassenen Marinade über beide Seiten gießen.

Teilen Sie es in zwei oder vier Teile (je nach Anzahl von Tischgenossen und Appetit) und servieren Sie es sofort gut warm. Es ist ein wirklich vorzügliches, sehr toskanisches Gericht!

(1) Das Idealste zum Braten nach "Teufelsart" wäre ein Kamin, ein Barbecue - Grill, wo Sie eine gute Holzkohleglut vorbereiten.

<<Gli Involtini con Carciofi della nonna Anna>>

(= Die Fleischrouladen mit Artischocken nach Oma Anna's Art)

Zutaten für 4 Personen:

12	dünn geschnittene und zarte Kalbsfleischscheiben	5 EL	Olivenöl extravergine
			Salz und Pfeffer
3	Artischocken (klein und zart)	1/2	Zitrone

Säubern Sie die Artischocken gründlich indem Sie die Stiele bis auf 2 cm abschneiden und die Spitzen und härteren, äußeren Blätter entfernen. Es darf nur der zartere Teil der Blätter zurückbleiben. Die Artischocken für fünf Minuten in eine Salatschüssel mit Wasser legen, welches mit dem Saft einer halben Zitrone angesäuert wurde, um zu vermeiden, dass sie schwarz werden. Nun die Kalbsfleischscheiben nehmen, das äußere Fett entfernen, ausbreiten und das Innere leicht salzen und pfeffern. Nachdem die Artischocken in einem Sieb gut vom Wasser abgetropft sind, mit Küchenpapier abtrocknen und in 4, 5 kleine Spalten schneiden. Entfernen Sie gegebenenfalls den typischen "Flaum" im Inneren. Nun einen Artischockenschnitz auf jede Scheibe legen, diesen darin einrollen und mit einem Zahnstocher (oder zweien, in "schwierigen" Fällen) verschließen. Ordnen Sie die Rouladen, die relativ klein sein sollten, in einem Topf oder einer Pfanne in bereits heißem Öl an. Leicht von jeder Seite anbräunen, mit Salz und Pfeffer bestreuen, etwas heißes Wasser dazugeben (mehr oder weniger anderthalb Gläser) und bei schwacher Hitze kochen lassen. Die Rouladen müssen das gesamte Wasser "aufbrauchen" und weich werden.

Es ist ein einfaches Rezept mit delikatem Geschmack, vortrefflich für alle, auch für die Kinder (in diesem Fall verwenden Sie keinen Pfeffer). Meine Mutter Anna servierte die Rouladen gewöhnlich mit den "Carciofi in padella" (= Artischocken in der Pfanne, siehe Rezept auf Seite 296).

<<Sardine fritte a modo mio>>

(= Frittierte Sardinen nach meiner Art)

Zutaten für 4 - 5 Personen:

500 g frische Sardinen (1)
2 Eier
5, 6 EL weißes Mehl
200 g Paniermehl
Olivenöl extravergine
Salz

Zum Verzieren:
2 Zitronen
1 Büschel Petersilie

Die Sardinen putzen, den Kopf abschneiden und indem man den Fisch am Schwanz hält das zentrale Fischgrat sowie die seitlichen Gräten entfernen; als "Buch" geöffnet lassen. Vorsichtig waschen und

mit Küchenkrepp abtrocknen. Eine nach der anderen an der Hinterflosse haltend in Mehl wälzen und in die kurz aufgeschlagen Eier tauchen. Anschließend in Paniermehl wälzen und die Fische dabei gut in das Mehl drücken. In einer Pfanne zwei Finger hoch Öl erwärmen (es sollte gut warm sein) und die Fische darein tauchen; für circa zwei Minuten frittieren, wobei man sie einmal wendet und dabei noch die Pfanne ein wenig rüttelt, sodass das Öl sie komplett bedeckt. Nur wenige Fische auf einmal in die Pfanne geben, so frittieren sie besser. Nach und nach mit dem Schaumlöffel die Paniermehlreste aus dem Öl entfernen; und weiteres Öl hinzufügen, wenn man bemerkt, dass es weniger geworden ist (erneut erwärmen lassen, bevor man die nächsten Fische hinein gibt). Die Sardinen auf Küchenkrepp abtropfen lassen und warm (sie sind auch lauwarm gut) mit gehackter Petersilie bestreute Zitronenscheiben verziert servieren.
Ein einfaches Gericht, schnell in seiner Zubereitung und sehr appetitanregend; ausgezeichnet mit Saisonsalat serviert. Sollten die frittierten Sardinen übrig bleiben, mit Essig (oder Balsamessig, je nach Geschmack) bespritzen und als Vorspeise servieren; man kann sie auf diese Weise 2 oder 3 Tage im Kühlschrank aufbewahren.
Eine weitere Idee: "Acciughe a sorpresa" (= Überraschungssardellen). Diese kleinen Fische kann man vor dem frittieren füllen. In die Mitte ein kleines Stück Mozzarella oder einen Teelöffel Frischkäse (wie Quark oder Ricotta) und ein in Olivenöl eingelegtes Sardellenfilet füllen, den Fisch schließen ohne zu drücken und in Mehl, danach im Ei und anschließend in Paniermehl wälzen. In reichlich Öl 3, 4 Minuten frittieren.

(1) Man kann auch frische Sardellen verwenden: sie sind kleiner, unangenehmer zu putzen, aber das Endergebnis ist gleichermaßen gut.

<<Le Fettine di Vitello al Pecorino>>

(= Kalbsfleischscheiben mit Pecorino)

Zutaten für 4 Personen:

4, 5	Kalbsfleischscheiben (circa 500 g)	1/2	Glas Weißwein
4, 5	dünne Scheiben Pecorino	1	Bund Petersilie
4 EL	Olivenöl extravergine	Salz	
3 EL	weißes Mehl		

Nachdem Sie die Kalbsscheiben von eventuellen fetten Teilen befreit haben, bemehlen Sie diese von beiden Seiten und lassen sie in einer Pfanne, in welcher Sie zuvor das Öl erhitzt haben, goldbraun anbraten: für zwei Minuten von der einen Seite, dann wenden, salzen (nur die angebratene), und danach noch für weitere zwei Minuten von der anderen Seite. Gießen Sie den Weißwein hinzu, erhöhen Sie die Hitze und lassen den Wein schnell verdampfen. Jede Kalbsscheibe mit einer Scheibe Pecorino bedecken und mit dem Deckel verschließen, damit der Käse weich werden kann, und vom Herd nehmen. Warm servieren, nachdem Sie diese mit der Soße, die sich gebildet hat, und mit einer handvoll gehackter Petersilie bedeckt haben.

<<Il Rotolo di Vitello con Spinaci e Frittata>>

(= Der Kalbsrollbraten mit Spinat und Omelett)

Zutaten für 4 Personen:

800 g	Kalbsfleisch in einer einzigen Scheibe
500 g	Spinat
4	Eier
10 EL	Olivenöl extravergine
1/2 Glas	Weißwein
2 EL	geriebener Parmesan
2	Knoblauchzehen

Salz und Pfeffer

Den Spinat mehrmals waschen und in einem hohen Kochtopf, zugedeckt, ohne Zusatz von Wasser (nur das übrig gebliebene vom Waschen) kochen. Sobald er beginnt zusammenzufallen, wenden, eine weitere Minute kochen lassen und abgießen. Etwas abkühlen lassen, mit den Händen ausdrücken und hacken. Lassen Sie ihn für 5 Minuten in einem Topf mit drei Esslöffeln Öl und den geschälten Knoblauchzehen Geschmack annehmen.
Die Eier in einer Salatschüssel mit einer Prise Salz und dem Parmesan aufschlagen. In einer antihaftbeschichteten, mittelgroßen Pfanne zwei Esslöffel Öl erhitzen, die aufgeschlagenen Eier hineingeben und gut kochen lassen. Mit einem Pfannenwender den Rand des Omeletts ablösen, mit Hilfe eines Tellers der richtigen Größe wenden und noch auf der anderen Seite kochen. Die Fleischscheibe gut ausbreiten, salzen und pfeffern, das Omelett darauf legen und dann mit einer dünnen Lage Spinat bedecken. Das Fleisch zusammenrollen und mit Küchengarn eng umbinden. Noch von außen salzen und pfeffern und in einen Topf geben, in welchem Sie 5 Esslöffel Öl erhitzt haben. Von allen Seiten anbräunen, mit 1/2 Glas Weißwein ablöschen und für 20 Minuten garen, wobei man den Topf mit dem Deckel bedeckt. Versuchen Sie mit einer Gabel das Fleisch zu durchstechen, und wenn es Ihnen noch zu hart erscheinen sollte, geben Sie etwas Wasser oder heiße Brühe hinzu.
Einmal gar, lassen Sie den Rollbraten für eine Viertelstunde ruhen, entfernen Sie dann das Küchengarn, schneiden ihn mit einem scharfen Messer in relativ dicke Scheiben und machen ihn mit der Soße vom Kochen an. Mit dem restlichen Spinat servieren.

<<Sa Scottiglia>>

(= Die gemischte Fleischpfanne)

Zutaten für 6 Personen:

1,2 kg	gemischtes Fleisch (Kalb, Schwein, Huhn, Kaninchen, Perlhuhn) in kleinen Stücken
6	relativ dünne Scheiben toskanisches Brot
1	kleine gehackte Karotte
1	kleine gehackte Sellerierippe
1	kleine Zwiebel
2	gehackte Knoblauchzehen
1	ganze Knoblauchzehe
1 EL	gehackte Petersilie
3, 4	Basilikumblätter
2	zerpflückte Chilischoten (peperoncino)
10 EL	Olivenöl extravergine
1	Glas robusten Rotwein
2 EL	pürierte Tomaten
1 l	heiße Fleischbrühe (oder vom Würfel)

Salz und Pfeffer

In einem Kochtopf, möglichst aus Terrakotta, und bei mittlerer Hitze die fein gehackte Mischung aus Knoblauch, Zwiebel, Karotte, Sellerie, Petersilie und Chilischote unter ständigem Rühren anschmoren und Farbe annehmen lassen. Nach fünf Minuten die Fleischstückchen dazugeben, die Sie zuvor gegebenenfalls von fetten Teilen befreit haben. Rösten Sie diese von allen Seiten für zehn Minuten an, löschen mit dem Wein ab und lassen diesen verdunsten. Die pürierten Tomaten hinzufügen, mit Salz und Pfeffer würzen und alles gut verrühren. Bei geringer bis mittlerer Hitze und offenem Topf für circa eine Stunde kochen, während Sie nach und nach mit der Brühe verlängern und ab und zu umrühren. Am Ende sollte die Scottiglia eine flüssige Grundlage haben, fast so, als wäre es eine Suppe. Halbieren Sie die Brotscheiben und rösten Sie diese für einige Minuten; nachdem Sie die Knoblauchzehe darüber gerieben haben, legen Sie eine Scheibe in jeden tiefen Teller und bedecken Sie sie mit reichlich Scottiglia. Für einige Minuten ruhen lassen, damit das Brot Geschmack annehmen kann und servieren!

Wie viele toskanische Rezepte ist auch dieses eine schlichte Zubereitung, ein Gericht, das mit den Resten gekocht wurde, den "Überbleibseln" der Tiere (Hals, Beine, Flügel, Innereien). Das Rezept dieser Seiten ist etwas reicher und städtischer umgewandelt worden, aber ich hoffe, dass es trotz allem Naturreinheit und den Duft des früher "behelfsmäßigen" Gerichts wiedergibt.

«Il Coniglio e Pollo fritto»

(= Das frittierte Kaninchen und Huhn)

Zutaten für 6 - 7 Personen:

1	junges Huhn von circa 1 kg
1	kleines Kaninchen
200 g	Mehl
3	Eier

Olivenöl extravergine zum Frittieren

Salz

Schneiden sie das gut gesäuberte und gewaschene Huhn und Kaninchen in kleine Stückchen und trocknen Sie sie sorgfältig mit einem Geschirrtuch ab. Etwas Mehl in einen tiefen Teller geben und alle Stückchen darin wenden. Klopfen Sie das überschüssige Mehl ab und schlagen Sie in einer Schüssel die Eier zusammen mit einer Prise Salz leicht auf. Belassen Sie die Stückchen darin für einige Minuten. Geben Sie reichlich Öl in die Pfanne (es muss beinahe die Fleischstückchen bedecken) und erhitzen Sie es gut (Achtung: es darf nicht dampfen). Geben Sie die Kaninchen - und Hühnerstücke hinein (welche Sie nach und nach aus dem Ei nehmen und etwas abtropfen lassen), aber nicht zu viele auf einmal (das Öl kühlt andernfalls zu stark ab). Bei mittlerer Hitze für eine gute Viertelstunde von allen Seiten gut frittieren. Erhöhen Sie gegen Ende die Hitze des Herdes, um die äußere Kruste etwas Farbe annehmen zu lassen und schön knackig und trocken aus dem Öl nehmen. Auf Küchenpapier für einige Minuten das überschüssige Öl abtropfen lassen. Die frittierten Stückchen mit feinem Salz bestreuen und alles schön heiß servieren, garniert mit einigen Blättern Salat und Zitronenschnitzen.

Es ist ein sehr toskanisches Gericht (es fehlt nie in typischen Restaurants und den Trattorien und wird auch Zuhause oft "konsumiert"), welches normalerweise zusammen mit Gemüse, Zucchini, Zucchiniblüten, Artischocken und Pommes frites gereicht wird (Huhn und Kaninchen müssen jung und klein sein). Häufig wird es auch durch Kalbfleischscheiben und frittierte Lammrippchen (zuvor in geschlagenem Ei, dann in Paniermehl gewendet) bereichert. Die erfahrenen Köchinnen sind es gewöhnt gewissenhaft die Knochen von Huhn und Kaninchen zu entfernen, ein arbeitsreiches Unterfangen, welches aber den wohlerzogenen oder auch faulen Tischgenossen entgegenkommt (wenn Ihnen dies eine gute Idee scheint, lassen Sie sich von Ihrem Fleischer helfen). Es ist aber auf jeden Fall ein Genuss die frittierten Stückchen mit Hilfe der Finger zu knabbern und daran zu "nagen" und in aller Ruhe, ohne sich um die Anstandsregeln zu kümmern, sorgfältig die Knochen von ihrem Fleisch zu befreien.

<<Il Vitello tonnato>>
(=Das Kalbfleisch in Thunfischsoße)

Zutaten für 4 - 5 Personen:

700 g	Kalbfleisch von der Hinterhaxe
200 g	Thunfisch in Öl
20 g	in Essig eingelegte Kapern
20 g	Essiggürkchen

Mayonnaise von 2 Eiern (siehe Rezept Seite 44)

2	Sardellen in Salz
1	Zitrone
1	kleine Möhre
1	Stückchen Stangensellerie
2	Petersilienstängel
1	Zwiebelschnitze

Grobes und feines Salz

Geben Sie die Möhre, den Sellerie, die Petersilie, die Zwiebel und eine Prise grobes Salz in einen Bratentopf (groß genug, um auch das Fleisch aufzunehmen), gemeinsam mit so viel Wasser, dass soeben das Fleisch bedeckt wird. Den Topf auf den Herd stellen und das Wasser zum Kochen bringen. An diesem Punkt das Fleisch hinzugeben und für ungefähr eine Stunde bei mittlerer Hitze kochen lassen (das Fleisch muss sehr langsam kochen). Unterdessen die Mayonnaise vorbereiten, den Thunfisch, die Kapern, die Essiggurken und die Sardellen (entgrätet und gut gewaschen) zerkleinern. Fügen Sie vorsichtig die zerkleinerten Zutaten und den Zitronensaft zur Mayonnaise hinzu. Das gare Fleisch wird auf eine Schneidevorrichtung zum Erkalten gelegt und mit einem leichten Gewicht beschwert. Sobald es kalt ist, mit einem scharfen Messer in dünne Scheiben schneiden und in einer einzigen Schicht auf einem Servierteller verteilen. Bedecken Sie es mit der zubereiteten Soße und verzieren Sie mit rohen oder kurz blanchierten Möhrenscheiben und einer Messerspitze Kapern. Lassen Sie das Tablett mit Klarsichtfolie abgedeckt einige Stunden im Kühlschrank stehen, damit das Gericht weiter an Geschmack gewinnt.

Dieses Rezept bietet verschiedene Vorteile: Sie können es schon lange im Voraus zubereiten, sogar einen Tag vorher (dann ist es noch schmackhafter). Mit optimalen Ergebnissen, das kann ich Ihnen garantieren, können Sie Reste von Kalbsbraten, Roastbeef, gekochtem Fleisch "recyceln". Es genügt, alles in dünne Scheiben zu schneiden und das Rezept zu beachten: es ist wirklich fantastisch!

Ein weiterer Rat: wenn Sie ein Carpaccio - Liebhaber sind (feingeschnittene Scheiben von Kalbsfleisch auf verschiedene Arten gewürzt), können Sie sich die Soße für das Kalbsfleisch in Thunfischsoße zum Würzen "zunutze machen": sie ist dafür sehr geeignet.

«L' Arista alla Toscana»

(= Der Schweinebraten nach Toskana-Art)

Zutaten für 6 Personen:

1 1/2 kg	Schweinebraten (Lendenstück)
2	Knoblauchzehen
2	Rosmarinzweige
1/2 Glas	Olivenöl extravergine
2 EL	Salz
1 EL	schwarzer Pfeffer (frisch gemahlen, wenn möglich)

Bereiten Sie eine gehackte Mischung aus Rosmarin, Knoblauch, den beiden Esslöffeln Salz und dem Pfeffer vor. Mit einem gut geschärften Messer nur das Lendenstück (der größere Teil) vom Mittelknochen des Bratens (1) trennen und ein Drittel der vorbereiteten Würzmischung zwischen Knochen und Fleisch geben. Die "Operation" hat zwei Ziele:

(1) Dieses Verfahren ist (natürlich) einfacher, wenn Sie es vom Metzger machen lassen.

1) das Fleisch wird besser gewürzt; 2) einmal gekocht, erleichtert sie die Aufgabe, das Fleisch zu schneiden. Legen Sie es nun zurück und umbinden Sie es fest mit einem dünnen Faden. Mit einem Messer mit langer dünner Klinge nun zwei tiefe Einschnitte vornehmen: einen auf der einen Fleischseite, einen auf der anderen, und füllen Sie die Hälfte der übrig gebliebenen Mischung hinein (sie sollte das gesamte Fleisch durchziehen).

Bevor Sie den Braten in die Bratenform geben, "massieren" Sie ihn mit dem Rest der Gewürzmischung ein, begießen ihn dann mit dem Öl und geben ihn bei mittlerer Hitze in den Backofen. Bevor Sie dies tun, bedecken Sie den oberen Teil der Rippen des Lendenstücks mit Alufolie, um zu vermeiden, dass die Knochen obenauf verbrennen. Die Kochzeit ist relativ lang und erfordert circa anderthalb Stunden. In dieser Zeit sammeln Sie ab und zu mit einem Löffel den Saft, der sich gebildet haben wird, und begießen damit das Fleisch. Gegen Ende der Kochzeit erhöhen Sie die Temperatur des Ofens, um die Kruste Farbe annehmen zu lassen.

Ich empfehle Ihnen, eine halbe Stunde bevor der Braten fertig ist, ein Kilo geschälte und grob geschnittene Kartoffeln in seinen köstlichen Saft zu geben. Es ist ideal am Tisch, zusammen mit dem Schweinebraten, einen kleinen Salat mit frischem Gemüse zu servieren.

Wenn man von diesem Gericht spricht, kann man nicht die alte Geschichte verschweigen, welche seinen Namen an einen Ausruf des byzantinischen Patriarchen bindet, welcher im Jahr 1439 anlässlich des ökumenischen Konzils nach Florenz kam. Während er einen Schweinebraten kostete, so scheint es, habe er mit lauter Stimme <<Aristos!>> ausgerufen, was auf griechisch "der Beste" heißt.....; die anderen florentinischen Gäste dachten, dass es sich um den Namen dieses Stückes Fleisch handelte und, da sie diesen sympathisch fanden, wiederholten sie ihn mehrmals. Von diesem Tag an wurde er "arista" genannt. Vielleicht ist es nur eine Legende, aber der Name passt wirklich wunderbar zu diesem vorzüglichen Gericht.

Der Schweinebraten ist exzellent warm, wenn er fünf bis zehn Minuten, nachdem er aus dem Ofen genommen wurde, serviert wird. Aber es ist eine Angewohnheit in der Toskana, ihn auch kalt zu reichen (im Gegenteil ist er einer der wenigen Braten mit einem hervorragenden Geschmack am Tag darauf).

<<L' Agnello al Forno>>
(= Das Lamm im Ofen)

Zutaten für 4 Personen:

1 kg	Lamm (1)
2	Knoblauchzehen
1	Rosmarinzweig
2 EL	Essig
8 EL	Olivenöl extravergine
1 EL	feines Salz
1 TL	gemahlener Pfeffer

(1) Der am meisten geeignete Teil für diese klassische Zubereitung ist die Keule, mit der Lende und den Nieren verbunden.

Hacken Sie den Knoblauch und die Rosmarinnadeln und vermischen Sie alles mit einem gehäuften Esslöffel Salz und dem Teelöffel Pfeffer. Reiben Sie mit dieser Gewürzmischung gut das Lamm ein. Binden Sie es dann in der Art zusammen, dass die Keule mit der Lende verbunden wird; legen Sie es dann in eine Ofenform. Mit dem Glas Öl benetzen und in den nicht zu heißen Ofen (ca. 150°C) geben. Während der Bratzeit oft mit dem Bratensaft befeuchten und gegen Ende zwei Gläser Essig darüber gießen und die Temperatur erhöhen (180°C), um den Braten eine schöne nussbraune Farbe annehmen zu lassen. Für die Kochzeit benötigt man eine gute Stunde.

Fügen Sie eine halbe Stunde bevor er aus dem Ofen genommen wird, grob geschnittene Kartoffeln zum Lamm hinzu: sie werden hervorragend, wenn sie in dieser Fleischsoße kochen!

Das "Agnello al Forno" ist ein sehr geschätztes Gericht in Florenz, Siena, Arezzo und Umgebung (und war es auch bereits im Mittelalter).

«I Gamberi, Fagioli, e Pomodori»

(= Die großen Garnelen, Bohnen und Tomaten)

Zutaten für 5 – 6 Personen:

1 kg	große, frische Garnelen (oder, wenn diese nicht erhältlich sind, auch gefrorene)
1 kg	reife, aber schön feste Tomaten
100 g	getrocknete Cannellini – Bohnen (oder eine leichter zu findende Sorte)
7	frische Basilikumblätter
3	kleine neue Zwiebeln (oder 1 mittelgroße, nicht zu scharfe Zwiebel)
8 EL	Olivenöl extravergine
1/2 EL	Tafelweinessig (oder je nach Geschmack Balsamessig)

Grobes und feines Salz

1/2 TL	Chilipulver (peperoncino)

Die Bohnen am Abend zuvor in Wasser einweichen und gemäß der Anmerkung im Rezept auf Seite 308 kochen. Auch die Garnelen (nachdem Sie sie gut gewaschen haben) in kochendem Wasser mit einer Prise grobem Salz kochen und sie 5 Minuten, nachdem das Wasser wieder begonnen hat zu sieden, abgießen. Die Tomaten waschen, häuten und die Kerne entfernen. Nun in Stückchen schneiden und in einem Nudelsieb abtropfen lassen. Die Zwiebeln putzen, eine halbe Stunde in Wasser einweichen, dabei das Wasser mindestens einmal wechseln (so werden sie leichter verdaulich und im Mund weniger "geruchsintensiv") und in Stückchen schneiden. Die Garnelen, sobald sie etwas abgekühlt sind, pulen und mit den Tomaten, den Zwiebeln und den gut von ihrem Kochwasser abgetropften Bohnen in eine Schüssel geben. Öl, Chilipulver (peperoncino), Basilikumblätter, Essig und Salz hinzufügen. Vermengen Sie alles vorsichtig, wobei Sie darauf achten sollten, die verschiedenen Zutaten nicht zu beschädigen. Servieren Sie diesen köstlichen Salat noch lauwarm. Er ist auch gut, wenn er im Kühlschrank aufbewahrt und kühl serviert wird, als Vorspeise oder als Hauptgang, vor allem im Sommer.

<<Il Coniglio alla Cacciatora>>

(= Das Kaninchen nach Jägerart)

Zutaten für 5 - 6 Personen:

1	Kaninchen von ca. 1,5 kg
2	Gläser Rotwein
1	Glas Essig
2	Knoblauchzehen
2	oder 3 Rosmarinzweige
1	Zwiebel
1	Karotte
1	Selleriestange
1	Glas geschälte Tomaten zu 500 g
1	Bund Petersilie
4 EL	Olivenöl extravergine
1	Handvoll schwarze Oliven (nach Belieben)

Salz und Pfeffer

Marinieren Sie das gut gesäuberte, geöffnete Kaninchen ohne die Innereien für 3 oder 4

Stunden in dem Rotwein und Essig, der in Scheiben geschnittenen Zwiebel, der Karotte, dem Sellerie und der grob gehackten Petersilie und drehen Sie es 2 oder 3 Mal. Bevor Sie mit dem Kochen beginnen, lassen Sie es gut von der Marinade abtropfen und schneiden es in nicht zu kleine Stücke (möglichst an den Gelenken, um die Knochen nicht zu brechen). Ohne Öl in einer Pfanne bei großer Hitze "schwenken", bis es sein gesamtes Wasser verloren hat, welches Sie weggießen. Das Kaninchen auf einen Teller geben und in derselben Pfanne die beiden Knoblauchzehen (die Sie später herausnehmen) und einige Rosmarinzweige im Öl goldgelb anschwitzen. Die Fleischstückchen hinzugeben und gut von allen Seiten Farbe annehmen lassen. An diesem Punkt mit einigen kleinen Schöpfkellen der Marinade ablöschen (nur die Flüssigkeit) und bei großer Flamme kochen lassen, wobei Sie immer neue Marinade hinzugeben, wenn die Flüssigkeit verdampft ist. Geben Sie ebenso die abgetropften, geschälten Tomaten, die zerkleinerten "Gewürze" der Marinade, die Leber und das Herz des Kaninchens in Stücken (die Sie zuvor beiseite gestellt hatten) hinzu. Salzen und Pfeffern und mit dem Kochen bei geringer Hitze sowie bedeckter Pfanne fortfahren: man benötigt ungefähr eine Stunde.

Fügen Sie etwas warmes Wasser hinzu, wenn die Flüssigkeit verdunsten und das Fleisch des Kaninchens noch fest sein sollte, welches Sie mit einer Gabel "prüfen" können (ohne es aber wirklich zu durchstechen). Kosten und gegebenenfalls mit Salz und Pfeffer nachwürzen und die Rosmarinzweige herausnehmen. Wenn Sie mögen, geben Sie eine schöne Handvoll schwarze Oliven dazu, die Sie vorsichtig unterrühren. Die Soße muss dickflüssig sein und das Fleisch vollkommen gar, so gar, dass es sich beinahe von den Knochen löst. Servieren Sie das Gericht gut warm (Sie werden sicher gewürdigt!).

Sie können auf diese Weise auch Hasen, Wildschwein oder Reh kochen, wenn Sie "Wild" mögen. In diesem Fall marinieren Sie diese Art von Fleisch mindestens für 12 Stunden.

<<Il Coniglio e Patate nel Tegame>>

(= Das Kaninchen und Kartoffeln in der Pfanne)

Zutaten für 5-6 Personen :

1	Kaninchen von 1,5–1,8 kg
6 EL	Olivenöl extravergine
1	Glas Weißwein
3	Knoblauchzehen
2	Rosmarinzweige
1/2	Glas Wasser
700-800g	gelbe Kartoffeln
	Öl zum Frittieren der Kartoffeln
	Salz und Pfeffer

Das gut geputzte und gewaschene Kaninchen in Stücke zerlegen (lassen Sie auch, wenn Sie möchten, die Leber darin, besser im Ganzen). Die Kaninchenstücke mit dem Öl, Knoblauch, Rosmarin, Salz, Pfeffer und einem halben Glas Wasser in eine möglichst antihaftbeschichtete Pfanne geben. Abdecken und langsam kochen lassen, bis das Wasser vollständig aufgenommen wurde. Die Kaninchenstücke von allen Seiten gut anbräunen lassen, mit dem Weißwein ablöschen, diesen verdunsten lassen und noch 1/2 Glas Wasser hinzugeben, um das Fleisch zu Ende zu garen. Testen Sie mit einer Gabel: das Kaninchen muss am Ende der Garzeit sehr weich und gut gar sein, andernfalls noch etwas Wasser hinzugeben.

Für die Kartoffeln gehen Sie so vor: schälen, waschen, abtrocknen und in große Stücke schneiden; in einer halb mit siedendem Öl gefüllten Pfanne frittieren und, sobald sie schön golden sind, mit einem Schaumlöffel abtropfen lassen und zum Kaninchen geben, bevor dieses das zweite Wasser komplett aufgesogen hat. Etwas vermischen und dabei darauf achten, die Kartoffeln nicht zu zerbrechen. Servieren Sie alles gut heiß zu Tisch.

<<Le Seppie "in Zimino" (1)>>
(= Die geschmorten Tintenfische/Sepien)

Zutaten für 6 - 7 Personen:

800 g	Sepien (Tintenfisch)
1 1/2 kg	Spinat
250 g	geschälte Tomaten
1	kleines Glas (entspricht ca. 6 EL) Rotwein
1	kleine Möhre
4	Petersilienzweige
1	kleines Stück Sellerierippe
1/2	rote Zwiebel
2	Knoblauchzehen
1 oder 2	Chilischoten (peperoncini)
8 EL	Olivenöl extravergine
	feines Salz

Die Zwiebel, den Sellerie, die Möhre, die Petersilienblätter und eine Chilischote fein hacken und in eine geräumige Stahl- oder Aluminiumpfanne in ein wenig Öl anschwitzen. Sobald die Gemüsemischung Farbe angenommen hat, die von Augen und Sepiaknochen gesäuberten, gut gewaschenen, abgetrockneten und in dünne Streifen geschnittenen Sepien hinzufügen. Anschmoren lassen, den Wein hineingießen, mit den Sepien vermischen und verdunsten lassen. Nun die klein geschnittenen geschälten Tomaten, die sehr fein gehackten Knoblauchzehen, Salz und eine weitere zerhackte Chilischote (sollten Sie ein sehr pikantes Gericht bevorzugen) dazugeben. In der Zwischenzeit den Spinat waschen und nur mit ihrem Abtropfwasser in einen Topf mit hohem Boden, ohne Salz und Deckel geben; wenden bis er zusammenfällt. Diesen jetzt den Sepien beigeben und alles zusammen für circa eine Stunde bei niedriger Hitze kochen lassen. Ab und zu kontrollieren und umrühren: die Flüssigkeit sollte "einziehen" und die Sepien zart sein. Eventuell noch ein wenig warmes Wasser hinzufügen sollte der Fisch noch nicht gar, die Zubereitung jedoch bereits trocken sein. Erneut probieren und auf Salz abschmecken. Den Herd ausstellen und für 10 Minuten ruhen lassen. Gemeinsam, zum Beispiel mit getoastetem Brot, servieren. Von starkem und entschiedenem Geschmack, ist es ein sehr leckeres Fischgericht, welches sich gut von einem schönen Glas Rotwein begleiten lässt.

① Aber was ist der "zimino toscano"? Einige führen seine Etymologie auf das arabische Wort "zàmin" zurück, was "salsa di erbe" (= Soße aus Kräutern) bedeutet. Aber vielleicht ist jene Version geeigneter, die zur aromatischen Kümmelpflanze (im italienischen cumino oder comino, was dann in das Wort "zimino" verhunzt wurde) führen, dessen Samen damals sehr in der florentinischen Küche (heute erscheinen sie nicht einmal mehr in diesen Rezepten) verwendet wurden.

<<Il Coniglio in Porchetta>>
(= Das gefüllte Kaninchen)

Zutaten für 6 Personen:

1 ganzes Kaninchen (mindestens 1,5 kg)
3 Scheiben durchwachsener Speck (dick geschnitten)
1 Bund wilder Fenchel (wenn möglich)
3-4 Knoblauchzehen
1 Glas Olivenöl extravergine
1/2 Glas trockenen Weißwein
1 EL Fenchelsamen (3 EL, wenn Sie keinen frischen zur Verfügung haben)
Salz und Pfeffer

Als erstes, sollte dies der Fleischer noch nicht gemacht haben, säubern Sie das Kaninchen, indem Sie den Kopf, die Innereien und das überflüssige Fett aus dem Inneren entfernen. Legen Sie es für circa eine Stunde in eine geräumige Schüssel mit kaltem Wasser (dies wird es zarter machen). In der Zwischenzeit zwei Scheiben durchwachsenen Speck nehmen und würfeln, zwei Knoblauchzehen in grobe Scheiben schneiden. In eine kleine Schale drei Esslöffel Salz und einen Esslöffel gemahlenen Pfeffer

geben, mischen und das Innere des Kaninchens damit "bestreuen" (die Menge hängt vom persönlichen Geschmack ab, übertreiben Sie es ruhig ein wenig, wenn Sie würzige Gerichte mögen). Füllen Sie das Innere des Kaninchens mit dem geschnittenen Knoblauch und dem Speck sowie mit den wilden Fenchelzweigen (sollten Sie keinen haben, können Sie auch ein, zwei Esslöffel getrocknete Fenchelsamen verwenden) und verschließen Sie den Bauch mit einigen Zahnstochern. Hacken Sie den restlichen Knoblauch und Speck fein und nehmen Sie mit einem spitzen Messer einige Einschnitte auf den Schenkeln des Kaninchens vor (zwei auf den fleischigeren Teilen der Schenkel). Das zerkleinerte Gemisch mit Salz, Pfeffer und einem Esslöffel Fenchelsamen vermengen und in die Einschnitte drücken. Nun auch noch das Kaninchen von außen mit ein wenig vermischtem Salz und Pfeffer bestreuen und in eine Ofenform legen. Gießen Sie das Öl darüber und schieben Sie es in den auf 180°C vorgeheizten Backofen. Das Kaninchen von allen Seiten solange anbräunen, bis es eine gleichmäßige goldbraune Farbe hat (nehmen Sie von Zeit zu Zeit die Form aus dem Ofen, um es besser wenden und mit dem Saft auf dem Boden begießen zu können). Nach ungefähr der Hälfte der Kochzeit mit dem Weißwein ablöschen und zurück in den Backofen stellen, um die Flüssigkeit verdunsten zu lassen. Die Kochzeit des Kaninchens beträgt mindestens eine Stunde (kontrollieren Sie ab und zu das Fleisch, indem Sie es mit einer Gabel "prüfen", ohne es wirklich zu durchstechen). Die Form am Ende der Kochzeit aus dem Ofen nehmen. Einen kurzen Moment abkühlen lassen und das Kaninchen mit einer Küchenschere zunächst in zwei Hälften und diese dann in 3, 4 Portionen zerteilen. Servieren Sie es gut warm und mit Fenchelzweigen und dem Speck der Füllung garniert (bevor Sie es zu Tisch bringen, stellen Sie das Kaninchen nochmals für einige Sekunden zurück in den Backofen, um es aufzuwärmen).
Bei uns ist es ein typisches "Sonntags-"Rezept und es wird mit Kartoffeln serviert (es gibt jene, die die Kartoffeln dem Kaninchen vorziehen, da diese so vorzüglich werden!). Ihre Zubereitung ist einfach: wenn Sie das Kaninchen aus dem Ofen nehmen, um es mit dem Wein zu "begießen", geben Sie 3, 4 grob gewürfelte Kartoffeln hinzu und über diese eine Prise Salz, Pfeffer und Fenchel. Kaninchen und Beilage würzen sich gegenseitig; das gute Gelingen ist garantiert und exzellent!

<<Il Pollo ai Peperoni>>

(= Das Huhn an Paprikaschoten)

Zutaten für 4–5 Personen:

1	Huhn von 1,2 kg Gewicht
3	rote oder gelbe Paprikaschoten
4–5 EL	Püree von geschälten oder frischen Tomaten
4	Knoblauchzehen
1	Weinglas trockener Weißwein
10 EL	Olivenöl extravergine

Salz und Pfeffer

Seite 266

Das Huhn gut putzen, mit Sorgfalt waschen und in Stücke schneiden. Ordnen Sie es in einer Pfanne mit 10 Esslöffeln Olivenöl und 4 zerdrückten Knoblauchzehen an. Lassen Sie es gut von allen Seiten braun werden, salzen und pfeffern Sie es und gießen Sie zuletzt den Weißwein dazu, den Sie durch Kochen in der Pfanne gut verdunsten lassen. Geben Sie das Tomatenpüree und die in kleine Streifen geschnittenen, gewaschenen Paprikaschoten bei. Die Pfanne mit einem Deckel zudecken und die Kochzeit zu Ende bringen, wobei Sie hin und wieder umrühren (sollte das Huhn zu trocken werden, fügen Sie einen halben Schöpflöffel warmes Wasser zu). Je nachdem von welcher Art das Huhn ist, ob von "freilaufender" oder von einer "zarteren", wird es ungefähr eine 3/4 Stunde brauchen (testen Sie mit einer Gabel, ob es gar ist). Zum Schluss sollte die Soße schön eingedickt und das Huhn und die Paprikaschoten gut gekocht sein. Servieren Sie dieses würzige Gericht heiß und....guten Appetit!

Wichtige Bemerkung: falls Sie scharfe Speisen mögen, können Sie am Anfang zusammen mit den Knoblauchzehen 1 oder 2 in Stückchen geteilte Chilischoten in das Öl geben. Das Huhn an Paprikaschoten ist auch mit Reis oder Nudeln als ein einziges vollständiges Gericht serviert sehr gut. Seien Sie in diesem Fall mit den Zutaten großzügig, indem Sie 2 - 3 Esslöffel mehr vom Öl und vom Tomatenpüree dazufügen. Sie werden mehr Soße haben, um auch den Reis damit anzumachen.

<<Il Cappone (1) ai Funghi porcini>>

(= Der Kapaun mit Steinpilzen)

Zutaten für 6 Personen:

1	Kapaun von 1,2 kg
800 g	Steinpilze oder 250 g getrocknete Steinpilze (2)
1	mittelgroße Zwiebel
100 g	durchwachsener Speck (oder fetter Schinken)
1/2	Glas trockener Weißwein
1	Prise Thymian (auch getrocknet)
1	Knoblauchzehe
7 EL	Olivenöl extravergine

Salz und Pfeffer

Schmoren Sie in einem ausreichend tiefen Kochtopf die gesäuberte und gehackte Zwiebel und den gewürfelten Speck mit vier Esslöffeln Öl an. An diesem Punkt den gut gewaschenen und in nicht zu große Stücke (14 - 16 Stückchen) zerteilten Kapaun hinzu und diesen gut anbraten lassen, dann bei großer Hitze mit dem Wein ablöschen, salzen und mit dem Pfeffer bestreuen und das Fleisch langsam zu Ende garen (geben Sie, wenn nötig, etwas Wasser oder heiße Brühe hinzu). Säubern Sie die Steinpilze sorgfältig (Achtung: ohne sie direkt mit Wasser zu waschen, mit einem feuchten Tuch abreiben und der Klinge eines Messers abschaben; gewässert verlieren sie Geschmack und Duft). In nicht zu kleine Stücke schneiden und in eine Pfanne geben (besser antihaftbeschichtet), in der Sie zuvor drei Esslöffel Öl mit der Knoblauchzehe angewärmt haben. Zudecken und für gute zehn Minuten kochen lassen, dabei vorsichtig umrühren. Sobald Sie den Herd abstellen, den Thymian hinzugeben und den Knoblauch herausnehmen. Geben Sie die Pilze in den Kochtopf, mit dem Kapaun vermischen und nochmals für zwei Minuten auf den Herd stellen. Einmal den Herd abgeschaltet, lassen Sie Ihr "Gericht" im Kochtopf für zehn Minuten ruhen, bevor Sie es servieren. Guten Appetit.

(1) Mit Kapaun ist ein junger, kastrierter, und demnach zarterer und fetterer Hahn gemeint. Er wurde früher oft in der toskanischen Küche verwendet, heute wird er vor allem in der Weihnachtszeit zubereitet. Er ist ausgezeichnet mit Soßen, ähnlich wie die Mayonnaise, aber auch im Ofen gebraten. Das kostbarste und besonders "weihnachtliche" Rezept ist jenes, das ihn (mit Köstlichkeiten) gefüllt vorsieht, und welches "Cappone in galantina" (Kapaun in Aspik) heißt .... davon mehr im nächsten Buch!

(2) Wenn Sie die getrockneten Pilze verwenden, wässern Sie diese für 15 - 20 Minuten. Danach abspülen und abtropfen lassen und mit Küchenpapier abtrocknen, wobei man sie ein wenig ausdrücken sollte. Daraufhin für gute zehn Minuten in der Pfanne mit bereits heißem Öl und zusammen mit dem Knoblauch und Thymian schmoren.

«Le Trotelle "in Carpione"»

(= Die kleinen Forellen in Essig-Zwiebel-Marinade)

Zutaten für 4 Personen:

8	kleine Forellen (oder auch 8 "größere" Forellenfilets)	2, 3	Stückchen Zitronen- und Orangenschale
100 g	Rosinen	1/2 l	Weinessig
eine Handvoll Petersilie		2, 3	Löffel Mehl, um die Forellen bestäuben
1	Knoblauchzehe	Olivenöl extravergine (zum Frittieren)	
1	Zwiebel		Glas für die Soße
1	Zweig Salbei	Salz	
1	Zweig Rosmarin		

Die Forellen säubern, waschen, trocknen und bemehlen. In einer Pfanne ausreichend Olivenöl mit dem Salbei und Rosmarin erhitzen. Geben Sie die Forellen hinein und wenden Sie diese nach 5-6 Minuten (die Filets benötigen weniger Zeit). Sobald sie gar und schön golden sind, aus der Pfanne nehmen, salzen und in einem Gefäß mit genügend hohem Rand und ausreichender Breite anordnen, damit die Forellen in einer einzigen Schicht liegen können. Die Rosinen für 15 Minuten einweichen, die Petersilie putzen, waschen (nur die Blättchen) und zusammen mit der Knoblauchzehe feinhacken. Die Zwiebel in Scheiben schneiden und bei schwacher Hitze in einer kleinen Pfanne mit einem halben Glas Öl anbräunen.

Geben Sie die gehackte Petersilie und den Knoblauch, die abgeriebenen Schalen (nur der farbige Teil) der Orange und Zitrone, die gut abgetropften Rosinen und den Essig hinzu. Für nicht mehr als 5 Minuten kochen lassen, über die Forellen gießen, diese damit bedecken und abkühlen lassen. Das Gefäß in den Kühlschrank stellen und 24 Stunden ruhen lassen, bevor Sie servieren. Dieses Rezept ist etwas arbeitsaufwändig, aber der Geschmack der Forellen wird Sie am Ende entschädigen (1). Man verwendet sie in kleinen Stücken mit geröstetem Brot, Öl oder Butter (wenn Sie diese vorziehen) als Vorspeise oder unter Salat gemischt (wenn Sie ganze Forellen verwenden, müssen diese natürlich zuvor gut gesäubert worden sein). Es ist auch ein vorzüglicher kalter zweiter Gang, bequem, da er vorzeitig zubereitet werden kann und sich für einige Tage im Kühlschrank hält.

(1) Mit der gleichen Vorgehensweise kann man Sardinen, Sardellen, Makrelenfilets und auch Fischfilets mit weißem Fleisch zubereiten.

<<Le Sarde "a Beccafico" (1)>>

(= Die Sardinen auf "Beccafico"-Art)

Zutaten für 4 Personen:

16	große, sehr frische Sardinen (oder Anchovis)
100 g	Semmelbrösel (plus 1 gehäufter EL)
1	gehäufter EL Pinienkerne
1	gehäufter EL Rosinen
8	in Öl eingelegte Sardellenfilets
3 EL	Olivenöl extravergine

Saft von 1 Zitrone und von 1 Orange
Lorbeerblätter (frische oder getrocknete)
Zucker, Salz, Pfeffer

Die Sardinen abschuppen, vom Kopf befreien, der Länge nach am Bauch aufschneiden, auffalten und die Innereien sowie die Gräten entfernen, das Schwänzchen aber dranlassen. Waschen und mit Haushaltspapier trocken tupfen. Lassen Sie die Rosinen für 5 Minuten in lauwarmem Wasser einweichen. 2 Esslöffel Olivenöl in einer Pfanne erhitzen und die Semmelbrösel darin fein goldbraun werden lassen. Geben Sie sie dann in eine Terrine und mischen Sie die Pinienkerne, die abgetropften und abgetrockneten Rosinen und die zerkleinerten Sardellenfilets dazu. Legen Sie die Sardinen auf einem Tisch mit der Haut nach unten in eine Reihe, würzen Sie sie mit wenig Salz und Pfeffer, geben Sie auf jede ein bisschen vom zubereiteten Kompott und verschließen Sie sie. Befestigen Sie diese dazu, wenn Sie wollen, mit einem Zahnstocher und ordnen Sie sie in einer rechteckigen feuerfesten und eingeölten Form abwechselnd mit den Lorbeerblättern an. Mit einem Teelöffel Zucker, wenig Salz und Pfeffer bestäuben und mit 1 Esslöffel Semmelbrösel bestreuen. Mit dem zusammen gemischten Zitronen- und Orangensaft beträufeln und mit einem Spritzer Öl vervollständigen. Stellen Sie die Form in den schon auf 160°C vorgeheizten Backofen und lassen Sie die Zubereitung für circa eine Viertelstunde garen. Servieren Sie die Sardinen lauwarm oder kalt; auch am nächsten Tag sind sie ausgezeichnet.

(1) Diese gut gefüllten Sardinen werden in Messina so genannt, der leuchtenden sizilianischen Stadt, die der Meeresenge, welche Sizilien vom italienischen Festland trennt, ihren Namen gibt. "Beccafico" ist der Spitzname, den man in dieser Gegend einem Vogel verpasst hat, der sich von Feigen ernährt und daher ein besonders fettes und schmackhaftes Fleisch hat.... wie die "vollgestopften" Sardinen des Rezepts.

«La Spigola "all'Acqua pazza" (1)»

(= Der Seebarsch "im verrückten Wasser")

Zutaten für 4 Personen:

1 Seebarsch mit einem Gewicht von circa 1,2 kg

200 ml	Wasser
200 ml	Weißwein
2	Knoblauchzehen
1/2	kleine weiße Zwiebel
1	Selleriestange
1	kleine Möhre
5	Kirschtomaten oder Bombolini Tomaten

einige frische Rosmarinblättchen oder eine Prise von getrocknetem

1	frischer Fenchelzweig oder eine Prise von getrocknetem
2	Salbeiblätter oder eine Prise getrocknete
1 EL	in Essig eingelegte Kapern
10	schwarze Oliven
4 EL	Olivenöl extravergine

Salz

Chili (peperoncino)

Zum Gelingen dieses schnellen und einfachen Rezeptes kann man einen Seebarsch verwenden, aber auch anderen Fisch mit "weißem Fleisch" (Drachenkopf, Knurrhahn), grundlegend ist, dass er sehr frisch sein sollte. Nachdem man den Seebarsch geputzt und gewaschen hat, teilt man ihn mit einem sehr scharfen Messer längs in zwei Teile, wobei man darauf achten sollte zuerst den Kopf und die Schwanzflosse zu entfernen.

In eine Pfanne mit der Haut nach unten legen, gemeinsam mit dem Wasser, dem Wein, den Knoblauchzehen, der geputzten, aber ganz belassenen Zwiebel, dem Sellerie, der Möhre und den geputzten und gewaschenen kleinen Tomaten. Das Öl und die restlichen Zutaten zusammen mit einem Stück Chili hinzufügen.

Sobald es kocht, lassen Sie die Zubereitung bei mäßiger Hitze und mit Deckel für 2, 3 Minuten garen. An dieser Stelle den Fisch und das Gemüse herausnehmen und warm stellen, und die Flüssigkeit bei lebendiger Hitze für einige Minuten reduzieren.

Den Seebarsch schön warm mit der Soße und dem Gemüse begleitet servieren.

(1) Es handelt sich um ein altes Rezept (in den letzten Jahre wieder in Mode gekommen) der Insel Ponza, das kein großes Geschick in der Küche verlangt. Die Fischer vor Ort benutzen den Namen "all'Acqua pazza" für jeden Fisch und jeder anderen auf diese Weise zubereitete Zutat: halb zwischen gekocht und geschmort.

«Gli Involtini di Cavolo»

(= Die Kohlrouladen)

Zutaten für 4 Personen:

1	Wirsingkohl
400 g	Hackfleisch vom Kalb
200 g	passierte, geschälte Tomaten
1	Ei
6 EL	Olivenöl extravergine
1/2	Zwiebel
1	Knoblauchzehe
1 EL	gehackte Petersilie
2 EL	geriebener Pecorino

Muskatnuss
Salz und Pfeffer

In einer Salatschüssel gut das Hackfleisch, das Ei, einen Esslöffel Pecorino, die Petersilie, den gehackten Knoblauch, Salz, Pfeffer und ein kleines "Reiben" von Muskatnuss vermengen. Nun die

schönsten und größten Kohlblätter nehmen, waschen und in kochendem Salzwasser blanchieren. Abtropfen lassen und auf einem sauberen Tuch auf dem Tisch ausbreiten. Geben Sie auf jedes Blatt einen großen Löffel der Mischung und rollen Sie es darum, um kleine, gut verschlossene Bündelchen zu formen, die Sie vorsichtig mit Küchengarn verschließen.
Legen Sie die zubereiteten Rouladen in einen relativ tiefen Topf, bestreuen Sie diese mit der fein in Scheiben geschnittenen Zwiebel, dem Öl, Salz und Pfeffer nach Belieben. Bei schwacher Hitze für zwanzig Minuten anschmoren. Sobald sie von allen Seiten farbig sind (passen Sie auf, sie nicht zu zerbrechen), geben Sie die passierten, geschälten Tomaten hinzu und lassen alles für weitere 10-15 Minuten kochen. Entfernen Sie nun vorsichtig das Küchengarn und servieren Sie die Rouladen in Ihrem Kochgefäß mit einem Löffel geriebenem Pecorino bestreut. Sie sind köstlich!

<<La Mozzarella "in Carrozza" (1)>>

(= Der Mozzarella "in der Kutsche")

Zutaten für 4 Personen:

16	Scheiben (ungefähr 1 cm dick) hausgemachtes Brot vom Vortag oder Toastbrot (weniger gut, dafür bequemer)
8	Scheiben Mozzarella (ungefähr 1 cm dick)
2	Eier
250 ml	frische Milch
200 g	Paniermehl
4	Wassergläser Olivenöl extravergine
Salz	

(1) Der zwischen den beiden goldenen Brotscheiben "verwahrte" Mozzarella wird scherzhaft - der Scharfsinn der Neapolitaner ist sprichwörtlich - "in der Kutsche" genannt ..... und was für eine Kutsche!

Der Mozzarella, Büffelmozzarella oder "Fiordilatte" je nach Ihrem Geschmack, soll sehr frisch, fest und gut von seinem Wasser abgetropft sein. Die Milch in eine kleine Schüssel geben, die Eier in einem tiefen Teller mit einer Prise Salz etwas aufschlagen, das Paniermehl auf einen Teller geben, das Öl in eine geräumige Pfanne gießen und auf einem Tablett Küchenpapier ausbreiten. Nun die Brotscheiben, mit einem Messer von ihrer Kruste befreit (Toastbrot kann ganz belassen werden), in der Milch einweichen (sie sollten nicht zu nass werden) und nach und nach auf ein Tablett legen. Legen Sie auf die Hälfte der Brotscheiben eine Scheibe Mozzarella und bedecken sie diese mit einer weiteren Scheibe Brot. Mit den Händen etwas andrücken, damit die Brotscheiben gut aufeinander und auf dem Mozzarella anhaften, ohne dass sie zerbrechen. Die 8 Stücke zuerst im Ei, dann im Paniermehl wenden; alle Zutaten sollten gut aneinander haften. Das Öl in der Pfanne erhitzen (um zu überprüfen, ob es heiß ist, werfen Sie eine kleine Brotkruste hinein: wenn sie gut brät, bedeutet es, dass das Öl heiß genug ist) und die Scheiben hineingeben; jedes Mal ungefähr zwei oder drei, je nach Größe der Pfanne (um gut zu braten, sollte die Pfanne, in der gebraten wird, nicht zu voll gemacht werden: zu viele Stückchen gleichzeitig kühlen das Öl ab und sie werden nicht knusprig). Die Scheiben auf der einen Seite anbräunen, mit einem Schaumlöffel mit Löchern vorsichtig wenden und die andere Seite anbraten. Gut abtropfen, auf das Tablett mit dem Küchenpapier legen und leicht salzen. Heiß servieren.

Einfaches und "tägliches" Gericht der neapolitanischen Küche, geboren, um das verbliebene Brot zu verwenden und die Tischgenossen "abzufüttern". Einfach, aber vorzüglich: es hat einen unvergesslichen Geschmack. Der Mozzarella schmilzt zwischen den beiden knusprigen Brotscheiben: das eine ist lauwarm (der Mozzarella), das andere (die Brotscheiben) heiß.

«La Frittata di Cipolle»
(= Das Rührei mit Zwiebeln)

Zutaten für 4 Personen:

500 g weiße Zwiebeln
7 Eier
8 EL Olivenöl extravergine
Salz (und Pfeffer, wenn Sie mögen)

Putzen Sie die Zwiebeln und schneiden Sie sie in feine Scheiben. In eine antihaftbeschichtete Pfanne in 3 - 4 Esslöffeln schon erhitztes Öl geben, salzen und für ungefähr dreißig Minuten bei mittlerer Hitze andünsten, ohne dass sie Farbe annehmen (wenn nötig 2 - 3 Esslöffel warmes Wasser hinzufügen). Vom Herd nehmen und erkalten lassen. In einer Schüssel die Eier mit einer Gabel schlagen, ohne zu übertreiben: Eiweiß und Eier sollten weder aufgerieben sein, noch sollte die Masse zu flüssig und schaumig sein, da das Rührei dann in der Pfanne nicht mehr aufgeht. Geben Sie die gedünsteten Zwiebeln zu den Eiern in die Schüssel und vermengen Sie alles mit einem Holzlöffel. Säubern Sie die Pfanne und geben Sie das verbliebene Öl hinein. Gut erhitzen: prüfen Sie die Temperatur, indem Sie mit einer Gabel einen Tropfen Ei hineinfallenlassen. Wenn das Öl brutzelt, ist es bereit. Die folgenden Kniffe gelten für jede Art von Frittata: ein letztes Mal das Ei umrühren und es auf einem Mal in die Pfanne gießen, dabei den Stiel umfassen und die Pfanne ruckweise vor- und zurückschwenken. Unterdessen die Masse vorsichtig mit einem Kochlöffel ausbreiten, indem Sie das noch rohe Ei zum Rand hin befördern. Während dieses vier - bis fünfminütigen Unternehmens die Hitze reduzieren. Dann, nachdem Sie sich versichert haben, dass das Rührei gut auf dem Boden gleitet, eine Seite mit Hilfe eines Kochlöffels anheben, um zu schauen, ob es eine hellbraun - goldene Farbe angenommen hat. Nehmen Sie nun einen Teller (oder einen Deckel), der etwas größer ist als die Pfanne, und legen ihn darauf, so als ob Sie diese abdecken wollten. Drehen Sie alles schnell um (die gekochte Oberfläche der Frittata ist nun oben), erhöhen Sie die Hitze des Herdes und erhitzen Sie das verbleibende Öl. Lassen Sie das Rührei wieder hineingleiten und kochen Sie es bei mittlerer Hitze für 3 - 4 Minuten. Säubern Sie den Teller, den Sie zum Wenden verwendet haben und lassen Sie die Frittata vorsichtig daraufgleiten. Bravo, Sie haben es geschafft!!

Es scheint eine sehr komplizierte Aktion zu sein, die zu Ende gebracht werden muss, aber es genügt dem Rezept ein oder zwei Mal wortwörtlich zu folgen und es wird einfach werden.

24. Juni 2009, biodynamischer Hühnerhof von La Vialla: die Jugendlichen der Universität für gastronomische Studien in Pollenzo in der Provinz von Cuneo (Piemont) direkt vor Ort "auf Unterricht" über die Razza Valdarnese Bianca (= weißes Valdarno-Huhn), welches unter dem Presidio (= italienisch für Schutz, Schutzraum) von Slow Food steht.

Eier und Hühner

In der Küche ist die Wahl der Eier keine unbedeutende Sache. Heute, wo wir gewohnt sind, den Hühnern "nicht ins Gesicht zu schauen", sondern nur auf ihre "Früchte" im Regal des Supermarktes, muss man zumindest wissen, dass es bei Eiern und Rühreiern immer solche und solche gibt! Abgesehen von der Rasse, geben Hühner, die im Freien gehalten und mit biologischem Futter (neben dem Gras und den Würmern der Wiese) ernährt werden, proteinreichere Eier mit einem geringeren Cholesteringehalt und, unbestreitbare und handfeste Tatsache, einen natürlichen und unverfälschten Geschmack, der überraschend ist, im Vergleich zu den gewöhnlichen Eiern im Handel. Diese Hühner haben festes Fleisch, sind geschmacksintensiv und ideal für authentische toskanische Rezepte. Ihre Ernährung wird bei Bedarf mit Mais und Luzerne ergänzt. Im biologischen Hühnerhof bietet ein funktioneller Unterstand (ein kleines Häuschen) im Inneren viel Platz mit Hühnerstangen ("Hühnerbetten") für die Nacht, bequemen Nestern für die Eier, großen Tränken, zahllosen Futternäpfen, Schutz vor Wetterunbilden und nächtlichen Räubern ... all das, was sich ein Huhn wünschen könnte, eine kleine Schönheitsfarm für gefiederte Haustiere. Auf dem bio-dynamischen Hühnerhof stehen jedem einzelnen Huhn mehr als 20m² Sand zur Verfügung. Sie können sich frei bewegen, umherlaufen und herumpicken.

Valentina, die Hirtin des biodynamischen Hühnerhofs von La Vialla, mit einem ihrer "Freunde".

«I Peperoni farciti con Bombolini alle Erbe»

(= Die gefüllten Paprikaschoten mit "gekräuterten" Bombolini Tomaten)

Zutaten für 4 Personen:

4	große gelbe oder rote (normalerweise sind sie süßer) Paprikaschoten
800 g	frische Bombolini Tomaten (oder in Gläsern, wobei Sie ihr Wasser sehr gut abschütten sollten)
2	Knoblauchzehen
3	Thymianzweige
4	Majoranzweige
1	Bund Basilikumblätter
10 EL	Olivenöl extravergine
1 EL	Balsamessig

Salz (und Pfeffer, wenn Sie mögen)

Seite 284

Überbrühen Sie die kleinen Tomaten an ihren Zweigchen in heißem, leicht gesalzenen Wasser für wenige Sekunden, lassen Sie sie abtropfen, etwas abkühlen, zupfen Sie die Stängel ab und häuten Sie sie grob. Schälen Sie die beiden Knoblauchzehen und schneiden Sie sie in feine Scheiben, wobei Sie darauf bedacht sind, den inneren Keim, der den Knoblauchgeschmack verstärkt, zu entfernen. Nehmen Sie die Blättchen vom Thymian, Majoran und den Bund mit Basilikumblättern und zerkleinern Sie alles grob mit den Händen. Geben Sie die Kräuter mit den kleinen Tomaten, den Knoblauchscheibchen und einer Prise Salz in eine Schüssel. Waschen Sie inzwischen die Paprikaschoten, schneiden ihnen die Kappe mit dem kleinen Stiel ab und legen sie beiseite; entfernen Sie sorgfältig die Kerne und die inneren, weißen Sehnen, setzen sie auf den Boden einer mit Backpapier ausgelegten Auflaufform und füllen Sie sie mit den schon gewürzten, kleinen Tomaten. Benetzen Sie die Füllung jeder Paprikaschote mit zwei vollen Esslöffeln Olivenöl und legen jeder ihren "Deckel" an die Seite; schieben Sie die Auflaufform in den schon auf 180°C vorgeheizten Ofen und garen Sie die Paprikaschoten für circa 40 Minuten. Aus dem Ofen nehmen und abkühlen lassen. Beträufeln Sie sie mit wenigen Tropfen Balsamessig und servieren Sie sie in Begleitung von Scheiben der Büffelmozzarella, Basilikumblättern und hausgemachtem Brot.

Wichtige Bemerkung: für ein noch herzhafteres Gericht können Sie der Würzung für die kleinen Tomaten einige Sardellenstückchen und in Salz eingelegte Kapern hinzufügen, die Sie ordnungsgemäß gewaschen, abgetrocknet und zusammen mit den "Kräutern" zerhackt haben.

«Le Melanzane "alla Parmigiana" (1)»

(= Die Auberginen nach Parmigiana-Art)

Zutaten für 6 Personen:

2 kg	Auberginen (längliche, wenn Sie einen entschiedeneren und kräftigen Geschmack vorziehen, oder runde, wenn Sie ein milderes Gericht bevorzugen)
1 1/2 kg	reife Tomaten oder 1 kg geschälte Tomaten
4	Knoblauchzehen
150 g	geriebener Parmesan
1	Bund frisches Basilikum

Olivenöl extravergine zum Frittieren und 7 - 8 EL zum Anmachen

2 TL	Zucker

Grobes und feines Salz

Die Auberginen waschen und der Länge nach in Scheiben (3 - 4 cm dick) schneiden, schichtweise in ein Nudelsieb (mit großen

Löchern) geben und jede Schicht mit grobem Salz bestreuen. Legen Sie darauf einen Teller und lassen Sie die Auberginen für eine halbe Stunde ziehen, damit sie das bittere Vegetationswasser verlieren. In der Zwischenzeit die Tomatensoße zubereiten, indem Sie für 10 - 15 Minuten die frischen Tomaten (oder die geschälten aus dem Glas), 4 geschälte Knoblauchzehen, 3 Esslöffel Öl, einige Basilikumblätter, etwas Salz und 2 Teelöffel Zucker in einem Topf kochen lassen. Sobald die Soße lauwarm ist, durch ein Passiergerät geben. Nehmen Sie nun die Auberginen, waschen Sie das Salz ab und trocken Sie sie zwischen zwei Geschirrtüchern. In reichlich, gut erhitztem Olivenöl wenige auf ein Mal frittieren, dabei das überschüssige Öl, einmal aus der Pfanne genommen, auf Küchenpapier abtropfen lassen. Eine feuerfeste Form oder eine Auflaufform mit Öl einfetten, auch zwei bis drei Esslöffel Tomatensoße hinzugeben, eine erste Schicht frittierte Auberginen, noch einige Esslöffel Soße hinzugeben (Achtung, jene darf nicht zu reichlich verwendet werden, um nicht den Geschmack der Auberginen zu verdecken), eine dünne Schicht Käse und einige Basilikumblättchen. Gehen Sie weiter in dieser Art und Weise vor, bis alle Zutaten verbraucht sind.

Mit der Tomatensoße, Basilikum, Parmesan, und ganz zuletzt 2 - 3 Esslöffeln Öl enden. Die "Parmigiana" im Ofen bei 180°C für eine halbe bis dreiviertel Stunde backen, bis sich eine goldene Kruste bildet.

Dieses Rezept "verzichtet" bei der Zusammenstellung der Schichten auf den Mozzarella. Man kann sich dadurch einige Kalorien und den Nachteil ersparen, dass der Mozzarella hart und ziemlich unangenehm wird, sobald sich die Parmigiana einmal abgekühlt hat. Sie können aber auch, wenn Sie möchten, diese reichhaltigere Version mit dünn geschnittenen Scheiben über den Auberginen ausprobieren.

(1) "Alla Parmigiana" (der Name kommt von der Stadt Parma im Norden Italiens), ist ein klassisches Rezept auf der Basis von Gemüse, frittiert oder gegrillt, Tomatensoße und geriebenem Parmesan. Trotz seines Namens ist es ein spezielles Rezept der sizilianischen Stadt Siracusa, auf der gesamten Halbinsel und in ganz Süditalien verbreitet (besonders in Neapel und in der Region Kampanien).

<<Lo Sformato di Carciofi>>

(= Der Artischockenauflauf)

Zutaten für 6 Personen:

15	frische, "neue" Artischocken
30 g	geriebener Pecorino
3	Knoblauchzehen
4 EL	Olivenöl extravergine
1/2 EL	Butter zum Einfetten
3	Eier
1	Zitrone
Salz und Pfeffer	
2 EL	Paniermehl

Für die	Béchamelsoße:
50 g	Butter
1/2 l	Milch
50 g	Mehl
1/2	Teelöffel geriebene Muskatnuss
Salz	

Säubern Sie die Artischocken gründlich von den härteren Blättern, schneiden Sie die dornigen Spitzen ab, entfernen Sie das "Heu" aus dem Inneren und belassen Sie nur einen Teil des Stieles daran, den Sie außen schälen. In einer Salatschüssel mit Wasser bedeckt einweichen, in welchem Sie den ausgedrückten Zitronensaft aufgelöst haben. Bereiten Sie in der Zwischenzeit die Béchamelsoße zu (siehe hierfür Zubereitung auf Seite 291).
Während die Béchamel abkühlt, schneiden Sie die gut vom Wasser abgetropften Artischocken in kleine Schnitze und geben diese in eine Antihaftpfanne, in welcher Sie bereits die Knoblauchzehen im Öl angewärmt haben. Ganz langsam kochen lassen und, nachdem sie für 4-5 Minuten im heißen Öl angeschmort wurden, ein halbes Glas Wasser dazugeben. Salzen und für circa 15 Minuten mit dem Kochen fortfahren (oder je nach Qualität der Artischocken). Sie müssen gut gar und weich sein. Die Knoblauchzehen entfernen und abkühlen lassen. Nach und nach auf ein Holzbrett legen und mit einem geeigneten Messer grob hacken. Nehmen Sie nun eine große Salatschüssel und geben Sie die gehackten Artischocken, die Béchamelsoße, den geriebenen Pecorino und die Eier hinein, welche Sie eins nach dem anderen daruntermengen. Vermischen Sie alles sehr gut.
Mit Salz abschmecken und einer großzügigen Prise Pfeffer bestreuen. Nochmals sorgfältig umrühren. Bereiten Sie eine antihaftbeschichtete Backform für Aufläufe vor (besser jene Springformen mit Loch). Mit 20-22 cm Durchmesser und einer Höhe von ungefähr 10 cm. Einbuttern, mit dem Paniermehl bestreuen und die vorbereitete Mischung hineingeben, diese glatt streichen und auf die Oberfläche nochmals Paniermehl streuen.
Den Ofen auf 180°C erhitzen, die Backform in eine tiefe Ofenpfanne in 2 Finger hohes bereits warmes Wasser stellen und den Auflauf im Wasserbad für circa anderthalb Stunden backen. Es muss sich eine goldene Kruste bilden. Sollte der Auflauf zu schnell Farbe annehmen, bedecken Sie die Oberfläche mit einem Stück Aluminiumfolie und reduzieren Sie die Temperatur des Ofens.

Um zu sehen, ob er vollkommen gar ist, nehmen Sie ihn aus dem Ofen und "testen" Sie ihn mit einem Zahnstocher (er muss trocken bleiben). Aus dem Ofen nehmen und für 15-20 Minuten ruhen lassen. Um den Auflauf aus der Form "heraus zu bekommen", helfen Sie sich mit einem kleinen flachen Holzspatel, der mit kaltem Wasser benetzt wurde, und legen Sie den Teller oder das Servierbrett auf die Form und stürzen ihn schnell und energisch. Servieren Sie den Auflauf noch lauwarm (auch kalt ist er gut), vielleicht indem Sie rundherum um die Mitte (sollten Sie eine Springform mit Loch verwendet haben) ein wenig Béchamelsoße geben, welche Sie zuvor etwas reichlicher vorbereitet haben, oder aber in Öl und mit zwei Salbeiblättern geschwenkte Hühnerlebern, Tomaten- oder Hackfleischsoße. Diese "Verzierungen" kann man eventuell auch außen herum anordnen. Der Auflauf ist aber auch köstlich ohne alles: das Präsentieren der anderen Zutaten in der Mitte ist imposanter und als Vorteil haben Sie einen kompletten Gang!

Für die Zubereitung der "Besciamella"
(= Béchamelsoße):

In einem kleinen Topf (mit schwerem Boden) zerlassen Sie bei sehr mäßiger Hitze die Butter. Sobald sie aufgelöst ist, fügen Sie das Mehl hinzu und verrühren es für 2, 3 Minuten gemeinsam mit der Butter mit einem Holzlöffel ohne Farbe annehmen zu lassen. In der Zwischenzeit haben Sie die Milch kochen lassen. Schütten Sie ein wenig kochende Milch in den Topf und vermischen Sie gut; nach und nach die ganze Milch hinein geben und immer umrühren. Lassen Sie das Ganze für ca. 10 Minuten kochen, mit Vorsicht bei sehr niedriger Hitze, so dass die Soße nicht am Boden des Topfes ansetzt. Sobald Sie den Herd abstellen, würzen Sie mit Salz und Muskatnuss.
Sie ist eine der Basissoßen in der Küche und wird vor allem für Ofengerichte (gratinierte Nudeln und Gemüse, Gemüseaufläufe, Soufflé), allein oder mit anderen Soßen, wie aus Tomaten, Fleisch oder Gemüse verwendet.

Der Wein

Der Weinstock gedieh in der Toskana bereits vor dem Eintreffen der Etrusker, um das 7. Jahrhundert vor Christus herum. Es ist diesen unseren Vorfahren und dem Einfluss der benachbarten (was nicht wirklich ernst gemeint in jener Zeit ist) Griechen zu verdanken, dass mit der Anpflanzung begonnen wurde. Seit dieser entfernten Zeit sollten der Anbau der Weinstöcke und die Herstellung des Weines mit der Geschichte und der Wirtschaft der Region verbunden sein.

Cosimo III de' Medici, aufgeklärter Großherzog der Toskana, errichtet im Jahr 1716 per Dekret die ersten Herkunftsbezeichnungen, indem er Gegenden, Grenzen und Regeln für die toskanischen Weine absteckt und im Grunde genommen die ersten D.O.C. (= Kontrollierte Herkunftsbezeichnung) "ante litteram" festlegt. Später, im Jahr 1896 erklärt das Landwirtschaftsministerium, dass die Toskana unter den italienischen Regionen die erste ist, die einen Rotwein mit Geschmack und Eigenschaften herstellt, welche den Bedürfnissen der Verbraucher entsprechen.

Es ist die offizielle Bekanntgabe des Chianti Weines, und von da an ist sein Ruf und die entsprechende Nachfrage dazu bestimmt, nicht mehr unterzugehen, sondern vielmehr im Laufe der Zeit enorm anzusteigen.

Die geologische Beschaffenheit des zentralen Gebietes der Toskana, ideal für den Weinanbau, ist durch Böden charakteri-

Tavernelle Val di Pesa, Florenz: ein Oktober im frühen 20. Jahrhundert. Bereit für die Weinlese, rüsten sich die Bauern jeden Alters mit dem "Berufswerkzeug" für die Arbeit.

siert, die sich aus "galestro" (= schichtiges Schiefergestein mit scharfen Kanten), Sandstein und Ton zusammensetzen. Weitere kleinere Bestandteile dieser Erde sind "albarese" (= kompakte Kalkart von sehr feiner Körnung) und Sand, Materialien, die allesamt leicht zu Erosion neigen, ein Phänomen, welches der Landschaft ihre typische, hügelige Form verleiht. Und eben jene des Chianti-Gebiets ist eine der stimmungsvollsten "Szenerien": ein ununterbrochenes und bezauberndes Panorama von Hügeln mit verstreuten Villen, Schlössern, Bauernhäusern, Abteien, romanischen Kirchen, eine Erde reich an Olivenbäumen und Weinbergen, inmitten von Steineichenwäldern und Zypressenalleen, wo sich hier und dort auf den Hängen kleine uralte Dörfer befinden.

Wer die Möglichkeit (und ich möchte beinahe sagen, das Glück) hat, zwischen den ersten Oktobertagen und Mitte November, etwas unaufmerksam oder nicht an das Land gewöhnt (oder vielleicht durch eine Landschaft beeinflusst, in die sich schon unzählige Personen aus der ganzen Welt verliebt haben), in diesem Landstrich herumzuwandern, wird nicht sofort verstehen, was für ein Duft es ist, der ihn einhüllt und "durcheinander bringt". Er ist überall, dringt überall ein, umzingelt dich. Und es ist nicht nur ein Duft: die Luft hat Farbe und Konsistenz angenommen. Die Verwirrung dauert nur kurz an ... auch der Naivste der Naiven weiß es beim dritten Schnuppern: Wein und Weinlese! Für den "Unglückseligen" ist es noch nicht zu Ende: wenn er den Mut hat, die Schwelle eines Weinkellers

Es sind mehr als hundert Jahre vergangen, seit der Weinernte auf dem vorherigen Foto, aber viel hat sich nicht geändert: die Früchte werden noch per Hand gepflückt, Traube für Traube.

Weinkeller von La Vialla: ein gewaltiger Strahl des duftenden Mosts, der beim Umfüllen "an der Luft" eingefangen worden ist. Dieses Verfahren dient dazu, den Wein mit Sauerstoff anzureichern, bevor er in einen geschlossenen Behälter umgepumpt wird.

zu überschreiten, kann er beschwipst werden, allein vom Einatmen und Schnuppern (ein wunderschönes Gefühl!), so stark ist der Duft des Mostes.
Ich trank für mehr als 30 Jahre meines Lebens keinen Alkohol, war wirklich abstinent (unwiederbringlich, dachte ich). Ich ließ nicht einmal einen Tropfen irgendeiner Flüssigkeit (oder Speise) in die Nähe meines Mundes, die Alkohol "im Blut" hatte, einschließlich natürlich der Weine jeder Farbe und Alkoholgehaltes, mit oder ohne Schaum, auch nicht die süßen. Besser gesagt, vor allem vom Wein, konnte ich den Duft nicht ausstehen! Aber ich war von vielen "Hinkebeinen" umgeben, also von Verehrern dieses namhaften Nektars und hier sagt man (vielleicht auch bei Ihnen?): "Chi sta con lo zoppo impara a zoppicare" (= Wer mit einem "Hinkebein" zusammen ist, lernt selbst zu hinken). Ich habe mich dazu "gezwungen" zu kosten und ganz langsam habe ich eine Welt entdeckt, eine schöne, große Welt, von welcher Seite ich sie auch immer drehte und wendete. So habe ich gerne "die Waffen abgelegt" und nicht nur: Riechen und Kosten eines Weines sind für mich ein angenehmes Erlebnis geworden. Ich besuchte auch einige der vielen

Sommelier-Kurse ringsumher in der Toskana (den ersten in Siena, dann in Florenz, den dritten und letzten in Arezzo), wodurch sich mein önologischer Horizont beachtlich erweiterte. Ich bin nicht, noch werde ich jemals, eine große Trinkerin sein, aber zwei, drei halb-volle Gläser eines guten Weins, wohl abgestimmt mit dem, was ich auf dem Teller habe, sind eine schöne Gewohnheit geworden ...

... ich denke, dass ich das Thema nun etwas verfehlt habe (darin war ich schon im Gymnasium eine Spezialistin, leider!) und ich möchte wieder zum Hauptargument des Buchs zurückkommen, der Küche. Vielleicht ist es möglich, und würdig, dies mit dem Zusammenbringen von Wein und Speisen zu tun: mir gefällt es nicht, Regeln und Sicherheiten aufzustellen, ich habe keine und sie lassen sich auch nicht mit dem Geschmack eines Jeden in Einklang bringen ("de gustibus non est disputandum" - über Geschmack kann man nicht streiten", eine alte Weisheit).

Ich beschränke mich auf einige Grundkenntnisse aus diesem weiten und faszinierenden Universum, um mit Geschmack und Vergnügen Rezepte und Weine zu verbinden.

Weinkeller von La Vialla: Antonio Lo Franco mit dem Önologen der Fattoria, Umberto Trombelli, beschäftigt bei einer Weinprobe.

Die Methode ist jene der A.I.S. (Associazione Italiana Sommelier, die italienische Vereinigung der Sommeliers), welche sich auf die Grundsätze von "Gegensätzlichkeit" und "Übereinstimmung" stützt, die zwischen den wahrnehmbaren Empfindungen der Speise und des Weins bestehen. Das erste Prinzip, gültig für den Großteil der Wahrnehmungen, basiert auf der Tatsache, dass der gewählte Wein (derjenige, der mit einem Gericht verbunden werden soll) "gegensätzliche" Eigenschaften im Vergleich zu denen der Kost aufweisen sollte. Wenn eine Speise zum Beispiel eine tendenziell relativ deutliche säuerliche Wahrnehmung bietet, werden wir im Wein Gaben von Weichheit suchen, die diese ausgleichen werden. Die "Gegensätzlichkeit" kann in anderen Fällen nicht befolgt werden, in denen man dagegen die "Übereinstimmung" der Empfindungen befolgen muss. Das einfachste Beispiel ist jenes der Torten, der Plätzchen und aller Gerichte in welchen Eindrücke von Süße vorherrschen. Diese erfordern süße Weine. Das Gleiche gilt für Zubereitungen, die reich an Duftnoten, würzigen und aromatischen Wahrnehmungen sind. In diesem Fall muss man im allgemeinen sehr duftende Weine in Betracht ziehen. Für die Speisen mit einem guten Anhalten in Geschmack und Nase, wird die Wahl auf Wein von einem höheren aromatischen Andauern fallen ...

... aber kehren wir in die Toskana zurück: bei uns serviert man als Gegensätzlichkeit die "Fiorentina", klassisches, saftiges und würziges Steak vom Grill mit einem robusten, ziemlich jungen, trockenen, recht tanninischen Wein (natürlich ein guter Chianti), der ausgleichend wirkt, die Geschmackknospen und die Empfindungen im Mund "trocknet".

Ein anderes Beispiel dagegen ist die einwandfreie Übereinstimmung (beinahe eine Symbiose, die in der Toskana uralt und verankert ist, weitaus früher, als die "Ankunft" der Sommeliers) von Cantucci und Vin Santo: trockene Plätzchen, reich an Aroma und nicht besonders süß, die sich perfekt mit dem geschätzten, weichen und anhaltendem Wein vermählen, süß, aber nicht zu sehr, samtig, aber "schön trocken".

Schließlich sind sich die Sommeliers aus der ganzen Welt über ein paar Regeln einig, um den Wein auf dem Tisch zu präsentieren. Eine Reihe von Vorschlägen, die Platz für Fantasie und

freie Interpretation lassen. Kein einziger großer weißer Likörwein sollte mit rotem Fleisch oder Wild gereicht werden; kein großer Rotwein kann mit Fisch, Krustentieren oder Muscheln serviert werden; die Weißweine sollen vor der roten, die leichten vor den robusten und die frischen vor denen mit Raumtemperatur gereicht werden; man sollte die Weine mit steigendem Alkoholgehalt anbieten; es ist möglich zu jedem Gang den eigenen Wein zu reichen (eine Aufforderung an das Studium .... und an die Fantasie); die Weine sollten in ihrem besten Moment aufgetischt werden, das heißt je nach Reifung und mit Respekt vor der Tradition.

I Contorni
(= Die Beilagen)

<<I Carciofi in Padella>>

(= Die Artischocken in der Pfanne)

Zutaten für 4 Personen:

8 frische und zarte Artischocken
6 EL Olivenöl extravergine
einige Thymianblätter oder eine kleine Messerspitze getrockneten
1 Zitrone
1 Knoblauchzehe
Salz und Pfeffer

Die Artischocken gut säubern, den Stil (circa 2 cm belassen) abschneiden, die dornigen Spitzen und die äußeren härteren Blätter entfernen. Je nach Größe der Artischocke in 4 bis 6 Schnitzen schneiden, sie auch vom inneren Flaum befreien und für eine viertel Stunde in mit

Zitronensaft gesäuertes Wasser tauchen, um zu vermeiden, dass sie schwarz werden. Gut abgetropft in eine Pfanne mit Olivenöl, der ganzen Knoblauchzehe, dem Thymian, Salz und Pfeffer geben. Sobald sie Farbe angenommen haben, die Knoblauchzehe entfernen und ein Glas warmes Wasser (die Flüssigkeit sollte circa bis zur Hälfte die Artischocken bedecken) hinzufügen. Bei mäßiger Hitze und abgedeckter Pfanne zu Ende kochen, bis die Artischocken gar, aber fest sind. Für den Gargrad leicht mit einer Gabel versuchen. Sollten die Artischocken von einer härteren Sorte und das Wasser bereits verkocht sein bevor sie fertig sind, noch ein wenig heißes Wasser nach und nach hinzufügen.
Einwandfrei, wenn gemeinsam mit "Involtini di Carciofi" (= Artischockenrouladen; siehe Rezept auf Seite 238) serviert sowie mit vielen anderen zweiten Gängen auf Fleisch- und Fischbasis. So gekocht können sie die Grundlage für ein appetitliches Omelett (das Artischockenomelett ist ein sehr geschätztes Gericht in unserer Gegend) und ein feines Risotto sein.

Wichtige Bemerkung: nach dem gleichen Rezept kann man eine weitere toskanische Beilage zubereiten: "Carciofi in umido" (= geschmorte Artischocken). Dafür müssen Sie noch weitere Zutaten besorgen: 200 g frische, reife Tomaten (oder die gleiche Menge geschälte).
Anstelle des Wassers in der vorherigen Zubereitung, verwendet man die Tomaten (gut gewaschen und in kleine Stücke geschnitten), nachdem man sie durch die Passiermühle gegeben hat. Die Artischocken beenden ihre Kochzeit mit der Flüssigkeit, welche von den Tomaten austritt.

<<I Fagioli nel Fiasco>>

(= Die Bohnen in der Korbflasche)

Zutaten für 4 Personen:

400 g weiße Bohnen einer kleinen "Größe"
2 Knoblauchzehen
4–5 Salbeiblätter
10 EL Olivenöl extravergine
Salz und Pfeffer nach Belieben

Die Bohnen in eine Korbflasche ohne Korb geben. Das Öl, die ganzen Knoblauchzehen, den Salbei, Salz und Pfeffer hinzufügen. Eben lauwarmes Wasser dazugeben bis die Korbflasche zu Dreiviertel gefüllt ist. Die Öffnung mit Werg oder gut gepresster und zusammen gebundener Verbandswatte verstopfen (nicht mit dem Korken verschließen) und auf ein kleines Häufchen gemischter

Ascheglut vor das Feuer des Kamins stellen. Während der Kochzeit, die sehr lang sein wird, drehen Sie die Korbflasche nach allen Seiten. Sobald die Bohnen gar sind und fast die gesamte Flüssigkeit aufgenommen wurde, in eine Suppenschüssel gießen und mit einem Schuss Öl und weiterem Pfeffer (besser frisch gemahlener) anmachen.

Um dieses vorzügliche Gericht zuzubereiten, achten Sie auf zwei wichtige Dinge: 1) die Korbflasche muss aus geblasenem Glas bestehen und einen möglichst breiten Hals haben (die maschinengefertigten Korbflaschen aus zwei vereinten Hälften könnten sich durch die Hitze öffnen. Es ist in diesem Fall also besser ein Gefäß aus Terracotta zu verwenden, eines jener, die extra für das Kochen von Bohnen gemacht wurden, la fagioliera - "Bohnenkochtopf"; 2) verwenden Sie generell keine großen Bohnen, da sie durch das Kochen an Volumen zunehmen und dann nicht mehr durch den Flaschenhals "gehen".
Dies ist ein Rezept, welches aus "alter Zeit" stammt, als die Wärmequelle für das Kochen einer jeglichen Speise jene des Kamins war, als sich die Kochzeiten noch über Stunden hinzogen, als jederzeit eine Großmutter oder Tante zu Hause war, die sich um die Töpfe, das Feuer und ..... die Kinder kümmerte.
Es ist außergewöhnlich, zumindest ein einziges Mal ein solches Gericht zuzubereiten und der Geschmack wird unvergesslich sein.

«I Carciofi "ritti" (1)»
(= Die "stehenden" Artischocken)

Zutaten für 4 Personen:

8	zarte, frische Artischocken, der Saison
100 g	roher, nicht geräucherter Schinken
2	Knoblauchzehen
1	Bund Petersilie (die Blättchen)
10 EL	Olivenöl extravergine

Salz und Pfeffer nach Belieben

(1) Eine toskanische Art und Weise, um "aufrecht stehend" zu sagen.

Seite 304

Die Artischocken putzen, indem Sie die äußeren Blätter und die Spitzen entfernen, den Stängel jedoch auf eine Weise abschneiden, dass die Artischocken "aufrecht stehen", wobei Sie nur einen kleinen Teil (2-3 cm) des Stielansatzes beibehalten. Die Hälfte der Stängel abschaben und zusammen mit dem Schinken, dem Knoblauch und der Petersilie klein hacken. Die Artischocken auf dem Tisch klopfen, wobei Sie sie dabei an der Basis festhalten, damit sie sich öffnen. Mit den Fingern zwischen den einzelnen Blättern die gehackte Mischung einfügen, welche Sie zuvor zubereitet, und der Sie Salz und Pfeffer zugegeben haben. Stellen Sie die Artischocken aufrecht mit dem Boden nach unten in eine Form, sodass Sie relativ eng stehen. Die verbliebenen, gesäuberten und in Hälften geschnittenen Stängel sowie 10 Esslöffel Öl und ein halbes Glas Wasser hinzugeben. Salzen und bei geöffnetem Deckel kochen, bis sich die Flüssigkeit zurückgezogen hat und die Artischocken weich sind. Während der Kochzeit mit dem Saft begießen.

Dieses Rezept ist in unserer Gegend auch mit dem Namen "carciofi scazzottati" (= verprügelte Artischocken) bekannt, da sie auf dem Tisch geklopft werden, um sie zu öffnen!

Die Kochzeit kann auch im Backofen bei mittlerer Hitze stattfinden.

Es handelt sich um eine vorzügliche Beilage, beinahe ein komplettes Gericht; perfekt, wenn die Artischocken frisch und zart sind (wie im Frühling).

«I Finocchi "indiavolati"»

(= Die "Vom Teufel gerittenen" Fenchel)

Zutaten für 4 Personen:

4 – 5	Fenchelknollen (je nach Größe und Ihrem Appetit)
2	große in Salz eingelegte Sardellen
30 g	in Essig eingelegte Kapern (1)
10 EL	Olivenöl extravergine
2	Knoblauchzehen
1	getrocknete Chilischote (peperoncino)

Salz, Pfeffer

(1) Diese Beilage ist schon für sich pikant gewürzt, wenn Sie jedoch noch einen stärkeren Geschmack möchten, können Sie 2 Esslöffel entsteinte schwarze Oliven zu den Kapern hinzufügen.

Entfernen Sie vom Fenchel die äußeren "Rippen" und den unteren, härteren Teil. Waschen, vierteln und mit einem scharfen Messer in dünne Scheiben schneiden. Säubern Sie die Sardellen vom Salz, entfernen Sie die innere und alle anderen Gräten, waschen Sie sie kurz unter fließendem Wasser und tupfen Sie sie mit einem Küchentuch ab. Die in Essig eingelegten Kapern gut abtropfen lassen und grob hacken. Geben Sie 5 EL Öl in eine feuerfeste Form mit den klein gehackten Knoblauchzehen, der zerbröselten Chilischote (peperoncino) und schichtweise der halben Fenchelmenge, den zerkleinerten Sardellen, dem restlichen Fenchel sowie dem restlichen Öl und bestreuen Sie alles mit Salz (Vorsicht, denn die Sardellen sind schon salzig) und Pfeffer. Bei kleinster Flamme - es soll gerade eben köcheln - auf den Herd stellen, einen kleinen Schöpflöffel warmes Wasser dazugeben, mit dem Deckel bedecken und für 30 Minuten kochen. Nach abgelaufener Zeit sollte der Fenchel gar, aber noch fest sein und Farbe angenommen haben. Geben Sie die Kapern hinein, mit einem Holzlöffel vorsichtig umrühren und sofort den Herd ausstellen. Warten Sie 10 Minuten, bevor Sie servieren.

Es ist eine pikante, sehr appetitliche Beilage, geeignet, um ausgezeichnete Crostoni zuzubereiten, jeder mit ein oder zwei Esslöffeln der Soße aus der Form angerichtet, mit dem noch lauwarmen Fenchel belegt, mit Pfeffer gewürzt und einem Schuss Öl verfeinert.

Meine Schwiegertochter Sabina, Antonio's Frau, hat mir dieses Rezept verraten, welches wiederum von ihrer sehr sympathischen Großmutter Tina stammt. Diese Dame, nunmehr in Arezzo "... seit so vielen Jahren, dass ich mich nicht mehr daran erinnere, wie viele es sind ...", sagt sie, ist in einem sonnigen Dörfchen an der ionischen Küste Kalabriens - in Bovalino - geboren, und ist noch immer von den Erinnerungen (und zum Glück!) an die Rezepte ihrer Region erfüllt.

<<I Fagioli cannellini "all'Uccelletto" (1)>>

(= Cannellini-Bohnen nach "Vögelchenart")

Zutaten für 4 – 5 Personen:

Für die Bohnen:

400 g	getrocknete Cannellini-Bohnen (oder weiße Bohnen einer anderen Sorte, nach Belieben, aber aus der letzten Saison)
2 EL	Olivenöl extravergine
2	Knoblauchzehen
2 – 3	Salbeiblätter
1	Prise grobes Salz

Zum "Anmachen":

5 EL	Olivenöl extravergine
200 g	geschälte Tomaten
1 EL	Tomatenkonzentrat
2	Knoblauchzehen
3 – 4	Salbeiblätter

Salz und Pfeffer

Nehmen Sie die trockenen Bohnen (eine gute Qualität, nicht zu groß und von der letzten Saison: die Cannellini sind nicht leicht zu finden) und geben Sie diese in einen Topf. Mit kaltem Wasser begießen (für 400 g benötigen Sie ungefähr 2 l). Fügen Sie den Knoblauch, den Salbei, das Öl und das Salz hinzu und stellen Sie das Gefäß bei niedrigster Temperatur auf den Herd (wenn nötig, stellen Sie ihn während des Kochens noch weiter herunter). Das Wasser muss kochen, aber kaum wahrnehmbar; die Bohnen dürfen sich nicht "aufregen", sondern sie sollen sich beinahe nicht bewegen. Es ist schwierig eine genaue Angabe zur Kochzeit zu machen. Sie hängt von der Qualität der Bohnen und ihres Alters ab ... aber machen Sie sich keine Sorgen, es gibt ein Gegenmittel, das in der Küche immer seine Gültigkeit hat: Probieren!
Stellen Sie einen Kochtopf aus Terrakotta oder Stahl und dickem Boden auf den Herd, in welchen Sie das Öl, die beiden Knoblauchzehen und die Salbeiblätter zum Anmachen gegeben haben. Bei mittlerer Hitze anschwitzen, das gut mit einem halben Glas Wasser verdünnte Tomatenkonzentrat und die geschälten Tomaten hinzufügen. Salzen und die Soße für zehn, fünfzehn Minuten kochen lassen. Schütten Sie die gekochten und abgegossenen Cannellini - Bohnen in den Topf, salzen Sie gegebenenfalls nach und bestreuen Sie alles mit Pfeffer. Für weitere zehn, fünfzehn Minuten allmählich kochen lassen, dabei vorsichtig umrühren. Am Ende sollte die Soße dickflüssig, die Bohnen ge-, aber nicht zerkocht, und alles gut vermengt sein.
Es ist relativ selten, die Bohnen nach "Vögelchenart" allein zu präsentieren. Normalerweise werden sie mit einem geschmorten (d.h. mit gut gekochten Tomaten) Fleischgericht serviert (Kalb, Huhn, Kaninchen, Schwein). "Ihr Ende" (= ihre Krönung) wie man bei uns sagt, ist, sie mit frischen Schweinewürsten zuzubereiten: im Moment, in dem man die Tomaten hinzugibt, legt man eine (oder zwei für besonders Hungrige) Würste pro Tischgenosse hinein. Wir kochen sie, indem man ein wenig die Pelle mit einer Gabel durchsticht, während die Tomatensoße eindickt. Die Bohnen nach "Vögelchenart" ernten besonders in der Version mit den Würsten immer den Applaus der Feinschmecker.

(1) Der sonderbare "Titel" stammt möglicherweise von der Verwendung des Salbeis in diesem Rezept. Dieses Gewürzkraut, welches häufig in unserer Küche verwendet wird, war unentbehrlich beim Kochen der Wildvögel (mit jeglichem Verfahren: gegrillt, am Spieß, geschmort). Heutzutage ist es schwierig Gerichte mit diesen kleinen Vögeln zu kochen oder im Restaurant zu finden, aus verschiedenen (gerechtfertigten) Gründen.

<<Il Guazzabuglio di Verdure d'Estate>>

(= Das kunterbunte Sommergemüse)

Zutaten für 5 - 6 Personen:

2	Auberginen (ca. 600 g)
3	Zucchini (ca. 450 g)
2	Kartoffeln (ca. 300 g)
3	rote und gelbe Paprikaschoten (ca. 500 g)
2	Zwiebeln (ca. 300 g)
500 g	reife Tomaten (oder gut abgetropfte geschälte Tomaten)
2	Knoblauchzehen
1	scharfe Chilischote (peperoncino; nicht dazugeben, wenn Sie einen süßeren Geschmack vorziehen)
10	frische Basilikumblätter
10 EL	Olivenöl extravergine
Salz	

Alle Gemüsesorten gut waschen. Die Aubergine in Würfel schneiden, in ein Nudelsieb geben, mit grobem Salz bestreuen und sie wenigstens eine halbe Stunde ziehen lassen, damit das Vegetationswasser austritt. Die Zucchini, nachdem Sie die Endstücke entfernt haben, in ca. 1/2 cm dicke runde Scheiben schneiden, mit 2 EL Öl in einer antihaftbeschichteten Pfanne von beiden Seiten andünsten und dann auf ein Tablett legen. Die Paprikaschoten säubern, indem Sie die Kerne und die weißen Sehnen im Inneren entfernen, und in Ringe schneiden, welche Sie dann mit 2 Esslöffeln Öl in der Pfanne bräunen. Verfahren Sie ebenso mit den Kartoffeln, nachdem Sie diese geschält, gewaschen und in Scheiben geschnitten haben, und mit den Auberginen, von welchen Sie das Salz abgewaschen, und die Sie trocken getupft haben. Alle angedünsteten Gemüsesorten auf ein Tablett geben; die gehäuteten Tomaten stückeln. In einer Pfanne oder einer geräumigen Form die geputzten und in Scheiben geschnittenen Zwiebeln, den gepellten Knoblauch und die Chilischote (peperoncino) zusammen mit 2 Esslöffeln Öl anbraten; nach 2 Minuten die Tomaten hinzufügen und nochmals 5 - 6 Minuten kochen. Alle beiseite gestellten Gemüsesorten untermengen und bei mäßiger Hitze 10 - 15 Minuten weiterkochen, dabei ab und zu vorsichtig umrühren. Zum Schluss mit Salz und Basilikum abschmecken.

Dieses bunte Gemüsegericht ist eine ausgezeichnete Beilage, kann aber auch dazu dienen, Nudeln - am besten "kurze" - anzurichten, begleitet von geriebenem Käse und einer Prise Chilipulver (gemahlener peperoncino). Sie können es auch verwenden, um einen Auflauf zu füllen, oder um eine hervorragende "calzone" (Pizzatasche) mit einem Brotteig zuzubereiten, wobei Sie in diesem Fall Mozzarella in Stückchen unter das Gemüse mischen.

Wichtige Bemerkung: das Gemüse vorher einzeln anzubraten, verlängert zwar die Arbeit für dieses Rezept, dient aber dazu, gares, nicht zerkochtes und schönes Gemüse zu erhalten - für das Auge und den Gaumen.

<<Il Fritto misto di Verdure>>
(= Das gemischte ausgebackene Gemüse)

Zutaten für 6 Personen:

1/2	mittelgroßer Blumenkohl
4	äußerst frische, mittelgroße Zucchini
2	längliche, mittelgroße Auberginen

Für den Teig:

250 g	Mehl (und ein wenig mehr, um das Gemüse zu bestäuben)
100 ml	Weißbier
1	ganzes Ei
1 EL	Olivenöl extravergine
reichlich	Olivenöl zum Frittieren
Salz	

Das Mehl durch ein kleines Sieb in eine Schüssel sieben und nach und nach mit Hilfe einer Gabel mit dem Bier und ein wenig mehr als 1/2 Glas gut gekühltem Wasser (natürlich sollte auch das Bier gut kalt sein) vermengen. Das einzeln, leicht aufgeschlagene Ei, Öl und

eine Prise Salz hinzugeben und so lange verrühren, bis eine einheitliche glatte Masse entsteht. Die Schüssel mit Frischhaltefolie bedecken und für mindestens eine Stunde im Kühlschrank ruhen lassen. Die Auberginen waschen, abtrocknen und in runde mindestens 1/2 cm dicke Scheiben schneiden. Die Spitzen der Zucchini entfernen, waschen, abtrocknen und in längliche Streifen schneiden. Zerteilen Sie den Blumenkohl in gleichgroße Röschen, waschen, blanchieren Sie ihn für 5 - 10 Minuten in kochendem Salzwasser und gießen ihn bissfest ab. An diesem Punkt alle Gemüse in einem tiefen Teller voll mit Mehl wenden und das überschüssige Mehl entfernen, indem Sie die Stücke in ein Nudelsieb geben und energisch schütteln. Stellen Sie eine ausreichend große Pfanne mit reichlich Öl auf den Herd (mindestens zu 1/2 mit Öl gefüllt). Sobald das Öl heiß genug ist (machen Sie eine Probe, indem Sie zwei, drei Teigtropfen von den Zähnen einer Gabel in das Öl tropfen lassen, um zu sehen, ob sie gut frittieren), tauchen Sie mit einer schnellen Bewegung die Auberginenscheiben in den gut gekühlten Teig und geben Sie sie in die Pfanne. Für einige Minuten frittieren lassen, bis sie goldgelb sind, dabei einmal wenden. Dann auf Haushaltspapier abtropfen lassen und salzen. Frittieren Sie auf gleiche Weise die Zucchini und den Blumenkohl, wobei Sie darauf achten sollten, dass das Öl zwischen dem Frittieren nicht zu heiß wird. Geben Sie nicht zu viele Stücke auf einmal in die Pfanne, da dieses das Öl zu stark abkühlt und so das Frittierte weniger knusprig, aber fettiger wird (1). Mit demselben Vorgehen können Sie auch andere Gemüse zubereiten: Artischockenschnitzen, Zucchiniblüten oder auch Apfel - oder Kürbisscheiben .....
In der Toskana sagt man: "..... frittiert ist alles gut, auch Schuhsohlen ....." und in der Tat gilt dies von Fleisch (Kalb, Lamm, Huhn, Kaninchen) über verschiedenste Gemüse, bis hin zu verschiedenen Früchten und "Süßigkeiten", wie frittierte Vanillecrème. Es sind sogar Salbeiblätter, gefüllte Oliven, kleine Mozzarella - kügelchen ..... "in der Pfanne" vorzüglich. Das Frittieren hebt jede Art von Geschmack hervor und lässt den Dienst habenden Koch oder der Dienst habenden Köchin viele Pluspunkte zukommen.

(1) Sollten Sie für eine längere Zeit Frittieren, werden Sie sehen, dass das Öl verunreinigt. Stellen Sie in diesem Fall den Herd ab, lassen Sie das Öl erkalten, gießen Sie es weg, säubern Sie die Pfanne und beginnen Sie nochmals mit neuem Öl.

<<Le Arance condite>>

(= Die angemachten Orangen)

Zutaten für 4 Personen:

5 große und reife Orangen
5, 6 EL Olivenöl extravergine
Salz
eine Prise Pfeffer nach Belieben

Es ist kein wirkliches Rezept, aber eine andere und schmackhafte Art und Weise, Orangen auf den Tisch zu bringen, um die Kleinsten (und vielleicht auch einige Erwachsene!) dazu anzuregen sie zu essen.
Die Orangen gründlich schälen, wobei Sie darauf achten sollten, auch die weiße Haut zu entfernen, und in recht dicke Scheiben schneiden. Auf einem Servierteller anrichten und mit dem Öl und ein wenig Salz würzen (den Pfeffer

nur für die "Großen").
In unserer Gegend wurde in der Vergangenheit dieses Rezept von den Kindern als köstliche Zwischenmahlzeit angesehen (Säfte und abgepackte Snacks gab es nicht!) und von einer schönen Scheibe hausgemachtem Brot begleitet gegessen.
Sie können die "arance condite" als Antipasto oder Häppchen servieren (geben Sie, wenn Sie mögen, einige Tropfen Balsamessig hinzu sowie wenige, dünne Parmesanspäne) oder als ungewöhnliche Beilage zu Wild und Geflügel in Salmi oder als Braten. Sie eignen sich auch als kleines und leichtes süß - salziges Dessert.

Anmerkung: eine weitere Zwischenmahlzeit aus anderen Zeiten war, neben den derart zubereiteten Orangen, eine Scheibe hausgemachtes Brot mit ein, zwei Esslöffeln Rotwein, vorzugsweise "neuem", beträufelt und einigen Teelöffeln Zucker bestreut. Sehr wohlschmeckend! Sowie eine andere, uralte Version, ein noch immer sehr gefragter Klassiker, das "pan coll'olio" (Brot mit Öl): eine ungetoastete Scheibe mit Öl bespritzt (damals nicht zuviel, da es zu kostbar war!) und mit einer Prise Salz gewürzt.

<<I Pomodori ripieni alla Toscana>>

(= Die Gefüllten Tomaten auf toskanische Art)

Zutaten für 6 Personen:

6	runde reife und feste Tomaten von je circa 150 g
2	reife Tomaten für Soßen
6 EL	Reis (zum Kochen)
10 EL	Olivenöl extravergine
1	Knoblauchzehe

Petersilie, Basilikum, Oregano
Salz und Pfeffer

Nachdem Sie die Tomaten gewaschen und abgetropft haben, schneiden Sie von sechs der Tomaten eine Art Deckel oberhalb an der Stelle des Stiels heraus, und befreien diese mit einem Teelöffel von ihrem Fruchtfleisch, welches Sie beiseite legen (sie müssen gut gereift, aber sehr fest und etwa gleich groß sein). Geben Sie nun das "Ausgehöhlte" zusammen mit den beiden übrig gebliebenen in Stückchen geschnittenen Tomaten durch das Passiergerät. Füllen Sie die erhaltene Mischung in eine Schale.

Den Reis sehr bissfest in wenig Salzwasser kochen, gut abschütten und mit den pürierten Tomaten anmachen, die mit der Petersilie, dem Basilikum, dem gehackten Knoblauch, einer Prise Oregano, fünf Esslöffeln Öl, Salz und, wenn Sie möchten, Pfeffer vermischt wurden. Die ausgehöhlten Tomaten mit dem Reis füllen, wobei Sie die Flüssigkeit, welche sich auf dem Boden der Schale gebildet hat, zurücklassen und verschließen Sie die Tomate mit dem Deckel. Eine antihaftbeschichtete Ofenform mit zwei Esslöffeln Öl einfetten, die gefüllten Tomaten hineinlegen die übrig gebliebene Flüssigkeit aus der Schüssel hineingießen, die Tomaten oben mit etwas Salz und drei Esslöffeln Öl würzen und für circa 30 Minuten in den auf 180°C vorgeheizten Backofen stellen. Wenn Sie sehen, dass die Tomaten zu sehr austrocknen, geben Sie etwas warmes Wasser dazu und begießen Sie sie ab und zu während des Garens mit einem Löffel des Saftes vom Boden der Ofenform. Am Ende sollten sie überbacken sein.

Dieses toskanische Rezept (von welchem es verschiedene Versionen in anderen italienischen Regionen gibt) ist schnell und appetitlich. Es eignet sich dazu, als ersten Gang, aber auch als Beilage oder "robuste" Vorspeise verwendet zu werden. Die Tomaten sollten nicht sofort nach dem Backen serviert werden, sondern mindestens für eine Viertelstunde ruhen (und sie sind auch lauwarm oder sogar kalt sehr lecker).

<<Gli Spinaci con Uvetta e Pinoli>>
(= Der Spinat mit Rosinen und Pinienkernen)

Zutaten für 6 Personen:

300 g	zarter Frühspinat mit kleinen Blättern
3 EL	Rosinen der Sorte Sultanine
2 EL	Pinienkerne
4 EL	Olivenöl extravergine
2 EL	Balsamessig
	Salz und Pfeffer

Die Rosinen 10 Minuten lang im warmen Wasser einweichen, dann abtropfen lassen und ausdrücken. Den Spinat mehrmals waschen und mit der Salatschleuder sehr gut trocknen. In eine geräumige Schüssel geben und mit den Rosinen und den leicht gerösteten Pinienkernen (dafür eine kleine antihaftbeschichtete Pfanne erhitzen und die Pinienkerne darin ohne Zugabe von Fett oder Gewürz einige Minuten lang schwenken) bestreuen. Salzen und Essig, Öl sowie etwas frisch gemahlenen Pfeffer dazugeben. Sanft vermengen, um die Blätter nicht zu beschädigen.

«S' insalata di Carciofi»
(= Der Artischockensalat)

Zutaten für 4 Personen:

6	zarte, frische Artischocken der Saison
6 EL	Olivenöl extravergine
1	Zitrone
80 g	gealterter Pecorino

Salz und Pfeffer nach Belieben

Bereiten Sie zunächst eine Soße aus dem Öl, dem Zitronensaft, je einer Prise Salz und Pfeffer, besser, wenn frisch gemahlen, zu. Die Zutaten mit einer Gabel aufschlagen, um sie miteinander zu vermischen. In der Zwischenzeit die Artischocken säubern, indem Sie den Stängel und die Spitzen abschneiden und die äußeren, härteren Blätter entfernen (sowie den inneren "Flaum", im Fall, dass er vorhanden sein sollte). Mit einem sehr scharfen Messer in sehr dünne Scheiben schneiden, die Artischocken in eine Salatschüssel geben und diese sofort mit der vorher zubereiteten Soße anmachen (andernfalls wird die geschnittene Artischocke dunkel). Mit dem eigens dafür bestimmten Gegenstand den Pecorino in Späne hobeln, um Ihren Salat zu garnieren und zu würzen. Es ist eine Beilage, aber auch eine optimale Vorspeise; und nichts hindert uns daran, indem man vielleicht ein wenig die Mengen erhöht, ein eigenständiges Gericht daraus zu machen.

«Zucchine, Pomodori e Cipolline in agrodolce»

(= Zucchini, Tomaten und Perlzwiebeln süßsauer)

Zutaten für 4 – 6 Personen:

500 g	Zucchini
6	weiße Perlzwiebeln
12	gut reife Kirsch- oder Bombolini Tomaten
2	Knoblauchzehen
1 oder 2 EL	Rosinen (für 10 Minuten in warmem Wasser eingeweicht)
1 EL	Pinienkerne
1	kleiner Bund Minze
1 EL	Weinessig
1 EL	Balsamessig

2 TL Zucker
4 EL Olivenöl extravergine
Salz

Die Perlzwiebeln putzen, waschen und in Schnitze schneiden. Die Zucchini säubern und in Würfel teilen. Die kleinen Tomaten waschen und halbieren. Die geschälten Knoblauchzehen im Öl anbräunen; die Perlzwiebeln dazugeben und für 5 Minuten glasig dünsten. Die Zucchini zufügen und 10 bis 12 Minuten mit dem Schmoren fortfahren. Die beiden Essigsorten dazugeben, sie verdunsten lassen, und die kleinen Tomaten, die Rosinen, den Zucker beigeben und noch 10 Minuten köcheln lassen. Mit Salz abschmecken, die zerpflückten Minzeblättchen und die Pinienkerne hinzufügen. Vor dem Servieren 5 - 10 Minuten ruhen lassen.

<<Le "Crocchette" di Patate della Nonna Giovanna (1)>>

(= Die Kartoffelkroketten nach Art von Oma Giovanna)

Zutaten für 4 - 5 Personen:

500 g	Kartoffeln
2	ganze Eier
4 EL	geriebenen Parmesan (parmigiano reggiano)
6 EL	Mehl
1	Prise Muskatnuss
4 EL	Paniermehl
1/2	Liter Olivenöl extravergine
Salz	

Die gut abgewaschenen Kartoffeln für circa 25 Minuten (für eine richtige Garzeit mit einer Gabel "probieren", sie sollten gut gar

(1) ist der Name, mit dem meine Oma mütterlicherseits, Giovanna, diese besonderen Klöße nannte, welche nur aus Kartoffeln gemacht werden.

sein) in Salzwasser kochen. Sobald sie erkaltet sind, pellen und durch eine Passiermühle in eine Schüssel geben. Zwei Eier hinzufügen und gut vermischen, danach den geriebenen Parmesan, eine Prise geriebene Muskatnuss, eine Prise Salz, drei EL Mehl (nachdem man es durch ein Teesieb gegeben hat) und weiterhin vermengen. Behelfen Sie sich eines Esslöffels und einer bemehlten Hand, um ovale (so groß wie ein Pingpongball) Klöße zu formen. Einen nach dem anderen im verbliebenen Mehl wälzen, welches sich in einem tiefen Teller befindet, und das überschüssige abklopfen. Sobald sie nach und nach bereit sind im Paniermehl (welches auf einem anderen Teller vorbereitet wurde) wälzen und nochmals ein wenig "ausschütteln". Eine geräumige mindestens bis zur Hälfte mit Öl - ca. 1/2 Liter - gefüllte Pfanne auf den Herd stellen und gut erwärmen lassen (werfen Sie zur Probe ein kleines Stückchen Brot hinein: es sollte sofort frittieren). Behelfen Sie sich einer Kelle, um wenige Kroketten, eine nach der anderen, in das warme Öl zu geben und diese von allen Seiten eine schöne Farbe annehmen zu lassen. Bevor man sie wendet, sollte man die Kroketten für einige Sekunden bei niedriger Temperatur belassen, sodass sie von innen trocknen, um diese dann wieder zu erhöhen und sie auf die andere Seite zu wenden. Die Kroketten sorgfältig auf einem Teller mit Küchenkrepp abtropfen lassen und mit einer weiteren Prise Salz bestreuen. Verzieren Sie eine Servierplatte mit einigen Salatblättern auf denen die Kroketten angeordnet werden, um sie auf dem Tisch zu servieren.

Um dieses Gericht zuzubereiten benötigt man ein wenig Geduld und Geschicklichkeit (zumindest im Panieren der Kroketten), sollten Sie diese haben, empfehle ich Ihnen sie auch zu nutzen. Zur Belohnung werden Sie einen Leckerbissen probieren, der auch hier in der Toskana mittlerweile selten gegessen wird. Diese "Kroketten" waren in der Tat Speisen aus vergangenen Zeiten, von den "Großmüttern", die es mit wenig Münze und viel Begabung schafften nahr- und schmackhafte Leckerbissen zu arrangieren, um die gesamte zahlreiche und hungrige Familie zu sättigen. Sie sind zum Aperitif (in diesem Fall in einem kleineren "Format" zubereitet) gut, wie auch als Vorspeise oder als zweiter Gang von Salat oder gekochtem Gemüse begleitet.

<<Sa Peperonata>>
(= Die gedünsteten Paprikaschoten)

Zutaten für 4 Personen:

3	große, süße gelbe und rote Paprikaschoten
3	mittelgroße, gut ausgereifte Tomaten (oder 4 - 5 geschälte)
3 - 4	Basilikumblätter
1	mittelgroße Zwiebel
8 EL	Olivenöl extravergine
1 TL	Zucker
Salz	

Waschen Sie die Paprikaschoten, vierteln Sie sie und entfernen Sie alle Kerne und die inneren weißen Sehnen. Schneiden Sie daraus fingerdicke Streifen und geben Sie sie mit der geputzten und klein gehackten Zwiebel und den in Stückchen geschnittenen Tomaten, dem Öl, dem Salz und dem Zucker (er dient dazu, den Tomaten die Säure zu nehmen) in eine Form mit niedrigem Rand oder in eine Pfanne (besser eine antihaftbeschichtete). Verschließen Sie die Pfanne mit dem Deckel und lassen Sie die "peperonata" bei mittlerer Hitze circa 20 Minuten kochen. Rühren Sie hin und wieder vorsichtig um und zerdrücken Sie die Tomaten ein wenig ("nur" die Tomaten, sobald sie etwas eingekocht sind) mit der Gabel, um ihren Saft besser austreten zu lassen. Kosten Sie Ihre "peperonata", ob sie gar ist, fügen Sie die mit der Hand zerpflückten Basilikumblättchen hinzu und schmecken Sie sie eventuell mit Salz ab. Falls die Paprikaschoten bereits trocken geworden und noch zu "bissfest" sind, fügen Sie wenig (warmes) Wasser hinzu und garen Sie sie so fertig. Lassen Sie sie 5 - 10 Minuten ruhen, bevor Sie sie auf den Tisch bringen. Die "peperonata" ist auch lauwarm oder kalt gut. Sie ist eine ausgezeichnete Beilage zu gebratenem Fleisch, zu Grill - oder Schmorbraten, zu Frittiertem und sie ist fein zum Anrichten von Nudeln und Reis sowie zur Zubereitung von leckeren Bruschette.

«I Piselli alla Toscana»

(= Die Erbsen nach toskanischer Art)

Zutaten für 4 Personen:

450 g	enthülste, kleine, feine Erbsen, frisch aus der Saison (oder tiefgefrorene)
2	Knoblauchzehen
1	Scheibe ziemlich fetter Schinken (50 g)
1/2	kleine Zwiebel
2	kleine Bund Salbei
8 EL	Olivenöl extravergine
1 TL	Zucker
Salz	

In einer Pfanne mit Öl die Knoblauchzehen, die kleine Zwiebel, den gewürfelten Schinken, die Erbsen und die Salbeiblätter kurz anbräunen lassen, 1 bis 2 Minuten gut vermengen und mit einem vollen Glas Wasser bedecken, Salz und Zucker beigeben. Mit einem Deckel gut schließen und bei niedriger Hitze langsam kochen lassen, bis das Wasser völlig aufgenommen ist. Das dauert circa 15 Minuten.
Servieren sie die Erbsen schön warm.

I Dolci
(= Die Nachspeisen)

«Il Castagnaccio»
(=Der Maronenkuchen)

Zutaten für eine Kuchenform mit 26 cm Durchmesser:

250 g	durchgesiebtes Esskastanienmehl
1/2 TL	Salz
1 EL	Zucker
6 EL	Olivenöl extravergine
3 EL	Rosinen
2 EL	Pinienkerne
300 ml	natürliches Wasser
1	Rosmarinzweig

Zu allererst die Rosinen in einer Tasse warmem Wasser einweichen und für 10 Minuten weich werden lassen. Lösen Sie das durchgesiebte Kastanienmehl ganz langsam und sorgfältig in den 300 ml Wasser auf. Sollten sich Klümpchen gebildet haben, versuchen Sie, den Teig etwas mit einem Schneebesen für Süßspeisen aufzuschlagen, bis Sie einen gleichmäßigen, glatten und nicht zu dickflüssigen Teig erhalten haben. Für ungefähr eine Stunde ruhen lassen. Geben Sie nun dem erhaltenen dünnflüssigen Teig das Salz, den Zucker, einen Esslöffel des Öls, zwei der Rosinen und einen der Pinienkerne hinzu und vermengen Sie alles.

Den Boden der antihaftbeschichteten Kuchenform mit 3 Esslöffeln Öl einfetten und den Teig hineingeben, welchen Sie gleichmäßig darin glatt streichen. Verteilen Sie einen Esslöffel der Rosinen, einen der Pinienkerne und das verbliebene Öl darüber und garnieren Sie mit dem Rosmarinzweig, den Sie in zwei, drei Stücke zerteilt haben.

Für zwanzig Minuten in den auf 180°C vorgeheizten Backofen stellen und dann, nachdem Sie die Temperatur etwas verringert haben, für weitere 20 Minuten backen. Der Castagnaccio muss eine schöne goldbraune Farbe haben. Man serviert ihn lauwarm, aber er ist auch kalt sehr gut.

Anmerkung: es ist die klassische Süßspeise der Toskana, vielleicht noch mehr als Panforte. Einst war er Nachspeise, Zwischenmahlzeit, einziger Gang, welchen wir je nach Zeitpunkt "benötigten".
Die Großeltern nannten ihn "sfamafamiglie" ("Hungerstiller der Familien"), da das Rezept zu Zeiten geboren wurde, als Mehl aus Kastanien, Mais und vor allem aus Weizen (Brot, Brotsuppen!) den Hunger einer Vielzahl von Personen stillte. Im Fall des Castagnaccio war es ein Stillen des Hungers mit einer beinahe-Süßigkeit, eine Belohnung für die Strapazen des Alltags.
Die Herkunft des Castagnaccio scheint der Stadt Lucca zugeschrieben zu sein, wo man ihn das erste Mal in einem Buch findet, einem "commentario" (= Kommentar) von 1553.
Eine andere Merkwürdigkeit: in einem einzigen Ort unserer Region, in Arezzo, trägt er den Namen "Baldino" (von "baldo" = kühn).

«Il Ciambellone al Vin Santo»

(= Der "Ciambellone" (1) mit Vin Santo)

Zutaten für eine Ringform mit 26 cm Durchmesser:

500 g	Weißmehl (besser, wenn durchgesiebt)
300 g	Zucker
100 g	Butter (Raumtemperatur)
1	Zitrone (nur die abgeriebene, gelbe Schale)
3	ganze Eier
1	Glas (ca. 200 ml) Milch
50 g	Pinienkerne
50 g	Rosinen
1/2	Glas Vin Santo (circa 100 ml)
1	Päckchen Backpulver (für 500 g Mehl)

1 Prise Salz

Schlagen Sie in einer Schüssel die Eier mit dem Zucker, der geriebenen Zitronenschale und der Prise Salz mit der Gabel auf. Sobald das Gemisch abgekühlt ist, fügen Sie unter ständigem Rühren mit einem Holzlöffel die lauwarme Milch, in welcher Sie die Butter haben weich werden lassen, den Vin Santo und nach und nach das Mehl hinzu. Nun die Rosinen (15 Minuten in Wasser eingeweicht, abgetrocknet und leicht in Mehl gewälzt), die Pinienkerne und schließlich das durch ein Teesieb gegebene Backpulver hineingeben und dabei letzteres sorgfältig mit dem Teig verrühren. Geben Sie die Masse in eine gut mit Butter eingefettete Ringform mit einem Durchmesser von 26 cm. Rütteln Sie die Kuchenform, um den Teig gleichmäßig zu verteilen und stellen Sie sie in den bereits auf 150°C vorgeheizten Backofen für 40 Minuten (sollte die Oberfläche in dieser Zeit zu braun werden, die Form bis zum Ende der Backzeit mit Alufolie abdecken): Achten Sie darauf, den Backofen in der ersten Viertelstunde nicht zu öffnen, da der Kuchen andernfalls nicht gut aufgeht. Sollten Sie ihn doch öffnen, schließen Sie ihn wieder schnell.

Servieren Sie diesen Kuchen lauwarm oder kalt (er schmeckt auch nach 2 oder 3 Tagen) als Nachtisch, auch mit Vanillecreme oder geschmolzener Zartbitterschokolade, oder auch zum Frühstück. Wenn Sie ihn für die Kinder zubereiten, verwenden Sie natürlich nicht den Vin Santo (einfach die Menge der Milch erhöhen) und eventuell die Rosinen (häufig mögen die Kleinen sie nicht).

(1) "Ciambellone" kommt von ciambella (= Rettungsring) und steht für großen Rettungsring.

<<I Cenci>>

(= Die Lumpen, typisches Karnevalsgebäck)

Zutaten für 5 Personen:

etwa 500 g	weißes Mehl
4	gehäufte EL Schmalz (typisch für das "altertümliche" Rezept) oder weiche Butter
1 EL	Zucker
1	Ei
1	Prise Salz
1	Orange: nur die geriebene, "farbige" Schale
100 g	Puderzucker und 200 g Kristallzucker zusammen "zerdrückt" (1), zum Bestreuen der Cenci nach dem Frittieren
reichlich	Olivenöl extravergine zum Frittieren

(1) Früher wurde die Aktion durchgeführt, indem man mit einer Flasche (natürlich aus Glas) wiederholt über ein Küchentuch rollte, in welchem sich die beiden Zuckerarten befanden. Möchten Sie es auch ausprobieren?

Häufen Sie das Mehl an und drücken Sie eine Mulde hinein, in welche Sie alle Zutaten geben und diese mit einer Gabel ganz langsam vermischen. Sobald der Teig beginnt fester zu werden, mit den Händen weiter kneten und so viel Mehl hinzufügen, bis ein fester, aber weicher Teig entstanden ist. Gut durcharbeiten und eine glatte Kugel formen. Schneiden Sie diese mit einem scharfen Messer in zwei Hälften. Rollen Sie eine Hälfte mit dem Nudelholz sehr dünn aus und schneiden Sie diese in 4 – 5 cm breite Streifen, welche Sie dann nochmals teilen, um Rauten (Karos) zu erhalten. Machen Sie das gleiche mit der anderen Hälfte des Teigs.
Eine geräumige zu dreiviertel mit Olivenöl gefüllte Pfanne auf den Herd stellen. Sobald es gut heiß ist, geben Sie die Cenci in das Öl. Sie werden sich aufblähen und an die Oberfläche kommen. Sobald sie soeben goldgelb sind, wenden und von der anderen Seite frittieren. Geben Sie Acht, dass sie nicht anbrennen, da sie schnell "zu sehr" golden werden. Wenn sie eine keksbraune Farbe haben, gut auf einem Tablett mit Küchenpapier abtropfen lassen. Sind sie lauwarm, in Schüsseln anrichten (es werden mehrere erforderlich sein). Jede Schicht der Cenci muss reichlich mit den beiden vermischten Zuckersorten betreut werden (Sie können auch den Mixer für einige Minuten verwenden). Machen Sie mit Cenci und Zucker weiter, bis alles aufgebraucht ist.
Im Teig ist nur sehr wenig Zucker enthalten (nur ein Esslöffel). Erst einmal im siedenden Öl, "bläht sich" der wenig gezuckerte Teig auf und die Süßigkeiten werden leicht und knusprig, köstlich!
"I Cenci" sind typisch für die Karnevalszeit in der Toskana und in vielen anderen italienischen Regionen. Sie verändern sich von Region zu Region im Namen (und in einigen Zutaten), aber sie fehlen nie, um die "Kostümierten" zu feiern. Dies sind nur einige ihrer "Titel": stracci (= Lappen), struffoli (= frittierte Teigkügelchen aus Neapel), chiacchiere (= Geschwätz), crogetti (= Name der Cenci in der Valdichiana).

<<Gli Spiedini caramellati>>

(= Die karamellisierten Spießchen)

Zutaten für ungefähr 30 Spießchen:

1 kg	Zucker
1/2 l	Wasser
200 g	Glukose (in Supermärkten oder Apotheken) oder 2 Tropfen Zitrone (wenn Sie Glukose bekommen können, ist das Ergebnis besser)

getrocknetes oder frisches Obst nach Geschmack

Wählen Sie sehr feste frische Früchte aus, die Sie ganz und ungeschält lassen: kleine Pflaumen, Weintrauben mit einem Stückchen Stiel dran, Mandarinen- oder Orangenschnitze, Kumquats, sehr bissfest gekochte Kastanien (diese natürlich geschält!); oder aber getrocknete Früchte wie Walnusskerne, Mandeln, Pflaumen, Datteln, Kokosnussstückchen. Nachdem Sie die frischen Früchte gewaschen und sehr, sehr gut abgetrocknet haben, spießen Sie sie abwechselnd mit den Nüssen oder Trockenobst auf kurze Holzspießchen. Stellen Sie einen Topf (das Ideale wäre ein Kupfertopf, da er ein guter Wärmeverteiler ist; falls Sie keinen haben, wählen Sie einen aus Edelstahl mit einem schönen, schweren Boden) mit dem Zucker, der Glukose und dem Wasser auf die mäßig warme Herdplatte, und rühren Sie soeben einmal um. Der Zucker wird sich langsam auflösen (er darf nicht durchgerührt werden), bis er eine schöne Keksfarbe annimmt. Nehmen Sie ihn sofort vom Herd, da er sonst zu dunkel werden könnte, und lassen Sie ihn 2 - 3 Minuten ruhen (1). Ziehen Sie ein Holzspießchen nach dem anderen hindurch und versuchen Sie, es von allen Seiten zu überziehen, indem Sie vielleicht einen Esslöffel zur Hilfe nehmen. Legen Sie die Spieße zum Trocknen in gutem Abstand voneinander auf Backpapier oder auf ein mit Öl eingefettetes Tablett. Wenn sie schön kalt sind, nehmen Sie sie weg und servieren sie am Tisch, indem Sie sie, so als würden sie an ein Stachelschwein erinnern, in eine Melone, eine große Orange oder einen Apfel stecken, von denen Sie jeweils den Boden abgeschnitten haben, damit das Stachelschwein "auf den Füßen stehen bleibt". Sie sind sehr dekorativ und auch gut: sie werden ein echter Erfolg sein (hoffe ich zumindest).

(1) Der Karamell tendiert dazu, dickflüssig zu werden; sollte dies geschehen, stellen Sie ihn für einem Moment zurück auf die Herdplatte, um ihn wieder aufzulösen; er sollte flüssig, aber nicht zu dünn sein, wenn Sie die Spießchen damit überziehen.

<<Sa Schiacciata fiorentina della Maria (1)>>

(= Der toskanische Fladen von Maria)

Zutaten für 6-7 Personen:

1	Becher Naturjoghurt
3	Eier
2	(Wein)gläser Zucker
3	(Wein)gläser Mehl
1	Tütchen Hefe für Süßspeisen
1	Orange (Schale + Saft)
2-3 EL	Puderzucker
5 EL	Olivenöl extravergine + 1 EL für die Form

(1) Maria war über viele Jahre eine Bäckerin von Sa Vialla: heute ist sie in Rente, aber ihre Rezepte führen ihre Arbeit weiter.

Diese ist eine verfeinerte ② Version des antiken "fettigen" Fladens, welcher in Florenz während der Karnevalszeit zubereitet wurde. Beim alten Rezept war es Tradition, Schmalz (= Schweinefett) anstatt Öl zu benutzen. Eigelbe und Zucker in einem Schälchen gut verarbeiten: wenn sie nach den Regeln der Kunst aufgeschlagen werden, sollten sie quasi weiß werden. Den Joghurt, nach und nach das durchgesiebte Mehl und die gesiebte Hefe, dann Saft und Schale von der Orange und schließlich das Öl unter stetigem Umrühren dazugeben. Schlagen Sie die Eiweiße zu schön festem "Schnee" und heben Sie ihn unter den Teig, wobei Sie Acht darauf geben, dass der Eischnee nicht zusammenfällt. Fetten Sie eine rechteckige Form (nach Möglichkeit antihaftbeschichtet und mit ziemlich niedrigem Rand), circa 35 cm × 25 cm, mit Öl ein. Den Teig hineingießen, gleichmäßig verteilen und im schon vorgeheizten Backofen bei circa 130°C eine gute halbe Stunde backen. Sollte die Oberfläche des süßen Fladens zu stark Farbe annehmen, bedecken Sie ihn mit einem Stück Aluminiumfolie. Warten Sie aber mindestens die erste Viertelstunde der Backzeit ab, bevor Sie dies tun (wenn man den Ofen zu früh öffnet, geht der Fladen nicht gut auf). Nehmen Sie die Form noch warm aus dem Ofen. Servieren Sie die "schiacciata" kalt mit Puderzucker bestäubt.

② In Florenz ist die aktuelle Konditoreiversion noch süßer: Butter statt Öl. Häufig wird der süße Fladen mit Sahne oder Konditorcreme gefüllt.

<<La Crostata all'Olio d'oliva della Nonna Amelia (1)>>

(= Der Olivenölmürbeteigkuchen nach Art von Oma Amelia)

Zutaten für eine Kuchenform mit 28-30 cm Durchmesser:

5	Eier bei Zimmertemperatur (davon eines zum Verzieren)
250 g	Zucker
100 ml	Olivenöl extravergine
500 g	weißes Mehl (sowie 3-4 Esslöffel, um den Teig zu bearbeiten und auszurollen)
3/4	Tüte Backpulver (Dosis für 500 g Mehl
1	Zitrone
40 ml	Vin Santo
1 TL	Milch
400 g	Marmelade von der bevorzugten Frucht
3-4 EL	Puderzucker (nach Belieben)

eine Handvoll Walnüsse ohne Schale (nach Belieben)

(1) Amelia war meine Großmutter väterlicherseits: von ihr habe ich das Rezept dieser Crostata "geerbt".

Vermengen Sie in einer Schüssel das Mehl mit den leicht aufgeschlagenen Eiern, dem Öl, Zucker, dem Backpulver, der geriebenen Zitronenschale, und schließlich dem Vin Santo. Geben Sie den Teig auf den Tisch, wobei Sie ein Drittel davon zur Verzierung der Crostata beiseite lassen. Mit dem restlichen formen Sie eine Art Ball, welchen Sie mit einem Nudelholz und unter zur Hilfenahme von etwas Mehl ausrollen. In eine gut gebutterte Backform von ca. 28-30 cm Durchmesser legen. Um den gesamten Boden der Form gut zu bedecken, drücken Sie den Teig mit Hilfe Ihrer Hände flach. Alternativ kann der Teig mit derselben Vorgehensweise auch direkt auf einem Blatt Backpapier ausgelegt, und dann zusammen mit dem Papier in die Form gegeben werden. Gleichmäßig mit einer Schicht Marmelade bedecken (in unserer Gegend sind die aus Brombeeren und Feigen "der Hit", oder man kann auch eine Hälfte mit der einen Sorte und die andere mit einer zweiten bestreichen). Wenn man möchte, kann man einige geknackte und kleingeschnittene Walnüsse zur Marmelade hinzugeben. Den restlichen Teig ausrollen, in Streifen schneiden und diese mit den Händen rollen, um dann eine Art von breitem Maschennetz auf dem Kuchen zu gestalten. Legen Sie das letzte Röllchen rundherum zur Fertigstellung und Verschönerung entlang des Kuchenrandes. Dieses muss hier und da mit dem Zeigefinger auf dem Rand der Crostata angedrückt werden, um die Marmelade einzuschließen. Die Streifen des "Netzes" und den Rand mit dem beiseite gestellten und leicht mit einen Teelöffel Milch aufgeschlagenem Ei bestreichen. Geben Sie die Form in den auf 160° C erhitzten Ofen. Den Kuchen für circa 50 min. backen. Am Ende der Backzeit muss die Crostata eine schöne keksartige Farbe haben. Wenn Sie sehen, dass sie nach 15-20 min. zu schnell Farbe annimmt, bedecken Sie sie schnell mit einem Stück Alufolie. Sie sollte kalt, mit Puderzucker bestäubt, wenn man möchte, serviert werden.

Anmerkung: Das übliche Rezept der Crostata sieht den Gebrauch von Butter (oder Margarine) vor. In vergangenen Zeiten war in toskanischen Häusern, und vor allem auf dem Land, die Butter unbekannt und wurde auf jeden Fall als zu teuer, zu "schwer" angesehen. Das Olivenöl war damals, wie übrigens auch heute, der uneingeschränkte Herrscher eines jeden Gerichtes, süß oder salzig. Das Ergebnis seiner Verwendung in der Crostata ist sehr angenehm. Der mit Öl zubereitete Mürbeteig hat den Geschmack der Kuchen von einst, einen intensiveren und unverfälschten Geschmack, ist aber trotzdem mürbe und leicht (auch Dank des Backpulvers, eine Zugabe neueren Datums).
Außerdem ist er leichter verdaulich und gesünder für den Körper!

«Le Pesche al Vin Santo»

(= Pfirsiche an Vin Santo)

Zutaten für 4 Personen:

4	gelbe Pfirsiche, reif aber sehr kompakt und fest
1/2 l	toskanischer Vin Santo
70 g	Zucker
6	Cantucci
50 g	Butter
8	Gewürznelken

Schale von einer Zitrone oder Orange

ein Stückchen Zimtstange

Seite 344

Die Pfirsiche gut waschen. Schneiden Sie das Kerngehäuse und etwas Fruchtfleisch mit einem scharfen Messer heraus, um - ohne den Pfirsich zu beschädigen - einen Hohlraum zu gewinnen. Zerkleinern Sie die Kekse und die Zitronenschale in einem Mixer. Verarbeiten Sie die bei Zimmertemperatur aufbewahrte Butter (ein walnussgroßes Stück davon zum Einfetten der Form beiseite lassen) und geben Sie sie zusammen mit 2 - 3 Esslöffeln Vin Santo und 1 Esslöffel Zucker zu den zerkleinerten Keksen. Wenn alles einmal gut vermengt ist, füllen Sie das Innere der Pfirsiche mit dieser Masse. Richten Sie die Früchte in der gut eingebutterten Auflaufform an, tränken Sie sie im Vin Santo und fügen Sie zum Schluss auch den verbliebenen Zucker, die Gewürznelken und den Zimt hinzu. Stellen Sie die Form in den schon auf 150°C vorgeheizten Backofen und lassen Sie die Pfirsiche für circa 20 Minuten backen. Beträufeln Sie sie während der Backzeit 2 - 3 Mal mit einigen Esslöffeln von der Flüssigkeit aus der Form. Nehmen Sie die Pfirsiche aus der Auflaufform und stellen Sie sie auf einem Teller beiseite. Filtern Sie die verbliebene Soße mit Hilfe eines engmaschigen Siebs in einen kleinen Topf und lassen Sie sie dann auf dem Herd einköcheln. Sobald die Soße sirupartig geworden ist, gießen Sie sie über die Pfirsiche und servieren Sie sie schön warm mit Vanilleeis.

Anmerkung: Im Winter, wenn Sie keine Pfirsiche finden, können Sie auch Äpfel einer zum Kochen geeigneten Sorte (zum Beispiel Backäpfel) verwenden.

<<La Crostata con Crema e Fragole>>

(= Der Mürbeteigkuchen mit Creme und Erdbeeren)

Zutaten für einen Mürbeteigkuchen von 26 cm Durchmesser:

Für den Mürbeteig:

400 g	weißes Mehl
200 g	Butter
180 g	Zucker
2	Eier
1	Zitrone
1	Prise Salz

Konditorcreme mit Vanille (siehe Rezept auf Seite 349), dieser hinzuzufügen: 5 g Blattgelatine

Für die Füllung zusätzlich zur Konditorcreme:

500 g	Erdbeeren
3 EL	Tortenguss (oder Erdbeerkonfitüre)

Zur Verzierung:

2 EL	Puderzucker

Das gesiebte Mehl gemeinsam mit einer Prise Salz auf dem Tisch "brunnenförmig" häufen. In die Mitte die weiche Butter (sie sollte eine halbe Stunde zuvor aus dem Kühlschrank genommen werden), ein ganzes Ei und das Eigelb des anderen, den Zucker und die geriebene Schale der Zitrone geben. Die Zutaten behutsam verkneten, wobei man zunächst eine Gabel zur Hilfe nimmt und anschließend mit den Händen (sie sollten möglichst "kalt" sein) knetet, ohne den Teig dabei zu sehr zu bearbeiten, da er dadurch weniger mürbe werden würde. Einen Ball formen, leicht mit Mehl bestäuben, in eine Schüssel tun, zudecken und an einem kühlen Ort mindestens eine halbe Stunde ruhen lassen. Der noch sehr warmen Konditorcreme wird die Blattgelatine hinzugefügt. Diese muss für 10 Minuten in Wasser aufweichen, dann mit den Händen gut ausgedrückt und in einem separaten kleinen Topf bei "Fingertemperatur" (so wie ich sage) aufgelöst werden. Die ausgedrückte Blattgelatine auf den angestellten Herd stellen und mit dem Zeigefinger umrühren: sie wird sich im Nu auflösen, noch bevor man sich den Finger verbrennt! Nun gut der Creme beimischen, damit sie sich komplett verbindet und die Oberfläche mit einem Stück Alufolie abdecken, um zu verhindern, dass sich während des Abkühlens eine Haut bildet. Den Mürbeteig zur Hand nehmen, soeben den Tisch und den Teig mit Mehl bestreuen und mit dem Nudelholz 3 - 4 mm hoch ausrollen. Seien Sie vorsichtig, denn er bricht leicht. Den Boden und den Rand einer gut eingefetteten antihaftbeschichteten Kuchenform mit ihm auslegen, wobei man einen schönen hohen Rand lässt, der dann die Creme und die Erdbeeren enthalten muss (sollte es nicht gelingen den Teig mit dem Nudelholz auszurollen, kann man ihn auch direkt in der Form auslegen, wobei man mit Hilfe der Hände den Teig glättet). Den Teig mit einer Gabel hier und da lochen, um zu vermeiden, dass er während der Garzeit aufgeht und den Boden dann mit Alufolie bedecken, über welchen man zum Beschweren (Blindbacken) getrocknete Bohnen oder Reis füllt.

In den bereits auf circa 150°C vorgewärmten Backofen schieben und zugedeckt für eine halbe Stunde und dann noch weitere 5/10 Minuten ohne Alufolie backen, um der gesamten Torte eine schöne Keksfarbe zu verleihen. Nachdem sie abgekühlt ist, den äußeren Rand (welcher nie sehr schön und regulär ist) mit Puderzucker durch ein Teesieb bestreuen, mit der Konditorcreme füllen und diese gut einebnen. Nehmen Sie die Erdbeeren (sie müssen reif, aber fest und nicht zu groß sein), welche Sie bereits für eine halbe Stunde mit zwei Esslöffeln Rohrzucker haben marinieren lassen. Nochmals in ihren Saft, der sich gebildet hat, rühren, abtropfen und mit Küchenkrepp gut abtrocknen (ansonsten beflecken sie die Creme). Nachdem sie halbiert wurden, auf der Creme anordnen, indem man gleichmäßige Kreise bildet und mit dem zubereiteten Tortenguss (oder mit der erwärmten und durch ein Sieb gedrückten Erdbeerkonfitüre) bepinseln, wobei beachtet werden sollte mit dem Pinsel nicht die Creme zu berühren.

Ihr Mürbeteigkuchen ist endlich fertig!! Ein wenig langwierig in seiner Zubereitung, entschädigt er (zumindest hoffe ich es) mit ihrem bunten Aussehen und dem guten Geschmack. Ich vergaß: bewahren Sie den Kuchen im Kühlschrank auf sobald er gut erkaltet ist.

«La Crema Pasticcera»
(= Die Konditorcreme mit Vanille)

Zutaten:

1/2 l	frische Vollmilch
4	Eigelbe
1 1/2 EL	durchsiebtes Mehl
4 EL	Zucker
1	Vanillestange

Zitronenschale (nur der gelbe Teil)

Kochen Sie die Milch mit der Vanillestange und der Zitronenschale auf. Abkühlen lassen und in der Zwischenzeit die Eigelbe mit dem Zucker aufschlagen, bis eine schaumige Creme entsteht. Geben Sie nach und nach das Mehl zu den aufgeschlagenen Eigelben und verlängern Sie allmählich mit der kalten Milch (aus welcher Sie die Vanilleschote und die Zitronenschale entfernt haben). Auf den Herd bei niedriger Temperatur stellen. Unter ständigem Rühren mit einem Holzlöffel beinahe zum Kochen bringen und die Flamme kurz zuvor abstellen. Sollten sich während des Kochens Klümpchen gebildet haben, arbeiten Sie ein wenig mit dem Schneebesen für Süßspeisen, damit sie glatt und gleichmäßig wird.

<<Sa Torta al Cocco>>
(= Der Kokoskuchen)

Zutaten für eine Backform von circa 24 cm Durchmesser:

200 g	Kokosraspeln
200 g	Zucker
100 g	Mehl
120 g	Butter
4	Eier
1 Glas	Milch
1	oder 2 EL Puderzucker
1	Tüte Backpulver

Die Eigelbe mit dem Zucker und der Butter (die Sie eine Stunde zuvor aus dem Kühlschrank genommen haben) aufschlagen. Die Kokosraspeln, die Milch, das durchgesiebte und mit dem Backpulver gemischte Mehl dazugeben und zuletzt das steif geschlagene Eiweiß unterheben. Eine Antihaft-Form einbuttern und die Torte für circa 40 Minuten in den vorgeheizten Backofen (bei 160°C) stellen. Decken Sie die Oberfläche des Kuchens nach 10 - 15 Minuten mit Aluminiumfolie ab, damit sie nicht zuviel "Farbe annimmt": sie muss eine schöne keksbraune Farbe haben. Die Form aus dem Ofen nehmen und den Kuchen erst dann mit dem Puderzucker bestreuen (durch ein Sieb mit kleinen Löchern geben, wie eines für den Tee), wenn er etwas abgekühlt ist.

<<La Focaccia di Pasta di Mandorle di Giuliana>>

(= Der Fladen aus Mandelteig nach Art von Giuliana)

Zutaten für eine Kuchenform mit 26 cm Durchmesser:

100 g	Butter
100 g	Zucker
100 g	geschälte und gehackte Mandeln
300 g	Mehl
1	Ei
1/2 TL	Backpulver
3-4 EL	Vanillezucker

Paniermehl zum Bestreuen der Form
Konditorcreme mit Vanille (Siehe Rezept Seite 347)

Die weiche Butter (mindestens eine Stunde vor der Verwendung aus dem Kühlschrank genommen) mit dem Zucker, dem Ei und den gehackten Mandeln schaumig schlagen.

Nach und nach das durchgesiebte Mehl und Backpulver hinzufügen. Formen Sie ein kleines Brot mit weichem Teig daraus, teilen Sie es in zwei Hälften und breiten Sie eine davon mit den Händen auf einer antihaftbeschichteten Ofenform ohne Rand (von Pizza-Typ) mit 30 cm Durchmesser aus (diese sollte gut eingebuttert und mit Paniermehl bestreut sein). Stechen Sie den Teig leicht mit einer Gabel ein. Die beiden Scheiben nacheinander im vorgeheizten Backofen bei etwa 180°C für 10 Minuten backen (bis sie eine schöne keksbraune Farbe angenommen haben). Aus den Formen nehmen, sobald sie lauwarm sind und auf ein rundes Serviertablett legen, wobei Sie Acht geben sollten, sie nicht zu zerbrechen, da sie sehr mürbe sind. Streichen Sie auf eine der Scheiben die abgekühlte Konditorcreme. Die zweite Scheibe darauf gleiten lassen und leicht an der Creme andrücken. Bestreuen Sie die Oberfläche mit dem Vanillezucker, welcher durch ein Teesieb gestrichen wird. Wenn Sie sofort nach dem Backen servieren, wird der sehr knusprige Teig dazu neigen zu zerbrechen, wenn Sie ihn anschneiden (er ist sehr lecker, aber weniger schön für die Augen); wenn Sie einige Stunden vergehen lassen, wird die Creme den Teig erweichen und die Focaccia wird sich perfekt schneiden lassen.

<<Il Gattò (1) di Arezzo (o Salame dolce)>>

(= Die Bisquitrolle aus Arezzo oder "süße Salami")

Zutaten für eine rechteckige Form vom 26 x 38 cm:

4	Eier
200 g	Zucker
100 g	Mehl
30 g	Kartoffelstärke
1 TL	Backpulver
40 g	Butter
1	Prise Salz

Konditorcreme für die Füllung (siehe Seite 349)

(1) Gattò: der aretinische Name dieser Süßspeise stammt vom französischen "gâteau" (= Kuchen) und ist ein Erbe der französischen Herrschaft in Arezzo.

Die Eier trennen und die Eigelbe zusammen mit dem Zucker sorgfältig aufschlagen, wobei Sie nach und nach die beiden durchgesiebten Mehlsorten, 30 g geschmolzene Butter und eine Prise Salz hinzugeben und alles gut vermengen, bis ein glatter und weicher Teig entstanden ist. An diesem Punkt das Eiweiß zu Schaum schlagen und nach und nach vorsichtig unter den Teig heben. Zum Schluss das durchgesiebte Backpulver hinzufügen und weiter vermengen. Legen Sie auf den Boden der Form ein Blatt gut gebuttertes Backpapier (mit der restlichen Butter) und backen Sie darauf den Teig für etwa eine Viertelstunde im auf 150°C vorgeheizten Backofen. Er sollte gar und trocken sein, aber darf nur soeben "Farbe" annehmen. Sobald der Teig lauwarm ist, aus der Form nehmen. Unter Zuhilfenahme des Backpapiers stürzen Sie ihn auf ein viereckiges Tablett, das mit einem feuchten und ausgewrungenem Küchentuch bedeckt ist. Ein anderes legen Sie auf den Teig, da er weich werden muss (2). Nach 15 - 20 Minuten entfernen Sie das obere Küchentuch und bedecken den Teig mit der Konditorcreme (3). Rollen Sie mit Hilfe des darunter liegenden Tuchs sorgfältig den Teig, indem Sie ihn leicht und vorsichtig mit den Händen andrücken. Bewahren Sie die "Salami" für mindestens eine Stunde im Kühlschrank auf, bevor Sie sie servieren.
Es ist ein sehr geläufiges Rezept in Arezzo und Tradition, es zu Hause zuzubereiten. Er nimmt "Anteil" an Hochzeitsfesten, Kommunionen, Taufen und jedem anderen festlichen Anlass, besonders auf dem Land.

(2) Man kann den Teig auch, wenn Sie mögen, mit einem Sirup erweichen, den man durch das Kochen von 6 Esslöffeln Wasser und 2 Esslöffeln Zucker erhält; oder Sie können dafür stattdessen ein Glas Vin Santo oder einen anderen Likör je nach Belieben verwenden.

(3) Man kann ihn auch mit Marmelade, Schokoladencreme (fügen Sie der Konditorcreme nach dem Mehl 2 Esslöffel bitteren Kakao und einen Esslöffel Zucker zu) oder mit Schlagsahne und klein geschnittenen Erdbeeren (oder anderen Früchten) füllen. Der Gattò wird in diesem Fall im letzten Moment "gefüllt" und "gegessen", da die Erdbeeren andernfalls zu viel Wasser ziehen.

<<La "Torta della nonna" di Franca (1)>>

(= "Großmutters Kuchen" nach Art von Franca)

Zutaten für den Teig und eine Kuchenform mit 24 cm Durchmesser:

2	Eigelbe
100 g	Butter (und ein bisschen zum Einfetten der Backform)
100 g	Zucker
250 g	Mehl
30 g	Pinienkerne
2 TL	Backpulver
1	Zitrone (nur die abgeriebene gelbe Schale)
2 EL	Puderzucker
1	Prise Salz

(1) Franca ist eine Freundin von mir und eine ausgezeichnete Köchin.

Für die Creme:

3	Eigelbe	30 g	Zucker
40 g	Maismehl	20 g	Pinienkerne
1/2 l	Milch		

Im Mehl eine Mulde formen, die Zutaten, außer den Pinienkernen und dem Puderzucker, hineingeben (die Butter sollte schön weich sein) und alles schnell verkneten. Gut vermengen und eine Kugel formen, welche Sie leicht bemehlen und dann für eine halbe Stunde an einem kühlen Ort ruhen lassen. Bereiten Sie in der Zwischenzeit die Creme zu (die Milch muss vorher mit der Zitronenschale aufgekocht werden und dann abgekühlt sein), indem Sie in einem geeigneten Topf den Zucker mit den Eigelben aufschlagen, nach und nach ein wenig Mehl und schließlich die Milch unter ständigem Rühren hinzugeben. Stellen Sie den Topf auf den Herd bei mäßiger Hitze, bringen Sie die Creme fast zum Kochen, wobei Sie immer weiterrühren und nehmen Sie sie einen Moment vor dem Kochen vom Herd. Sollten sich Klümpchen gebildet haben, schlagen Sie sie etwas mit einem Schneebesen und lassen die Creme dann abkühlen. Teilen Sie in der Zwischenzeit den Teig in zwei Teile und legen Sie mit einem davon die eingebutterte Kuchenform direkt mit den Fingern aus, wobei auch der Rand der Form zu mehr als der Hälfte bedeckt sein sollte. Verteilen Sie darauf die Creme (der Sie die Pinienkerne zugegeben haben) und legen darüber den zwischen den Händen ausgebreiteten Teig, wobei Sie sich ein wenig mit Mehl helfen. Sie können ihn auch in Stückchen drauflegen, da er sehr brüchig ist. Wenn alles bedeckt ist, den äußeren Rand leicht umschlagen, um die Torte zu verschließen (die Ofenhitze wird die Oberfläche des Mürbeteigs vereinheitlichen). Mit Eiweiß bestreichen und den Pinienkernen bestreuen: nun ist sie fertig für den Backofen (bei circa 150°C). Achten Sie darauf, dass die Torte nicht zu viel Farbe annimmt (sie sollte soeben Keksfarbe haben); nach 10 - 15 Minuten Backzeit mit Alufolie bedecken. Insgesamt ungefähr eine Dreiviertelstunde backen und, einmal aus dem Ofen genommen und abgekühlt, mit Puderzucker bestäuben, den Sie durch ein Teesieb über die Torte streichen.

<<Il Pane fritto con la Marmellata di More>>

(= Das frittierte Brot mit Brombeermarmelade)

Zutaten für 4 Personen:

8	Scheiben Weißbrot (vom Vortag)
175 ml	Milch
50 g	Zucker und 2 oder 3 EL zum Bestreuen der frittierten Scheiben
100 g	Paniermehl
2	Eier
4 oder 5 EL	Mehl
8 EL	Brombeermarmelade
2 TL	Zimt
400 ml	Olivenöl extravergine

Tunken Sie rasch zwei Scheiben Brot in die mit 50 g Zucker gesüßte Milch ein und streichen Sie 2 schön gehäufte Esslöffel Marmelade dazwischen. Wenden Sie die aufeinander gelegten Scheiben zunächst im Mehl, dann in den Eiern, welche zuvor gut aufgeschlagen wurden, und zuletzt im Paniermehl. Gehen Sie ebenso mit den anderen Scheiben Brot vor. Das Öl in eine geräumige Pfanne gießen, gut erhitzen (versuchen Sie es mit einem Stückchen Brot - wenn das Öl brutzelt, ist es bereit), die Scheiben hineingeben und darin mehrmals wenden, damit sie eine goldgelbe Farbe annehmen. Mit der Schaumkelle aus der Pfanne nehmen und zum Abtropfen auf Küchenpapier legen. Auf ein Tablett legen und mit dem vermischten Zucker und Zimt bestreuen. Gut warm servieren.

Diese Süßspeise, nahrhafte Zwischenmahlzeit für Groß und Klein, ist eine Zubereitung der einfachen Küche, die das verwendete, was sie zur Verfügung hatte: das alte Brot, die Marmelade aus den Brombeeren des Gartens sowie auch den Rest, alles was zur Hand und "in der Tasche" war. Das Rezept wurde mir von einem Herren geschenkt, der eine Backstube (bei uns pflegt man "il forno" - "der Ofen" zu sagen) im Zentrum von Chitignano besitzt, ein kleines Dörfchen im Casentino, einem Tal in der Provinz von Arezzo (wo der Fluss Arno seinen Ursprung hat), das einstmals sehr arm und isoliert war.

«Sa Zabaione ①»

(= Die Schaumcreme aus Eigelb, Zucker und Vin Santo)

Zutaten für 4 Personen:

5	Eigelbe
8 EL	Rohrzucker
5 EL	Vin Santo

① Man sagt, dass der Name von einer etwas "verhunzten" Übersetzung von dem Spanischen "sanbajum" kommt: vom Namen des Heiligen San Pasquale Baylon, einem Mönch, der im 16. Jahrhundert aus Spanien an den Hof des damaligen Emanuele Filiberto di Savoia kam. Er riet den Frauen des Schlosses, welche sich im Beichtstuhl darüber beklagten, von ihren Ehemännern vernachlässigt zu werden dazu, eine Mischung aus Eiern, Zucker und Wein zuzubereiten, die neue körperliche Kraft schenkt!

Seite 360

Bereiten Sie ein "bagnomaria" (= ein Wasserbad) vor, indem Sie einen Topf mit hohem Rand zur Hälfte mit Wasser füllen und ihn bei mittlerer Hitze auf den Herd stellen. In der Zwischenzeit vorsichtig die Eier aufschlagen und das Eigelb gewissenhaft vom Eiweiß trennen. Geben Sie dann die Eigelbe in einen hohen Topf mit langem Stiel, wobei Sie bedenken sollten, dass der Topf in den größeren Topf mit dem Wasserbad gestellt wird. Diese dann mit dem Zucker aufschlagen, bis Sie eine glatte, weiche und fast weiße Creme erhalten. Fügen Sie nach und nach den Vin Santo dazu und vermischen Sie alles gut. Nun den Topf in das "bagnomaria", das Wasserbad stellen und den Zabaione bei niedriger Hitze köcheln lassen, ohne jemals aufzuhören die Creme zu schlagen. Sobald sie eine gleichmäßige, schaumige, sehr cremige Beschaffenheit annimmt, ist sie bereit (2).

Der Zabaione (ein Rezept aus dem Piemont, nach ganz Italien "importiert") wird mit trockenem Gebäck vom Typ "lingue di gatto" (Katzenzungen, flacher Löffelbiskuit) oder kleinen Mürbeteigplätzchen gereicht. Er ist auch vorzüglich, um gekochte Früchte zu begleiten. In diesem Fall sollte man die Umsicht haben, den gleichen Wein zu verwenden, wie jenen für die Früchte. Für den Zabaione kann man auch Marsala, Portwein, Muskatwein und sogar süßen Sekt verwenden. Bei uns in der Toskana kann man nicht anders, als ihn mit dem Vin Santo zu machen.

(2) In einem alten Rezeptbuch kann man lesen: .... "durch das Geräusch des Löffels auf dem Boden der Form versteht man, ob er fertig ist; solange er tek tek macht, ist er nicht gar, wenn er tok tok macht, ist er bereit. Eine Frage von einem Augenblick und eines guten Ohrs!"

<<La Torta al Cioccolato "a modo mio">>

(= Der Schokoladenkuchen "auf meine Art")

Zutaten für eine Backform von circa 26 cm Durchmesser:

300 g	in Stückchen geschnittene Zartbitterschokolade
150 g	Butter
5	Eier
100 g	Zucker
2 EL	Mehl

Lassen Sie die Schokolade mit der Butter im Wasserbad schmelzen. Schlagen sie die 5 Eigelbe mit dem Zucker auf, und geben Sie dieser Creme das Mehl, die flüssige Schokolade (nicht zu warm) und zuletzt die zu festem Eischnee geschlagenen Eiweiße hinzu, wobei Sie alles gut untermischen. In eine gebutterte und gemehlte Tortenform füllen und im schon auf 160°C vorgeheizten Ofen für 30 - 40 Minuten (1) backen. Es ist eine Torte für "Leckermäuler" - außen knusprig, innen cremig (und man bereitet sie in weniger als 1 Stunde zu!).

(1) Sollte die Oberfläche der Torte zu stark Farbe annehmen, bedecken Sie sie nach der Hälfte der Backzeit rasch mit einem Stück Aluminiumfolie.

<<Il Lattaiolo o Latte alla portughese>>
(= Der "Lattaiolo" oder Milch auf portugiesische Art oder Crème Caramel (1))

Zutaten für 4 - 5 Personen:

1/2 l frische Vollmilch, 4 Eier, 7 gehäufte EL Zucker, 1/2 Zitrone: nur die Schale, 1 Vanilleschote

Bringen Sie die Milch mit der feinen, gut gewaschenen Zitronenschale (nur der gelbe Teil) und der Vanilleschote zum Kochen. Sobald es kocht, den Herd ausstellen und zum Erkalten beiseite stellen. Zwischenzeitlich den Karamell zubereiten. In einem kleinen Topf mit schwerem Boden 3 gehäufte Esslöffel Zucker und 4

(1) "Lattaiolo" oder "Latte alla portughese" sind, oder besser gesagt, waren die Namen, mit denen dieses Dessert in Florenz und Siena genannt wurde (schon von Francesco Redi zitiert, aretinischer Schriftsteller und Poet, sowie Arzt am Hofe der Medici im 17. Jahrhundert). Heutzutage finden wir es beinahe überall mit dem "französisierten" Namen Crème Caramel. Das, was man angeboten bekommt, hat normalerweise nicht den gleichen Geschmack wie dieses Rezept von zu Hause.

Esslöffel Wasser geben und bei sehr schwacher Hitze ohne zu rühren erwärmen, bis es beginnt Farbe anzunehmen. Einen Moment vom Herd nehmen und mit kreisenden Bewegungen Zucker und Wasser vermischen. Stellen Sie den Topf wieder auf den Herd, bis nach und nach ein schöner karamellfarbener Sirup entsteht, wobei Sie immer wieder mit der kreisenden Bewegung vermischen (2). Schütten Sie die Mischung sofort in eine antihaftbeschichtete Form mit einem Durchmesser von 18 cm und verteilen Sie sie, die Form eifrig drehend, so dass Boden und Rand (bis zu einer gewissen Höhe) benetzt sind (sollte bei dieser Operation der Karamell erkalten und fest werden, stellen Sie die Form selbst für einen Augenblick auf den Herd und er wird wieder flüssig). Verquirlen Sie nun in einer Schüssel die Eier mit dem restlichen Zucker – nicht zu lange – nur um sie miteinander zu vermischen. Nach und nach die erkaltete Milch unter ständigem Rühren hinzugeben und diese Mischung vorsichtig in die karamellisierte Form gießen. Die Süßspeise erst 10 Minuten bei mittlerer Hitze im Wasserbad, und anschließend – weiterhin immer im Wasserbad – im vorgeheizten Ofen bei 180°C für eine dreiviertel Stunde garen. Sollte die Süßspeise zu stark Farbe annehmen, mit Alufolie abdecken, wobei Sie darauf achten sollten, den Backofen so wenig, wie möglich geöffnet zu lassen. Nachdem Sie den "lattaiolo" aus dem Ofen genommen haben, stechen Sie mit einem Zahnstocher in die Oberfläche: sollte er beim Herausziehen trocken sein, ist die Speise gar; andernfalls schieben Sie sie noch für einige Zeit zurück in den Ofen. Nehmen Sie die Süßspeise erst dann aus der Form, wenn sie erkaltet ist, und helfen Sie sich dabei mit einem unter kaltem Wasser gehaltenen Spatel, um sie vom Rand zu lösen. Gehen Sie zum Umstürzen so vor: legen Sie einen flachen, runden Teller auf die Form und drehen Sie sie mit einer schnellen Bewegung um, wobei Sie mit der Hand einige Schläge auf die Unterseite geben. Trotz der vielen Namen und all meiner Empfehlungen, die das Rezept unendlich wirken lassen, werden Sie bemerken, dass es mit etwas Übung eine schnelle und wenig arbeitsaufwändige Süßspeise ist, welche Ihnen einen köstlichen und delikaten Geschmack garantiert. Oh, ich vergaß ..... es gibt noch einen weiteren Vorteil: auch Personen, die an Unverträglichkeit oder Allergie gegen Gluten (Zöliakie) oder Hefe leiden, können sie genießen.

(2) Diese langwierig erklärte Prozedur sollte möglichst schnell und vorsichtig erfolgen: der Karamell sollte nicht allzu hell (er würde andernfalls nach nichts schmecken), aber auch nicht verbrannt sein (dazu genügt schon ein kurzer Augenblick!). Sollte es trotzdem passieren, ist es besser, alles wegzuschütten und den Vorgang mit Geduld zu wiederholen; beim zweiten Mal wird es besser gelingen. Da bin ich mir sicher.

<<I Cantucci>>
(= Die toskanischen Mandelplätzchen)

Zutaten für 1,1 kg Plätzchen:

150 g	Vollkornweizenmehl
350 g	weißes Weizenmehl
500 g	Rohrzucker (+ 1 TL)
400 g	ungeschälte Mandeln
4	ganze Eier (+ 1 Eigelb zum Bestreichen)
1/2 TL	Backpulver
1	großzügiger EL "Krümel" von Vollkornplätzchen
2 EL	Olivenöl extravergine
1 TL	Milch

Schlagen Sie in einer Schüssel die vier ganzen Eier mit dem Zucker auf, wobei Sie sich mit einem Schneebesen (per Hand oder elektrisch) behelfen. Fügen Sie nun nach und nach, das gesiebte Mehl, welches Sie bereits mit dem gesiebten Backpulver "vermischt" haben, hinzu

und vermengen Sie das Ganze gut. Geben Sie der Masse zuletzt die Mandeln und die Krümel der Vollkornplätzchen hinzu und rühren Sie nochmals um.
Fetten Sie ein Backblech (oder ein auf das Blech gelegtes Backpapier) mit dem Olivenöl ein und bestreuen Sie es mit ein wenig Mehl. Formen Sie mit dem erhaltenen Teig Rollen von 3-4 cm Durchmesser in der Länge des Backbleches, auf welches Sie diese legen. Mit dem Eigelb, das Sie zusammen mit dem Teelöffel Milch und einem vom Zucker aufgeschlagen haben, bepinseln, und für 40 Minuten in den auf 160°C vorgeheizten Backofen schieben. Aus dem Ofen nehmen und die "süßen" Rollen abkühlen lassen. Sobald sie lauwarm sind, mit einem scharfen, schräg gehaltenem Messer schneiden, um den Plätzchen die klassische Form zu geben.
Legen Sie sie erneut auf das Backblech und schieben dieses in den bereits ausgestellten, aber noch gut warmen Ofen. Lassen Sie sie so für einige Minuten "trocknen" (5 bis maximal 10 Minuten, je nach Wärme des Ofens). Mit diesem "Trick" werden die Cantucci knusprig und trocken, aber (es gibt immer eins!) wenn Sie mit der Zeit und Wärme übertreiben, werden sie dunkel und steinhart.
Zum zweiten Mal aus dem Ofen genommen, auf einem Rost abkühlen lassen, so dass sie oben und unten "an der Luft" sind.
Dies ist ein klassisches Cantucci-Rezept (oder fast: die Vollkorn-Krümel sind eine Zugabe der Familie, die bei der Konsistenz und dem Geschmack helfen), in der Toskana seit jeher als "Plätzchen von Prato" bekannt, dem Städtchen, nur wenige Kilometer von Florenz entfernt, in welchem sie geboren wurden.
Meistens findet man Cantucci im Umlauf, die zu stark aufgegangene sind, ohne jeden Reiz, weich, verfeinert, "gewürzt" mit Schokoladentropfen, kandierten oder getrockneten Früchten jeglicher Art, und, noch schlimmer, künstlichen Zutaten und Essenzen.

<<I Viallini>>
(= Die Viallini)

Zutaten für 1 kg Kekse:

500 g	Mehl	150 ml	Vin Santo
200 g	Zucker	1/2	Tütchen Hefe in Pulverform
200 g	Pinienkerne	einige EL	Puderzucker
200 g	Sultaninen	1	kleine Prise Salz
150 ml	Olivenöl extravergine		

Geben sie das durchgesiebte Mehl mit der Preise Salz in eine Schüssel und fügen Sie nach und nach den Vin Santo und dann das Öl hinzu, wobei Sie stets rühren, damit sich keine Klümpchen bilden. Mengen Sie den Zucker, die Pinienkerne, die Sultaninen (die sie 10 Minuten im lauwarmen Wasser eingeweicht und dann mit Haushaltspapier trocken getupft haben) und das halbe Tütchen Hefe dazu, und fahren Sie damit fort, alles gut zu vermischen. Sobald alles sorgfältig vermischt ist, fetten Sie eine Backform mit Olivenöl ein, streuen Sie sie mit einem Hauch Mehl ein, und ordnen Sie darauf kleine, walnussgroße Kugeln aus dem erhaltenen Teig mit etwas Abstand voneinander an. Im schon auf 160°C vorgeheizten Backofen circa 15 – 20 Minuten backen. Sollten Sie zu viel Farbe annehmen, bedecken Sie die Plätzchen mit Aluminiumfolie, um sie ohne Anbrennen fertig zu backen. Aus dem Ofen holen und, wenn sie gerade lauwarm geworden sind, aus der Form nehmen und mit reichlich Puderzucker bestäuben.

<<La Schiacciata con l'Uva>>
(= Das Süße Fladenbrot mit Weintrauben)

Zutaten für 6-8 Personen:

1 kg	frische schwarze Weintrauben mit großen, festen Beeren (wenn möglich!)
500 g	Mehl
20 g	Bierhefe (1 Würfel)
9 EL	Olivenöl extravergine
8 EL	Zucker
1 TL	feines Salz

In einer Suppenschüssel die Bierhefe mit etwas lauwarmem Wasser (circa 1/2 Glas) auflösen und unter ständigem Rühren nach und nach das gesiebte Mehl und noch etwas lauwarmes Wasser (man benötigt etwa ein Glas), je 4 Esslöffel Öl und Zucker sowie einen Teelöffel Salz hinzufügen. Den Teig gut durcharbeiten, nachdem Sie ihn auf den bemehlten Tisch

gelegt haben: er muss weich und elastisch sein. Für eine Stunde an einem warmen und geschützten Ort, von einem Handtuch bedeckt gehen lassen.
Um beim Aufgehen nichts falsch zu machen, drücken Sie mit einem Finger in den Teig: wenn keine Spur zurückbleibt, muss er noch weiter aufgehen, wenn sich ein andauernder Abdruck bildet, ist er gut.
Nach dieser Zeit den Teig nochmals kurz auf dem leicht bemehlten Tisch durchkneten und mit dem Nudelholz relativ dünn und in einer mehr oder weniger rechteckigen Form ausrollen, fast doppelt so groß wie die Backform (von circa 25 × 35 cm), die Sie benutzen werden. Diese mit einem Esslöffel Öl einfetten und mit dem Teig auslegen, wobei Sie den überschüssigen über den äußeren Rand stehen lassen. Verteilen Sie darauf dreiviertel der Weinbeeren, von den Stielen befreit, gewaschen und getrocknet, und geben Sie dann je 2 Esslöffel Zucker und Öl darüber. Die überschüssigen Teigseiten über die Trauben schlagen, um diese vollkommen oder beinahe zu bedecken. Geben Sie die verbliebenen Weintrauben darauf, die Sie mit den Fingern ein wenig im Teig andrücken und schmecken Sie nochmals mit je 2 Esslöffeln Zucker und Öl ab. Die Schiacciata für 20-25 Minuten im vorgeheizten Ofen (180°C) backen, dann die Temperatur auf 150°C absenken und für mindestens weitere 15 Minuten backen. Sollte sie zu schnell dunkel werden, mit einem Stück Aluminiumfolie bis zum Ende der Backzeit abdecken. Servieren Sie die Schiacciata lauwarm oder kalt in kleine viereckige Stückchen geschnitten.
Dieses köstliche Fladenbrot findet man fertig zum Kauf in vielen Bäckereien, vor allem in Florenz, aber auch in Siena und Arezzo. Seine Herkunft ist uralt: es wurde mit dem Rest des Brotteigs und den gut reifen Weinbeeren zubereitet, insbesonders zur Zeit der Weinlese. Es ist ein nahrhaftes und, wie ich fast sagen würde, "mediterranes" Rezept, eine Mischung zwischen salzig und süß. Für ein gutes Gelingen, ist es unerlässlich "echte" Weintrauben zu verwenden, auch wenn sich in den Beeren die lästigen Samen befinden; auf jeden Fall kann auch eine etwas "geschöntere" Version zubereitet werden, indem man die frischen Trauben mit Rosinen (ohne Kerne!) ersetzt, nachdem man sie für 5-10 Minuten in lauwarmem Wasser eingeweicht hat.

<<Torta di Carote>>

(= Möhrenkuchen)

Zutaten für 5 – 6 Personen:

200 g grob zerkleinerte Möhren (1)
200 g grob gehackte Mandeln
200 g Zucker
150 g gesiebtes Mehl
5 g Backpulver

geriebene Schale von einer Zitrone
5 ganze Eier
190 g Butter
Vanillezucker

Mit einem Schneebesen ordentlich den Zucker und die Eigelbe aufschlagen. Dieser Creme die bei Zimmertemperatur aufgeweichte Butter beigeben und gut vermengen. Vorsichtig und in kleinen Mengen das Mehl gemeinsam mit dem Backpulver unterziehen. Die gehackten Mandeln und die Möhren, die geriebene Schale (nur das Gelbe) einer Zitrone hinzufügen und behutsam vermischen; die zu Schnee geschlagenen Eiweiße sich von unten nach oben bewegend unterheben. Den Teig in eine antihaftbeschichtete Kuchenform von 20 cm Durchmesser füllen, nachdem Sie dieselbe mit Butter eingefettet haben. Die Form für circa eine dreiviertel Stunde (2) in den bereits auf 150°C vorgeheizten Ofen schieben. Sobald der Kuchen lauwarm ist, aus der Form nehmen, auf ein Tablett stellen und mit Vanillezucker bestreuen. Er schmeckt zum Frühstück zu Kaffee, Milch oder Tee gut oder als Dessert zu einem Abendessen. Man kann ihn auch mit Creme oder Schlagsahne servieren. Der delikate Geschmack und seine weiche Konsistenz werden auch sehr von Kindern geschätzt.

(1) Die geraspelten Möhren auf ein sauberes Tuch fallen lassen und in eine ebenmäßig Schicht ausbreiten. Mit einem anderen Tuch zudecken und so für circa eine Stunden trocknen lassen.

(2) Sollte die Oberfläche des Kuchens zu sehr Farbe annehmen, schnell bei halber Backzeit mit Alufolie abdecken. So vermeiden Sie, dass der Rand anbrennt.

<<Il Tiramisù della Vialla>> (= Das Tiramisù von La Vialla)

Zutaten für 6 Personen:

500 g	Ricottakäse vom Schaf (wenn möglich!)	150 g	Rohrzucker
40	Cantucci (an der Zahl)	2	Wassergläser (circa) mit Vin Santo

Ein Stückchen Zartbitterschokolade zum Verzieren

Den Ricottakäse mit einer Gabel zerdrücken (er sollte sehr frisch und weich sein, andernfalls sollte er durch ein Sieb gedrückt werden) und danach mit einem Schneebesen zusammen mit einem Glas Vin Santo und dem Zucker aufschlagen. Vermischen Sie alles gut, bis es zu einer Creme wird. Zerkleinern Sie grob acht Cantucci (und zwei weitere, welche zum Verzieren benötigt werden) und rühren Sie diese unter die Creme. Geben Sie nun den restlichen Vin Santo in eine kleine Schüssel und tauchen Sie dann schnell die Cantucci - einen nach den anderen - in den Likör (1). Legen Sie den Boden einer Auflaufform mit den Keksen aus, geben Sie die Ricottacreme darüber und fahren Sie mit einer zweiten Schicht fort, bis alle Zutaten aufgebraucht sind (die Ricottacreme sollte reichlich sein). Verzieren Sie die Oberfläche mit wenig kleinen Stückchen Zartbitterschokolade und mit einer dünnen Schicht der Cantuccibrösel, die Sie zuvor beiseite gestellt haben.

Es ist eine leichtere Version (der Ricotta ist ein magerer "käse") im Gegensatz zur klassischen mit Mascarpone und Eiern.

(1) Eine Hälfte der Kekse kann auch, wenn Sie es mögen, in gut starken Kaffee eingetaucht werden; beim Schichten dann abwechseln (eine mit Vin Santo, eine mit Kaffee).

Seite 375

«La Torta di Riso della Signora Marta»

(= Der Reiskuchen der Signora Marta)

Zutaten für 6 Personen:

1 l	frische Vollmilch (das wäre das Idealste)
160 g	großkörnigen Reis (vom Typ "Risotto")
150 g	Zucker
2 - 3 EL	Puderzucker
1	Päckchen Vanillezucker
100 g	Rosinen
3	Eier
30 g	Butter
1	unbehandelte Zitronenschale
2 EL	Paniermehl (sollte der Kuchen für eine glutenintolerante (Zöliakie) Person sein, 2 - 3 glutenfreie Zwiebäcke zerkleinern)
1	Prise Salz

Bringen Sie in einem mittelgroßen Topf den Reis zusammen mit der Milch, der Zitronenschale und einer Prise Salz zum Kochen. Wässern Sie unterdessen die Rosinen in einer Tasse lauwarmen Wassers bis sie weich geworden sind (circa 10 Minuten), dann gut abschütten. Rühren Sie oft den Reis um und lassen Sie ihn auf dem Herd, bis er beinahe die gesamte Milch aufgesogen hat und ausreichend gar ist. Den Herd ausschalten und abkühlen lassen. Den Reis gut mit dem Zucker, einem Esslöffel Puderzucker, den Eiern (eines nach dem anderen), 20 g zerlassener Butter und den mit Haushaltspapier getrockneten Rosinen vermengen. Die Masse in eine runde antihaftbeschichtete Form von 28 cm Durchmesser geben, die gut mit der verbliebenden Butter eingefettet und mit dem Paniermehl bestreut wurde. Im schon vorgeheizten Ofen bei 150°C für ungefähr 75 Minuten backen (nach einer Stunde mit einem Zahnstocher hineinstechen; ist er beim Herausziehen trocken, ist der Kuchen fertig). Sobald er etwas abgekühlt ist, auf ein rundes Tablett stürzen, die Oberfläche mit dem restlichen Puderzucker bestreuen, wobei Sie sich mit einem Teesieb helfen.
Ich bewahre dieses Rezept in meinem Kochheft auf, welches von Hand von der Mutter - der Signora Marta - einer lieben Mitschülerin meiner Gymnasiumszeit geschrieben worden ist. Sie und ihre Mutter waren leidenschaftliche Köchinnen und sehr eigen mit ihren wertvollen Rezepten. Seit einiger Zeit koche ich dieses Gericht mit größerer Häufigkeit, da eine meiner Schwiegertöchter, Sabina - Antonios Frau, glutenintolerant (Zöliakie) ist. Diese ist eine Süßspeise, welche sie essen kann und darüber ist sie sehr froh.

<<Il Pecorino "spadellato" con Miele">>

(= Der Pecorino in der Pfanne mit Honig)

Zutaten für 5 Personen:

5 Scheiben frischer Pecorino, ungefähr 1 1/2 cm dick geschnitten

3 gehäufte EL Honig (möglichst Tausendblumenhonig)

Seite 378

Erhitzen Sie eine antihaftbeschichtete Pfanne und lassen Sie den Honig darin zergehen, bis er anfängt zu schäumen. Geben Sie nun die entrindeten Pecorinoscheiben hinzu und erwärmen Sie sie, bis sie zu schmelzen beginnen. Servieren Sie den Käse auf vorgewärmten Tellern und übergießen Sie ihn mit dem warmen Honig aus der Pfanne.

E per finire...

(= Und zum Abschluss...)

«Lo Slurpino»
(= Der Schlürfer)

Zutaten für 2 - 3 Personen:

4 Kugeln Zitroneneis
1 Gläschen Wodka (entspricht 1 1/2 EL)
1 Kelchglas trockener Sekt, die französische "flûte" (entspricht ca. 6 EL)

Mit diesem ungewöhnlichen und appetitanregenden Namen "slurpino" bezeichnet man in Venedig eine Art flüssiges Sorbet, welches normalerweise am Ende der Mahlzeit gereicht wird. Dies ist die Vorgehensweise für seine Zubereitung: in eine kleine Schüssel das Eis, den Sekt und den Wodka geben. Schlagen Sie die Zutaten mit einem Schneebesen von Hand (zuerst rühren Sie langsam, damit sich das Eis mit der Flüssigkeit vermengt), bis Sie eine schaumige Masse erhalten. Sofort servieren, indem Sie die Gläser mit der erhaltenen "Creme" füllen. Die Schüssel und die Kelchgläser vor Benutzung 10 - 20 Minuten ins Gefrierfach stellen. Außerdem wäre es optimal, wenn Sie die Schüssel, in welcher das Eis aufgeschlagen wird, in eine größere mit Eiswürfeln stellen könnten. Der "Slurpino", ein köstlicher "mangia e bevi" (= "iss und trink"), ist ein ausgezeichnetes Dessert, welches am Ende der Mahlzeit mit Freunden in kleinen Schlückchen zu genießen ist.

«Il Limoncino»
(= Der kleine Zitronenlikör)

Menge für eine gute Gesellschaft!

1 l	Alkohol für Liköre
6	unbehandelte Zitronen (und, wenn möglich, nicht zu reif, sondern etwas grün: sie duften stärker)
500 g	weißer Zucker
6	Blättchen frischer Zitronenmelisse (oder Zitronenkraut); sie schenkt Aroma, ist aber fakultativ
1 l	Wasser

Die Kunst der Likörzubereitung stammt vom Hofe Ludwig XIV, dem bekannten französischen Sonnenkönig. Man begann damit Branntwein mit Zucker und Gewürzen zu mischen, um daraus Getränke zuzubereiten, die den Geist des Königs erheben sollten. Diese Getränke wurden "bevande cordiali" (= "herzliche Getränke") genannt.

Mit einem gut schneidenden Messer die obere Zitronenschale entfernen (nur das Gelbe!). Geben Sie die Schalen zusammen mit der Zitronenmelisse und dem Alkohol in ein gut schließendes Gefäß. Für 5,6 Tage ruhen lassen. Nach diesem Zeitraum die Blätter und Schalen entfernen und die Flüssigkeit durch ein Tuch filtern. Bereiten Sie einen Sirup zu, indem Sie den Zucker in dem warmen Wasser auflösen, aber ohne es kochen zu lassen; sobald er abgekühlt ist, filtrieren Sie auch diesen, wenn Sie Ihren Likör gut klar mögen. Den Sirup zu der Flüssigkeit in dem Gefäß geben und eine weitere Woche ruhen lassen. In kleinen (um ihn, einmal geöffnet, schnell "zu beenden"), gut verschlossenen Flaschen und an einem kühlen Ort aufbewahren. Servieren Sie ihn dann gekühlt und brauchen Sie ihn innerhalb kurzer Zeit (2,3 Monate) auf, um sein volles Aroma besser genießen zu können.

Anmerkung: mit den oben angegeben Mengen erhält man einen eher trockenen Likör; wenn Sie einen süßeren Limoncino bevorzugen, erhöhen Sie die Zuckermenge auf 750g.
Das Rezept kann mit jeder beliebigen Zitrusfrucht – sei es von einer Sorte, oder gemischt – zubereitet werden. Ganz nach Ihrem Geschmack.

«La Granita di Fragole»

(= typisch italienisches, grobes Sorbet aus Erdbeermus)

Zutaten für 4 Personen:

400 g Erdbeeren (1)
200 ml Wasser
250 g Zucker

Bereiten Sie einen Sirup zu, indem Sie das Wasser mit dem Zucker zum Kochen bringen und es für zwei Minuten köcheln lassen. Während der Sirup abkühlt, waschen Sie die Erdbeeren mit

(1) Sie können den Geschmack Ihrer Granita variieren, indem Sie eine andere fleischige Frucht nach Geschmack aussuchen.

ihrem Stängelchen, welches Sie sofort danach entfernen sollten. Abtrocknen und mixen, nachdem Sie sie in Stückchen geschnitten haben. Mengen Sie das erhaltene Mus unter den Sirup, vermischen Sie beides und geben Sie alles in eine breite und niedrige Edelstahlschüssel, welche Sie in den Gefrierschrank stellen. Nach circa einer Stunde herausnehmen, mit einer Gabel durchmischen und nochmals für eine gute halbe Stunde gefrieren lassen. Wiederholen Sie diesen Vorgang alle halbe Stunde, noch zweimal, und füllen Sie die Granita, nachdem Sie alle Eiskristalle zerbrochen haben, in die Gläser. Wenn Sie möchten, können Sie im Glas auf Ihre Granita eine Kugel Erbeer- oder Vanilleeis oder ein Häubchen geschlagene Sahne mit einer großen, ganzen Erdbeere als Hut setzen.
Diese "frische" Zubereitung, welche für Groß und Klein geeignet ist, kann man am Ende des Essens oder während des Tages verzehren. Sie ist sehr reich an Vitaminen und Mineralsalzen und arm an Kalorien, natürlich nur, wenn wir weder Eis noch Sahne dazugeben. Die Erdbeeren sollten Saison haben, frisch und gut reif sein: verzehren Sie Ihre Granita tagfrisch, um das angenehme Aroma der Frucht vollends zu genießen.

<<Il Nocino>>
(= Der Walnusslikör)

Zutaten für 1 1/2 Liter Likör (die Menge ist variabel und kann sich nach der "Verfeinerung" verändern):

25	frische Walnüsse mit der grünen Schale
1,25 l	Alkohol für Liköre
1 kg	Rohrzucker (die genaue Menge richtet sich nach dem "übrig gebliebenen" Alkohol)

eine Prise Zimt (ca. 2 g) und eine Zimtstange

gut 10 Gewürznelken

10	geröstete Kaffeebohnen
1	Zitrone

Wasser gleich dem Gewicht des übrig gebliebenen, filtrierten Alkohols

Auf den Landgütern in der Toskana war es früher Brauch, diesen besonderen Likör zuzubereiten. Er ist wenig süß, robust, stark verdauungsfördernd und deshalb geeignet, um ein reichhaltiges Mittagessen zu beenden. Er wurde in der zweiten Junihälfte angesetzt, wenn die Nüsse noch frisch und von der Hülle umgeben sind (der grüne, harte und widerstandsfähige Mantel, welcher den äußeren Teil der Walnüsse und Mandeln bildet, und der dunkel wird, wenn die Frucht reif ist). Man bereitete ihn zu, um eine gute Figur bei eventuellen Gästen zu machen. Wer "den Ellbogen zuviel anhob" ("alzare troppo il gomito", ein folkloristischer Ausdruck unserer Gegend für jemanden, der zu tief ins Glas schaut), rechtfertigte sich mit der Ausrede, etwas zum Verdauen zu brauchen.

Nehmen Sie die Walnüsse mit der Schale und halbieren Sie diese. Die Nüsse aus dem Mantel entfernen und in Schnitze zerteilen. Geben Sie nun die Nüsse, die grüne Schale, den gemahlenen Zimt und die Zimtstange, die Gewürznelken, die Kaffeebohnen und die in kleine Stückchen geschnittene Zitronenschale (nur der gelbe Teil) zusammen mit dem Alkohol in ein großes Gefäß (oder in eine Flasche mit weitem Hals), das sich gut verschließen lässt. Stellen Sie es für einen Monat nach draußen und (noch besser) in die Sonne und schütteln es ab und zu. Nach dieser Zeit geben Sie die Flüssigkeit durch ein Teesieb und messen sie ab. Nun einen Sirup aus Wasser und Zucker mit jeweils demselben Gewicht des übrig gebliebenen Alkohols vorbereiten, indem Sie beides bei sehr kleiner Hitze für zehn Minuten kochen. Den Sirup abkühlen lassen und zum Alkohol geben. Lassen Sie den Nocino noch weitere zehn Tage ruhen, filtern Sie ihn dann durch ein Tuch und füllen Sie ihn in kleine Flaschen. Warten Sie noch einen guten Monat, bis Sie ihn kosten.

Der kleine See des Landhauses La Vialla: ..... das Abendessen (und das Buch!) ist zu Ende, fast alle sind fortgegangen. Dolfina, Adriana, Luigina und Preziosa widerstehen der Versuchung nicht, und, wie vier kleine Mädchen, die Schuhe hingeworfen, halten sie die Füße zum Baden in das kühle Wasser des kleinen Sees. Es ist ein langer und anstrengender Tag (voller Arbeit!) gewesen, aber unsere Köchinnen haben noch Lust zu spielen.....

Inhalt

*Einige Rezepte des "Librone" wurden zu ...... Erzeugnissen von La Vialla (auf der Fattoria zubereitet und in Gläser gefüllt). Aus diesem Grund haben wir sie mit Freude und ein wenig Stolz mit einem Sternchen im Titel gekennzeichnet.

«I Primi» (= Die ersten Gänge)

<<I Secondi>> (= Die zweiten Gänge)

«E per finire....» (= Und zum Abschluss.....)

Von links: Alessandro, Beatrice, Tommaso, Giovanna, Caterina, Piero, Lucio und Andrea mit ihrer Großmutter

Am Ende der vierhundertsten Seite hätten sich meine Helfer und Unterstützer (denen ich, wie auch den Köchinnen von La Vialla, unendlich und mit Zuneigung danke) gewünscht, dass ich einige Angaben über mich, die Autorin "einschieben" würde (wie in den richtigen Büchern), eine Art Biografie. Ich habe mich geweigert: ich fühle mich nicht so wichtig und ich habe nichts veröffentlicht. Das was ich sagen wollte, steht schon auf den ersten Seiten, und dann, hier und dort, in diesem "Librone". Ich kann nur hinzufügen, dass unser Werk nichts besonderes, aber dafür wirklich "hausgemacht" und naturbelassen (biologisch!) ist.

Desweiteren hat es eine seltsame Eigenschaft, es wurde von der ersten bis zur letzten Seite per Hand und von einer einzigen Person geschrieben: das bin ich, Giuliana!

25. Juni 2010, Piazzetta von La Vialla: Giuliana und "ihr" treues Team, Redaktion der Piccola Casa Editrice (= kleines Verlagshaus) von La Vialla, bei einem der letzten "heißen Arbeitstage".

Von links: Bandino, Natalie, Giuliana, Antonio, Céline...

...und Domenico der fotografierte Fotograf

Fattoria La Vialla

Famiglia Lo Franco

Via di Meliciano 26, 52100 Castiglion Fibocchi, Toscana, Italia

Piccola casa editrice de La Vialla
www.ricette.lavialla.it

Erste Ausgabe: Oktober 2011
ISBN 978-88-905875-0-4

Die Fotos wurden von unseren Freunden gemacht:
von Christine Bauer auf den Seiten 40, 64, 122, 142, 170, 182, 186, 230, 252, 304, 360;
Celia Bohle auf Seite 374
und Bruno Bruchi, Domenico Mazza, Franco Firera.

Klimaneutral
natureOffice.com | IT-077-992030
gedruckt

RECYCLED AND RECYCLABLE

MIX
Papier aus verantwortungsvollen Quellen
FSC® C 068184
FSC
www.fsc.org

La Vialle 30 Giugno 2010

Così, gentili amiche e gentili amici, vi saluto: a chi di voi ha voglia e tempo di mettersi alla prova in cucina auguro buon lavoro; e, se anche una sola delle ricette vi darà "soddisfazione", ne sarò orgogliosissima....

... ciao, a presto

Giuliana

N.B. Per ogni dubbio o errore che, senz'altro, troverete, scrivetemi e molte grazie!

(= Und so, liebe Freundinnen und liebe Freunde, verabschiede ich mich: wer von Ihnen Zeit und Lust hat, sich in der Küche zu versuchen, dem wünsche ich gute Arbeit; und wenn auch nur ein einziges der Rezepte Ihnen "Zufriedenheit" schenkt, werde ich sehr stolz darüber sein. Ciao, a presto! (= bis bald)

Anmerkung: für jeden Zweifel oder Fehler, den sie sicherlich finden werden, schreiben Sie mir, vielen Dank!)

GUNTER STEINBACH

UNSER MEER

KINDER ERLEBEN DIE NORDSEE UND DIE OSTSEE

DELPHIN

TS·LINE

Inhalt

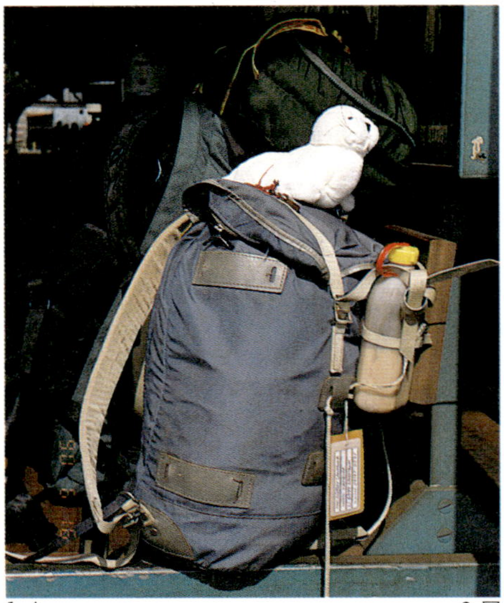

1 △ 3 ▽ 2 △ 4 ▽

Reise ans Meer

Im Zug rollen wir durch Deutschland nach Norden. Robbinchen, das weiße Seehundmädchen (1) fährt mit. Zuletzt bringt uns ein Bus in den kleinen Hafen an der Nordsee. Fischkutter liegen an der Hafenmauer (2). Von den großen weißen Schiffen (8) soll uns eines (5) auf die Insel bringen. Vorerst kann es nicht fahren. Wir haben Ebbe, das heißt, einen so niedrigen Wasserstand, daß nur kleine Schiffe (10) in der Fahrrinne aus- und einlau-

5 ▽ 6 ▽

7 ▷

8 ◁

9 △

10 ▽

fen können. Auf einem Steindamm, der Mohle, spazieren wir ein Stück in Richtung des offenen Meeres. Zu unseren Füßen wächst Blasentang (3). Er braucht Meerwasser und wartet auf die Flut. Bei Flut steigt das Meer wieder an. Im Blasentang und zwischen Steinen finden wir viele kleine Meeresschnecken, Muscheln und andere Kleintiere. Mit dem auflaufenden Wasser schwimmen auch Fische heran. In der ausgelegten Reuse (4) sollen sich Aale fangen.
Das Wasser steigt jetzt wirklich! Schon bedeckt es die großen Sand- und Schlickflächen vor dem Festland. Wir müssen umkehren und dürfen endlich auf unser Schiff (6)! Viele Menschen kommen an Deck. Sie wollen wie wir auf die Insel fahren. Birke macht ihre erste Reise-Bekanntschaft (7). Dumpf heult die Schiffssirene auf, dann legen wir ab (9). Draußen ist das Meer blau. Nach kurzer Fahrt durch's Watt gehen wir in der Abendsonne von Bord unseres Schiffes (11) und betreten die Insel (12), das Ziel unserer Reise.

12 ▽

11 ◁

1 △

2 △ 3 ▽

Auf der Insel

Auf diesem kleinen Land im Meer gibt es keine privaten Autos, keine Hochhäuser und keine Fabriken, keine Busse, keine Eisenbahn und keinen Flugplatz, aber Schafe, Ponys, Pferde und ein paar Kühe. Im Garten unseres kleinen backsteinroten Hauses (1) steht ein Motorboot. Möwenschreie und der helle Ruf der geselligen Austernfischer (2) sind die lautesten Geräusche der Insel.

Gleich hinter dem Dorf beginnt die Landschaft der Dünen. An vielen Stellen sieht man, daß diese grünen Hügel aus bräunlichem Sand bestehen (4). Auf unserem Weg zum Strand begegnen wir zwei Fasanen (3). Der Hahn ist prächtig bunt, die Henne unscheinbar gefärbt. Zum Glück haben wir Brot dabei. Die Fasanen zeigen keine Scheu und lassen sich gern von uns füttern.

An diesem sonnigen Morgen wandern schon einige Leute zum Strand. Die meisten Menschen, die im Sommer auf der Insel wohnen, sind Feriengäste. Kleinere Kinder und ihre Spielsachen werden von ihren Eltern in hölzernen Bollerwagen (5) gefahren. Fußwege führen zum Strand.

Je näher wir dem Meer kommen, desto heller und lockerer wird der Sand. Aber auch hier wachsen noch harte Gräser, kleine Blumen und eigenartige Pflanzen, wie die blaugrüne Stranddistel (6) mit steifen und stacheligen Blättern. Sie ist selten und steht unter Naturschutz.

Wir hören das Meer rauschen, lang bevor wir es sehen. Vom letzten Dünenwall aus blicken wir hinaus auf den endlosen blauen Horizont der Nordsee.

4 △

5 ▽

6 ▽

1 ◁

2 ◁

3 ▷

Am Strand

Hinter der letzten Dünenkette liegt unser Badestrand (1). Im Sand stehen viele kleine Sitzhäuschen, die Strandkörbe (2). Jeder trägt eine Nummer. Jetzt am frühen Morgen sind die meisten Körbe noch leer. Später, wenn die Sonne wärmer scheint, kommen viele Badegäste an den Strand. Wer sich in einen Strandkorb setzen will, muß dafür Miete bezahlen. Birke möchte ergründen, wie tief der Sand reicht (3). Weiter unten wird er kühl und feucht. Neben dem Nachbarkorb spielt ein kleines Mädchen bei ihrem Vater. Aber sie kommt nicht her und Birke traut sich nicht, zu ihr zu gehen. Da zeichnet und baut sie erst einmal ein Häuschen in den Sand. Es ähnelt dem Haus, in dem wir wohnen. Mit hell-

4 ◁

5 ▷

6 ◁

7 ◁

8 ▷

grauen Herzmuscheln legt sie Türen und Fenster aus (5). Auch im Strandkorb kann es für eine Weile gemütlich sein (6). Er schützt gut vor dem manchmal kühlen Wind, der vom Meer her weht. Die Fußteile lassen sich herausziehen (7). Strandkörbe passen aber besser für Leute, die beim Schlafen oder Lesen braun werden wollen. Plötzlich fällt Birke ein, daß man im Meer auch baden kann. Sie startet durch und rennt zum Strand (8). Dann geht's zum ersten Mal ins Wasser! Wir laufen den Wellen entgegen (9). Das Meer wird nur ganz langsam tiefer. Aber die Wellen spritzen uns bald bis ins Gesicht. Das Wasser schmeckt ganz salzig! Beim Schwimmen trägt es uns besser als das Süßwasser unserer Seen oder Freibäder. Aber wir spüren auch eine starke Strömung.

9 ▷

1 △

2 ▽

Ebbe und Flut

Bei Ebbe ist der Badestrand eine riesengroße Sandfläche (1). An den Mustern im Sand, den Rippelmarken, erkennen wir, daß hier noch vor kurzem Meerwasser vom Wind bewegt wurde. Vor der hellen Sandbank, die nur bei Ebbe zu sehen ist (2), bildet sich bei ablaufendem Wasser ein flacher See (3). Später steigt das Wasser wieder an. So geht es jeden Tag. Etwa sechs Stunden nach Hochwasser haben wir den niedrigsten Wasserstand. Dann setzt die Flut ein, das Wasser steigt wieder etwas mehr als

3 ▷

4 ◁

6 △

7 △

sechs Stunden an. Wenn die Flut kommt, kann man Gräben in den Sand ziehen (3), in die läuft dann das steigende Meerwasser ein (4). Oder wir bauen eine Burg (6), die bald vom Wasser umgeben ist (7). Wo vorher der warme See (2) war, rollen bald die Wellen des Meeres (5)! Das Baden in der Nordsee ist immer auch mit Gefahren verbunden (8). Deshalb werden viele Badestrände überwacht. Die Flut trägt im Sommer oft weißen Schaum auf den Strand (4, 5, 7). Solage er nicht übel riecht und übermäßig stark auftritt, ist er harmlos. Er entsteht durch Algen, die organische Stoffe des Meeres abbauen.

5 ◁

8 ▽

1 △

2 ▽

3 ▽

Wind

Die Anziehungskraft des Mondes bewirkt Ebbe und Flut. Die Sonne erwärmt Luftmassen und läßt dadurch Winde entstehen. Am stärksten wehen die Winde über den Meeren, denn dort stellen sich ihnen keine Hindernisse in den Weg wie auf dem Land.
Ab Windstärke neun spricht man von Sturm. Die Luft bewegt sich dann mit 75 und mehr Stundenkilometern über dem Grund. Bei Windstärke 12, dem Orkan, fegt die Luft mit über 117 Stundenkilometern dahin. Der Wind wirft an der Wasseroberfläche Wellen auf. Wenn sie sich überschlagen, heißen sie Brecher. Gegen das Ufer auflaufende Wellen nennt man Brandung.
Der Wind kann Segel treiben und Drachen steigen lassen. Auf unserer Insel gab es Lenkdrachen zu kaufen, die man mit zwei Schnüren vom Boden aus steuern kann (2–4). Wind ist Energie. Man nutzt sie heute in großen Windrädern zur Erzeugung von elektrischem Strom (5). Früher trieb der Wind vor allem an der Küste Windmühlen (6). Ihre Mühlsteine vermahlten Korn mit der Kraft des Windes zu Mehl.

5 △

6 ▽

4 ◁

1 △

2 △

3 ▽

Spielen

Der Meeresstrand ist ein grenzenloser Spielplatz. Wichtiger als Spielgeräte (2) sind Spielgefährten (1). Man kann auch mit Erwachsenen ganz gut spielen, wenn sie das Spielen noch nicht verlernt haben (2–3). Manche aber wollen sich nicht einmal in den Ferien Zeit zum Spielen nehmen. Sie haben Angst, etwas zu versäumen, wenn sie Kindern Zeit schenken. Kinder, die sich vorher noch nie sahen, werden am Strand schnell zu Spielkameraden. Sie teilen ihr Spielzeug miteinander oder nehmen es sich weg. Nicht immer entsteht daraus ein Streit. Ich beobachtete einmal, wie Spielzeugraub ein gutes Ende nahm:
Seefahrer, die auf dem Meer andere Seefahrer beraubten, nannte man Seeräuber oder Piraten. Nicht selten wurden von diesen Männern und ihren Banden ganze Schiffe gekapert und entführt. Ich beobachtete, wie ein Mädchen ohne Spielzeug und ohne Spielkameraden auf der Lauer lag. Sie hatte sich wie ein Plattfisch des Meeresgrundes mit Sand getarnt (5). Vor ihr im Wasser spielten zwei Kinder mit Eimern und Förmchen (1). Das ältere von ihnen besaß ein aufblasbares Fischboot, mit dem das dritte

4 △

5 △

9 ▽

6 △

7 △

8 ▽

Kind im Wasser planschte. Bald hatte das ältere keine Lust mehr, im Sand zu spielen. Es verließ den jüngeren Gefährten und watete mit seinem Luftfisch und dem dritten Kind ins tiefere Wasser (4). Dort wollten sie zu einer Seefahrt aufbrechen.
In diesem Augenblick erhob sich das Piratenmädchen aus dem Sand, sprang ins Wasser hinaus und nahm nach kurzem Handgemenge das Fischboot der beiden Kinder für sich in Beschlag (6). Eines der Kinder zog sich ans Land zurück, das andere entwich aufs offene Wasser. Nur das jüngste spielte noch immer mit seinem blauen Eimerchen wie zuvor (7). Das Mädchen hatte nun den Luftfisch ganz für sich allein und paddelte mit ihm aufs Meer hinaus (8). Aber wenn man etwas nur für sich hat, wird es bald langweilig. Das Mädchen ließ sich nach kurzer Zeit von den Wellen zurück an den Strand treiben. Dort vergaß es sein erobertes Schiff. Es suchte eines der beiden Kinder, dessen Fischboot es genommen hatte. Ich hörte nicht, was sie zu ihm sagte. Sie fanden einen guten Platz am Wasser. Noch lange saßen die beiden Kinder friedlich nebeneinander und bohrten mit ihren Füßen gemeinsam eine Mulde. Dort fingen sie die kleinen, auf den Sand laufenden Wellen ein.

2 ▽

1 △

In den Dünen

Zwischen Meeresstrand und Dorf erstreckt sich das Hügelland der Dünen (1). Die Dünen schützen das Innere der Insel vor der vollen Kraft des Windes. Die Insel ist eigentlich eine große Sandbank. Wind und Wellen trugen den Sand zusammen und könnten ihn wieder abtragen, wenn ihn nicht unzählige lebende Wurzeln zusammenhielten. Die Dünen am Strand sind dem Wind am stärksten ausgesetzt. Sie werden von besonders genügsamen und zähen Gräsern besiedelt wie dem Strandhafer (3). An windge-

3 △ 4 ▽

5 ▷

6 △

7 ▽

8 ▷

schützten Plätzen finden wir sogar wilde Stiefmütterchen im lockeren Sand (2).

Den Weißdünen folgen landeinwärts die dichter bewachsenen Braundünen (6). Abgestorbene Pflanzen und Kleintiere des Bodenlebens tragen zum Entstehen einer dünnen Humusdecke bei. Hier wachsen im Schutz der höheren harten Grashalme vielerlei niedrige Pflanzen zu einem grünen Teppichboden zusammen (4). Auch Moospolster schützen den Sand vor Abtrag. Hier können die ersten Gehölze wurzeln, zum Beispiel die Eiche (5). Aber der Wind hält sie niedrig und geduckt. Auf den windabgewandten Seiten höherer Dünen finden wir stellenweise recht üppiges Grün von Erlen, Birken, Heckenrosen und Weidenröschen (8). Von den grünen Pflanzen und ihren Wurzeln leben Mäuse und Kaninchen; Mäuse ernähren Turmfalken (9) und Zwergohreulen (10). Beide Vogelarten können wir in den Dünen beobachten (7).

Das grüne Pflanzenkleid ist für die Insel lebensnotwendig. Deshalb müssen die empfindlichen Dünen auch vor dem Betreten durch Menschen geschützt werden. Wir bleiben auf den zahlreichen Fußwegen, die das Dünenland der Insel durchziehen.

9 ◁

10 ▷

2 ▷

1 △

3 △

4 ▽

Im Watt

Zwischen dem Festland und den Nordseeinseln dehnt sich das scheinbar endlose Wattenmeer aus (3) – ein auf der ganzen Welt einmaliger Lebensraum. Hier finden wir Bakterien, Algen und viele andere kleinste Lebewesen im Schlick und im Wasser, Würmer, Krebstiere, Schnecken, Muscheln und andere wirbellose Tiere in großer Zahl, Fische, Vögel und Meeressäuger wie die Robben. Tiere und Pflanzen dieser Gemeinschaft leben voneinander. So entstehen Nahrungsketten. Sie reichen von den Algen und anderen Pflanzen bis zu den Seehunden. Der Lebensraum Watt ist durch die Einwirkungen der Menschen gefährdet. Deshalb wurde der deutsche »Nationalpark Wattenmeer« gegründet.

Auf der dem Meer abgewandten Südseite der Insel schützt ein flach ansteigender Damm, der Deich, das Dorf vor Hochwasser. Schafe weiden sein Gras ab (1). Zwischen Deich und Wattenmeer liegt das Vorland. Es kann

5 ▷

6 ◁

7 ▷

8 ▽

bei Hochwasser vom Meer überspült werden. Sein Boden ist deshalb noch salzig. Hier wachsen Pflanzen, die Salz vertragen. Dieses Vorland hat als Brutgebiet große Bedeutung für viele Vogelarten. Deshalb sollte es, besonders im Frühsommer, ungestört bleiben. Wegen des hohen Schlickanteils ist hier die Humusdecke viel mächtiger (2) als die der seeseitigen Braundünen. Wer über den glitschigen Schlick geht, hinterläßt eine schwarze Spur (3). Wir schließen uns einer geführten Wattwanderung an (4). Der Wattführer gräbt (5) für uns ein paar der großen Wattwürmer aus, die den Schlick besiedeln. Und er zeigt uns, wie sich eine Herzmuschel in kurzer Zeit eingräbt. Auch Birke gelingt dieser Versuch (6). Die Trichter und die Kothäufchen des Wattwurms bedecken weithin den Boden (7). Aber auch größere Tiere wie die Möwen hinterlassen ihre Spuren (8). Unser eigenes Spurenbild (9) wird das auflaufende Wasser bald einebnen. Durch das Watt führt die Schifffahrtsrinne zum Inselhafen (10).

9 ◁

10 ▽

Fundsachen

Im Angespül des Meeres finden wir verschiedenste Dinge (1). Aus Treibholz, Netzresten und anderem Krimskrams kann man außerhalb der Badestrände einen Windschutz bauen (2). Einmal ließ eine Silbermöwe, die von einer anderen verfolgt wurde, ein aus dem Nest geraubtes Vogeljunges unmittelbar vor unsere Füße fallen. Es starb in meiner Hand (3).
Die häufigsten Fundstücke am Strand oder im Watt (5) sind Gehäuse von Meeresschnecken und Muscheln. Bild 4 zeigt eine Wellhornschnecke, bläuliche Miesmuscheln und gerippte Herzmuscheln, Bild 5 die größere Sandklaffmuschel. An manchen Tagen treibt die Flut zahlreiche Quallen an den Strand. Die Kompaßqualle (6) trägt eine dunkelbraune Zeichnung auf ihrem durchscheinenden Schirm. Die Tiere verenden im Wellenschlag der Brandung. Bis über einen halben Meter messen die Schirme der Wurzelmundquallen (7 = Ostsee), nur drei Zentimeter die durchsichtigen Kugeln der Seestachelbeeren. Man sieht sie erst, wenn sie auf den Strand gespült werden und dort liegenbleiben (8 = Ostsee).
Birke sammelt besonders gern farbige Steine. Sie finden sich zahlreich im Felswatt vor Helgoland oder an den Stränden der Ostsee (9). Viele Fundstücke, die Birke aufbewahrt, stammen von Menschen: Flaschenglasscherben, die der Sand der Brandung rundgeschliffen hat, Ecken von farbigen Kacheln oder von Porzellangeschirr (10). Jede Fundsache könnte uns eine lange Geschichte erzählen.

1 ◁

2 △

3 △

4 ▽

5 ▽

6 ▽

7 ▽

8 ▽

9 ▽

10 ▽

1 △

2 ▷

3 △

4 △

5 △

6 ▽

Nach Helgoland

Früh am Morgen sind wir am kleinen Hafen. Die Lachmöwen (1) und gelbschnäbelige Silbermöwen lassen sich gern füttern. Heute fahren wir nach Helgoland, einer kleinen Felseninsel weit draußen im Meer. Die Sonnenplätze auf dem Oberdeck unseres Schiffes sind am begehrtesten (2). Bald sehen wir kein Land mehr: Ringsum breitet sich das Meer aus, soweit unser Auge reicht. Da können wir gut den Schlaf nachholen, der uns am Morgen entging (3). Helgoland hat nur einen kleinen Hafen mit tiefem Wasser. Große Fahrgastschiffe müssen deshalb vor der Insel „auf der Reede" liegenbleiben (6). Dann schwärmen Motorboote aus, legen an den Schiffen an (4) und übernehmen die Fahrgäste (5). Bei hohem Seegang kann ein Abenteuer daraus werden. Alkohol und Zigaretten sind auf Helgoland zollfrei und deshalb billiger als auf dem Festland. Für viele Leute ist das ein Grund, hier große Mengen solcher Dinge zu kaufen. Wir gehen zuerst ins Meeresaquarium und freuen uns an dem munteren Treiben der Seehunde (7–8). Von hier aus ist es nicht mehr weit zum Felswatt der Insel, ein Lebensraum, wie er

7 ◁

8 ▷

9 △

nirgends sonst in Deutschland zu finden ist. Deshalb gibt es hier auch eine besondere Pflanzen- und Tierwelt. Birke bleibt aber bei den vielen farbigen Steinen des Strandes hängen (9). Die Insel ist aus Buntsandstein aufgebaut, der zum Meer hin jäh abfällt (9 und 11). Verschiedene Farben zeigen aber auch die vielen trockenen Pflanzenreste auf dem Sand (10). Ein ortskundiger Freund (11) der biologischen Anstalt Helgoland erklärt uns, was hier lebt und wächst. Wir haben Ebbe.
Das abgelaufene Wasser legt große Teile des Felswatts frei. Die grünbewachsenen Steine sind glitschig. Aber der Weg zum Wasser lohnt sich. Birke angelt sich ein merkwürdiges Gebilde und hebt es hoch: Fingertang (12). Das Felswatt ist mit vielen eindrucksvollen Tangarten bewachsen. Tange gehören zur Pflanzengruppe der Algen, die auf dem Festland winzig klein bleiben. Die „Blätter" des Fingertangs erinnern an die Hand eines Riesen. Ihre runden Stiele führen nicht zu Wurzeln, sondern jeweils zu einem Fuß, dessen „Zehen" sich am felsigen Untergrund verkrallen.
Beim Aufstieg vom Felswatt zum Oberland der Insel finden wir im roten Geröll des Kliffs blühenden

10 △

12 ▽

11 ◁

1 △

2 △

3 ▽

Wildkohl (1). Von ihm stammen alle Kohlsorten des Gartens ab. Oben gewinnen wir einen guten Überblick über das Felswatt (2–3). Leute in Gummistiefeln machen sich auf dem rauhen Felsgrund zu schaffen, der bald wieder vom Meer überflutet wird: Zwischen den Steinen kann man viele interessante Kleintiere und Pflanzen finden. Gegen die fast 60 Meter hohen Abbruchkanten des Buntstandsteins ist das Oberland abgezäunt (4) – ein Schutz für die vielen Menschen, die Helgoland im Sommer besuchen. An den Felswänden herrscht ein reges Vogelleben. Im Fernglas erkennen wir, daß alle Steinbänke und Nischen von Seevögeln besetzt sind (5), die hier brüten – vor allem Dreizehenmöwen und eine Vogelart, die nirgends sonst in Deutschland brütet: die Lumme. Diese schwarzrückigen Tauchvögel sehen wie kleine Pinguine aus und sitzen wie diese aufrecht auf ihren Füßen (6). Die Jungen der Trottellummen verlassen ihren nestlosen Brutplatz bevor sie flügge werden. Sie stürzen sich dann wagemutig in die Tiefe, um das Meer zu erreichen. Erst wenn sie schwimmen und tauchen können, lernen sie zu fliegen. Wir steigen wieder zum Ort hinab und stoßen vor den kleinen Fischerhütten auf eine andere Besonderheit Helgolands: Fangkörbe für

Hummer (7). Diese größten heimischen Krebse leben auf den Felsgründen um Helgoland und werden hier noch immer als kostspielige „Delikatesse" eingefangen. Ihr Bestand ging so stark zurück, daß man diesen Tieren völligen Schutz einräumen sollte. Helgoland gegenüber liegt die weiße Düne (8), ein beliebter Badestrand aus hellem Sand. Helgolands Fahne zeigt die Hauptfarben der Insel und ihrer Düne: „Grün ist das Land, rot ist die Kant, weiß ist der Sand." Am späten Nachmittag bringt uns unser Schiff wieder zu unserer ostfriesischen Insel zurück.

4 △

5 △

6 △

7 ▽

8 ▽

1 △

2 ▷

3 ▽

4 ▽

Neuharlingersiel
Neuharlingersiel
FALKE
NEU 225
MEDUSA
NEUHARLINGERSIEL

5 ◁

6 △

7 △

8 ▽

Schiffe

Am Morgen unseres Abreisetages fahren wir unser Gepäck auf einem Handwagen zum Inselhafen. An einer kostspieligen Hochseejacht bewundert Birke vor allem, daß man an Bord Wäsche aufhängen kann (1). Ihr würde schon das kleine Ruderboot (2) genügen, mit dem man zu den im Hafen liegenden Schiffen gelangt. Wir gehen an Bord unseres weißen Fahrgastschiffes (1, im Hintergrund) und laufen aus. Am Heck, dem hinteren Ende unseres Schiffes, füttert Birke Möwen (3). Wir lassen die uns lieb gewordene Insel hinter uns und steuern wieder unseren Küstenort an. Wir haben noch Zeit für einen Hafenrundgang. Die meisten der hier versammelten Schiffe dienen dem Fang von Krabben und Fischen. Man nennt sie Kutter (4). Früher wurden auch die Fischkutter mit Segeln angetrieben. Heute verfügen sie über starke Dieselmotoren und führen nur noch eine Hilfsbesegelung. Von Zeit zu Zeit werden die Schiffe aus dem Wasser geholt, damit ihr Rumpf frisch gestrichen werden kann (5). Außerordentlich seetüchtige und trotzdem eher kleine Schiffe sind die Seenotkreuzer (6). Sie kommen Schiffen und Menschen zu Hilfe, die in Seenot geraten. Wir setzen unsere Reise von der Nordsee an die Ostsee mit Bus und Eisenbahn fort. Als wir Abendstation in Wilhelmshaven, einem Seehafen am Jadebusen, machen, finden wir dort ein großes Schiff am Kai liegen, einen Tonnenleger (7). Mit einem solchen Schiff werden Tonnen, das sind schwimmende, am Grund verankerte Seezeichen für die Schiffahrt, auf dem Meer verlegt. Im letzten Tageslicht kehren zwei Optis (8) heim, kastenförmige Holzboote der kleinsten Klasse. Sie können schon von Kindern gesegelt werden. Für ihre Sicherheit tragen die Juniorkapitäne Schwimmwesten.

1 △

2 ▽

3 ▽

4

5

6

Am Ostseestrand

Durch das schöne Land Mecklenburg fahren wir an die Küste der Ostsee. Anders als an der Nordsee reichen hier große Getreidefelder (2) vielerorts bis unmittelbar an den Deich (1), der auch hier das Hinterland vor dem Meer schützt. Aber die Gezeiten mit Ebbe und Flut sind an der Ostsee nur schwach ausgeprägt. Sie beeinflussen die Schiffahrt und das Badeleben nicht so wie die Tiden der Nordsee. Hier können wir bei gutem Wetter schwimmen wie in einem großen See. Das Wasser schmeckt weniger salzig als das der Nordsee. Statt der aus Rohr geflochtenen Strandkörbe finden wir bunte Stoffbahnen, die mit Stäben einen Windschutz ergeben. „Die Leute sind alle nackt!" ruft Birke erschrocken, als wir einen Badestrand betreten (1). Auch hier gibt es wie überall an Küsten, wo gebadet wird, Strandabschnitte, auf denen sich die Menschen unbekleidet bewegen und sonnen. Wo die Wellen auf den Sand laufen, liegen viele kleine rundgeschliffene Steine (3). Große, mit Algen überwachsene Steinbrocken (4–6) finden wir an vielen Stränden der Ostsee. Der dicke Aufwuchs macht sie sehr glitschig. Ehe Birke sich versieht, ist sie von der Brandung durchnäßt. Schnell trennt sie sich von ihren Kleidern. Hier ist gut baden (7)! Die Wellen sind meist kleiner als die der Nordsee (8). Birkes Miniburg bleibt unversehrt (9). Aber auch an der Ostsee gibt es heftige Stürme und hohen Seegang als Gefahr für Menschen und Schiffe.

7

8

9

1 △

2 ▽

Begegnungen

Der Strand ist ein guter Platz für Bekanntschaften. Wer eine Luftmatratze hat, die zwei kleine Menschen trägt, findet schnell Mitfahrer (1). Man kann sich auch auf den Pflöcken der Wellenbrecher treffen (2) und ein Gespräch einfädeln. So entsteht im Handumdrehen eine Spielgemeinschaft für Bauen mit Sand (3). Kinder verstehen sich ohne Mißtrauen und Vorbehalte. Manchmal aber endet eine hoffnungsvolle Begegnung (4) schneller als zu erwarten war (5).

3 ▷

4 △

5 ▽

1 △ 2 ▽

3 ◁

4 △

Küstenschutz

Wenn wir uns dem friedlichen Strandleben hingeben (1), denken wir gewöhnlich nicht daran, daß vom Meer große Kräfte auf seine Ufer ausgeübt werden. Das gilt auch für die scheinbar so zahme Ostsee. Auch ihr Wellenschlag kann in Verbindung mit Strömungen Ufer beschädigen. Sandstrände können abgetragen werden, Sandbänke an anderen Stellen neu entstehen. Damit unsere Strände erhalten bleiben, müssen sie geschützt werden. Buhnen aus Holzpflöcken (2) brechen die Kraft von Wellenschlag und Strömung. Sie schaffen beruhigte Wasserzonen im Bereich der Brandung. Die Pflöcke senkt man mit einer Motorramme in den Meeresboden (3–4). Sie können für Badende und Surfer aber auch eine Gefahr bilden, wenn sie bei hohem Wasserstand übersehen werden (5). Zum Schutz der Küsten braucht auch der Bewuchs von Deichen vor allem an ihren Seeseiten Schonung. Deshalb zieht man Zäune zwischen Badestrand und Deich oder Dünenkette (6). So können sich auch in der Nähe des Strandes Pflanzen dauerhaft ansiedeln, zum Beispiel Kamille (7).

6 ▽

5 ◁

7 ▽

Der Bodden

Landeinwärts der Ostseeküsten von Mecklenburg und Vorpommern liegen großflächige Gewässer, die Bodden (1). Sie entstanden aus früheren Meeresbuchten, deren Boden sich absenkte. Heute sind sie vom Meer weitgehend abgetrennt, so daß ihr Wasser nach und nach seinen Salzgehalt verloren hat. Die Bodden umgeben vielerorts ausgedehnte Schilfgürtel (5). Wegen ihres großen Reichtums an Süßwasserfischen wird in den Boddengewässern von alters

1 △

2 △

3 △

4 ▽

5 ▽

her Fischfang betrieben. Die „Zeesenboote“ waren Segelschiffe, die an ihrer Breitseite ein Schleppnetz über den Grund zogen. Heute dienen diese Schiffe als Sportboote (2). Weil in den seichten, vom Meer abgetrennten Bodden kein hoher Seegang aufkommt, sehen die Schiffe, die hier fahren, recht gemütlich aus (4). Wir erkundeten auf einem kleinen Fahrgastschiff (3) den Prerower Strom (7), der in den Bodden mündet.
Am Wasser des schilfgesäumten Stromes laben sich Rinderherden (6), ein Bild wie aus vergangenen Zeiten. Erhöhter Nährstoffeintrag führt aber auch hier in manchen Gewässerarmen zu übermäßigem Algenwuchs (8). Mit dem Schilf, auch Reet genannt, deckt man Häuser. Wir wohnten in solch einem reetgedeckten schmucken Haus mit einem verträumten, blumenreichen Garten (9–10).
Wie wird es hier in einigen Jahren aussehen? Der Tourismus kann vieles zerstören. Denn Ruhe, Natur und Begegnungen mit freundlichen Menschen lassen sich nicht kaufen. Als Gäste dieser Landschaft können wir aber auch helfen, sie zu erhalten.

6 △

7 ▽

8 ◁

9 ▽

10 ▽

1 △

2 ▽

Ein Abend am Meer

Nach einem heißen Sonnentag spazieren wir noch einmal an den Strand unserer Halbinsel (1). Die untergehende Sonne vergoldet die sanften Wellen, die auf den glitzernden Sand laufen (2). Weil kein Wind weht und aufkommender Dunst den Himmel abschirmt, bleibt es auch nach Sonnenuntergang ungewöhnlich warm. Der Strand ist fast menschenleer. Aber eine Gruppe fröhlicher Kinder und ihre Eltern finden noch kein Ende dieses

3 ▷

5 △

6 ▽

Badetages (3–5). Birke und ihre neue Abendfreundin (6 unten) entdecken Scharen von Wurzelmundquallen im seichten Wasser. Die durchsichtigen, harmlosen Tiere driften gegen den Strand und verenden kläglich auf dem Ufersand. Deshalb sammeln die Kinder Quallen ein und tragen so viele wie möglich ins tiefere Wasser zurück. Wir Erwachsenen sagen: Was ihr tut, ist sinnlos! Die Kinder wissen es besser und setzen ihre Rettungsaktion unbeirrt fort. Ist Mitgefühl weniger wert als Verstand?

4 ◁

1 △

2 ▽

Rügen

Im Nordosten der Insel Rügen finden wir bizarr geformte weiße Küstenklippen. Es sind die berühmten Kreidefelsen der Steilküste dieser größten deutschen Ostseeinsel (1). Alter Buchenwald reicht bis ans Meer (2). Wald und Küste stehen unter Naturschutz. Die letzte Stufe der Felsabstürze, durch die sich ein Fußweg zum Meer windet, bewältigen wir auf einer Holzleiter (3).
Der Strand liegt voller gerundeter Steine in allen Größen. Vom Laubwald über dem Steilufer stürzten Bäume über die Klippen und verwittern am Strand. Auf ihrem ausgebleichten, griffigen Holz läßt sich's gut klettern (4).
Zwischen großen, dem Ufer vorgelagerten Steinblöcken, schlafen Schwäne. Am Horizont zieht ein Seenotkreuzer vorüber (5). Huckepack fährt ein merkwürdiges Gebilde mit. Erst am Abend erkennen wir im nahen Hafen von Saßnitz, was das ist: ein winziges seefestes Rettungsschiffchen, das der selbst nicht große Seenotkreuzer über eine Heckrutsche zu Wasser lassen kann. Birke fragt, wo man so etwas kaufen kann. Ich weiß es nicht.

3 △

4 △

5 ▽

6 ▽

1 △

2 ▽

Kreidespiel

Am schmalen steinigen Strand unter der Steilküste Rügens findet Birke leuchtend weiße Kreidestücke (1). Weil sie weich sind, kann sie mit ihnen mühelos auf die grauen Steine schreiben (2), die von der Brandung durch lange Zeit rund und glatt geschliffen wurden. Wir nehmen ein paar Kreidestücke mit nach Haus für unsere Schultafel.
Wo die Ufersteine ständig im Wasser liegen, tragen sie grüne Algenschöpfe. Sie sind weich und rutschig. Die Kreide, die Steine, die Algen und das Wasser verhelfen uns zu einem von Birke schnell erfundenen Spiel: Ich schreibe mit der Rügenkreide aufsteigende Zahlen auf die glatten algenfreien Oberseiten der großen Ufersteine. Die Abstände der Zahlensteine dürfen nicht größer sein als ein Kind springen kann. Und schon hüpft Birke die Nummern ab. Zuletzt landet sie wieder am Ausgangspunkt unseres Rügener Springturniers.
Nicht weit von uns ziehen auf dem Meer die großen weißen Fährschiffe (Bild auf Seite 4) von Saßnitz nach Trelleborg in Schweden. In ihnen steckt die Eisenbahn. So kann man mit dem Zug übers Meer fahren.
Bevor wir am Abend diesen stillen Strand verlassen, entdecken wir am Ufer einen Eiderentenerpel. Er wechselt gerade sein Federkleid (Mauser) und ruht sich auf einem Stein im Wasser aus (Bild auf Seite 5). Eiderenten sind hochnordische Meeresvögel, die seit rund einem Jahrhundert zunehmend auch in Mitteleuropa brüten.

3 △ 5 ▽ 4 △ 6 ▽

1 △

2 ▷

3 ▽

4 ▽

Seehäfen

Ein Seehafen ist nicht ein Hafen am See, sondern ein Hafen mit Zugang zum offenen Meer. Neben den modernen Eisenbahnfähren, die den Seehafen Saßnitz anlaufen, sieht man hier viele Schiffe, die mit dem Fischfang zu tun haben (1). Unter ihnen gibt es oft „alte Pötte" (2–3), die noch immer ihren schweren Dienst auf hoher See versehen. Wer zuschauen möchte, wie Seefische gefangen und für die Nahrungsmittel-Industrie vorbereitet werden, kann für wenig Geld auf einem solchen Schiff mitfahren. Auch Fische leiden, wenn sie sterben. Aber sie bleiben stumm, weil sie keine Stimme haben wie warmblütige Lebewesen.
Auf unserem Weg nach Travemünde fanden wir in Mecklenburg natürlich erhaltene Teile der Landschaft, wie diesen üppig bewachsenen Dorfweiher (4) mit vielen Wasservögeln. Auch den Ostseehafen Travemünde laufen große Fährschiffe aus Skandinavien an. Vor den Stahlkolossen wirken Motor- und Segelboote wie Spielzeug (6). Landesgrenzen werden auch auf dem Meer überwacht. Deshalb gibt es in jedem Seehafen Zollboote (7). Badestrand (5) und Seehafen liegen in Travemünde unmittelbar nebeneinander. Am Kai machen im Sommer Segeljachten aus vielen Häfen Europas fest. Birke fällt am Ufer der Trave ein Segelschiff auf, das alle anderen an Größe weit überragt: das frühere Schulschiff „Pamir". Der Dreimaster mit Vollschifftakelage (8) fährt nicht mehr zur See und dient als Museum. Die Tradition der Großsegler wird auch heute fortgeführt. Die Takelage des Clippers „Albatros" (9–10) spannt 300 Quadratmeter Segeltuch. Dieser Dreimaster des Deutschen Jugendwerkes zur See wurde 1942 erbaut. Ein weit größerer Segler erwartet uns in Hamburg.

GT-LINK
SCH 67
SCH 25

5 △

6 ▽

FINNJET

7 ▽

ZOLL

8 ▽

9 △

10 ▽

SS ALBATROS
-CLIPPER-
Deutsches Jugendwerk zur See e.V.
Erbaut: 1942, in Hobro/Dänemark als Islandfahrer
Eigner seit 1978 -CLIPPER- DJS e.V.
Länge ü.a. 35,7m
Breite 6,9m
Tiefgang 3,0m
Rufzeichen DEQZ
Großmast ü.WL. 25,8m
Segelfläche ca. 300m
Hilfsmotor 120 PS
Kojenanzahl 27
Heimathafen – Bremerhaven

2 ▷

1 △

3 ▽

Welthafen Hamburg

Wir steigen aus der U-Bahn und stehen im größten deutschen Hafen. Schiffe jeder Größe und Bauart (3) umgeben uns. Unter dem Bugspriet des 97 Meter langen Segelschiffes „Rickmer Rickmers" bewundern wir eine Galionsfigur (1), wie sie die Großsegler der Weltmeere ziert. Einst wurde dieses fast 100 Jahre alte Vollschiff von 3500 Quadratmeter Segelfläche angetrieben. Wir gehen an Bord dieses stolzen Schiffes (2). In seinem Stahlrumpf wurden ein Museum und ein Restaurant eingerichtet. Hier gibt's erlesene Fisch-Spezialitäten. Birke bestellt Pommes mit Ketchup. Wie immer.
Um den weitläufigen Hafen an der Elbe zu erkunden, nehmen wir an einer Hafenrundfahrt teil. In einer kleinen Barkasse (5) oder einem größeren Schiff (4) kann man Container-Terminals und Werftanlagen aus nächster Nähe betrachten. Vor uns läuft die „Hamburg", ein großes weißes Fahrgastschiff, nach England aus. Als wir später an den hohen Kränen für Schiffsladungen vorüberfahren, schläft Birke ein (6). Zuletzt treffen wir andere Kinder auf einem Anker, der sieben Tonnen wiegt. Er wurde beim Baggern im Hafen gefunden.

4 △

5 ▽

6 ◁

7 ▽

Fotos:
Dr. Rudolf König, Kiel, S. 23 Nr. 5, S. 25 Nr. 7 und 8; Dr. Bruno P. Kremer, Wachtberg, S. 23 Nr. 4; Alfred Limbrunner, Dachau, S. 8 Nr. 2, S. 19 Nr. 9 und 10; Helga Stumpff, Wonsheim, S. 25 Nr. 3. Die übrigen Fotos sind vom Autor.

Umschlagentwurf von Werner Rebhuhn, Hamburg
Umschlagfotos: Dr. Bruno P. Kremer, Wachtberg und Gunter Steinbach, Irsengund
Satz: Uhl + Massopust, Aalen
Druck und Bindung durch Neue Stalling, Oldenburg.
ISBN 3.7735.5406.0

Zum Buch

Für diesen Band ging ich mit meiner sechsjährigen Tochter Birke im Juni 1990 auf die Reise: mit Zug, Bus, Schiff, Auto und zu Fuß. Unsere Erlebnisse am Meer begannen in dem kleinen ostfriesischen Fischerhafen Neuharlingersiel und endeten im Welthafen Hamburg. Dazwischen lagen die Nordseeinseln Spiekeroog und Helgoland, Bremerhaven, Prerow auf dem Darß, eine Halbinsel der Ostsee, die Insel Rügen und Travemünde. So gibt es auch die Kapitelfolge wieder.
Wie schon bei den anderen Bänden dieser Reihe stellte ich keine Bildmotive, sondern nahm Gesehenes mit der Kamera auf. Wir erlebten gemeinsam, was mich auf andere Weise schon einmal in Atem gehalten hatte: die Meere im Norden Deutschlands. Anders als damals in den frühen sechziger Jahren, als ich während mehrerer Sommer mit dem Kajak auf beiden Meeren unterwegs war, lag uns nun die Ostsee offen. Kinder erleben die Natur spontan und mit ihrem ganzen Körper. Sie betasten mit ihren Füßen und begreifen mit ihren Händen. Sie leben in der Gegenwart und gewinnen dadurch unendlich viel Zeit. Deshalb erfrischt es unser Herz, mit Kindern Natur zu erleben. Wir Erwachsenen sind vor der Kamera befangen, die Kinder nicht. Das machte diese Arbeit so leicht und schön. G. S.